ミネルヴァ日本評伝選

物ニ観ズレバ竟ニ吾無シ

岡倉天心

木下長宏著

ミネルヴァ書房

刊行の趣意

「学問は歴史に極まり候ことに候」とは、先哲荻生徂徠のことばである。

歴史のなかにこそ人間の智恵は宿されている。人間の愚かさもそこにはあらわだ。この歴史を探り、歴史に学んでこそ、人間はようやくみずからの正体を知り、いくらかは賢くなることができる。新しい勇気を得て未来に向かうことができる。徂徠はそう言いたかったのだろう。

「ミネルヴァ日本評伝選」は、私たちの直接の先人について、この人間知を学びなおそうという試みである。日本列島の過去に生きた人々の言行を、深く、くわしく探って、そこに現代への批判を聴きとろうとする試みである。日本人ばかりではない。列島の歴史にかかわった多くの異国の人々の声にも耳を傾けよう。

先人たちの書き残した文章をそのひだにまで立ち入って読み、彼らの旅した跡をたどりなおし、彼らのなしとげた事業を広い文脈のなかで注意深く観察しなおす——そのとき、はじめて先人たちはいまの私たちのかたわらによみがえってくる。彼らのなまの声で歴史の智恵を、また人間であることのよろこびと苦しみを、私たちに伝えてくれもするだろう。

この「評伝選」のつらなりのなかから、列島の歴史はおのずからその複雑さと奥ゆきの深さをもって浮かび上がってくるはずだ。これを読むとき、私たちのなかに新たな自信と勇気が湧いてきて、その矜持と勇気をもって「グローバリゼーション」の世紀に立ち向かってゆくことができる——そのような「ミネルヴァ日本評伝選」にしたいと、私たちは願っている。

平成十五年（二〇〇三）九月

上横手雅敬
芳賀　徹

岡倉覚三自筆作品

①

②

③

④

⑤

⑥

⑦

⑧

⑨

⑩

⑪

⑫

⑬

⑭

⑮

⑯

⑰

⑱

⑲

⑳

㉑

㉒

㉓

㉔

㉕

㉖

㉗

㉘

㉙

㉚

㉛

㉜

㉝

㉞

㉟

①明治14～15年頃
②明治19～20年頃
③明治22年頃
④明治22年頃
⑤明治23年頃
⑥明治24年頃
⑦明治25年頃
⑧明治25～26年頃
⑨明治26年頃
⑩明治26年頃
⑪明治26年頃
⑫明治27年頃
⑬明治27年頃
⑭明治28～29年頃
⑮明治31年頃
⑯明治34年頃
⑰明治34～35年頃
⑱明治37年頃
⑲明治38年頃
⑳明治38年頃
㉑明治38年頃
㉒明治38年頃
㉓明治39年頃
㉔明治39年頃
㉕明治39年頃
㉖明治40年頃
㉗明治40年頃
㉘明治40年頃
㉙明治40年代頃
㉚明治40年代頃
㉛明治41年頃
㉜明治41年頃
㉝明治43年頃
㉞明治42～43年頃
㉟明治45年頃

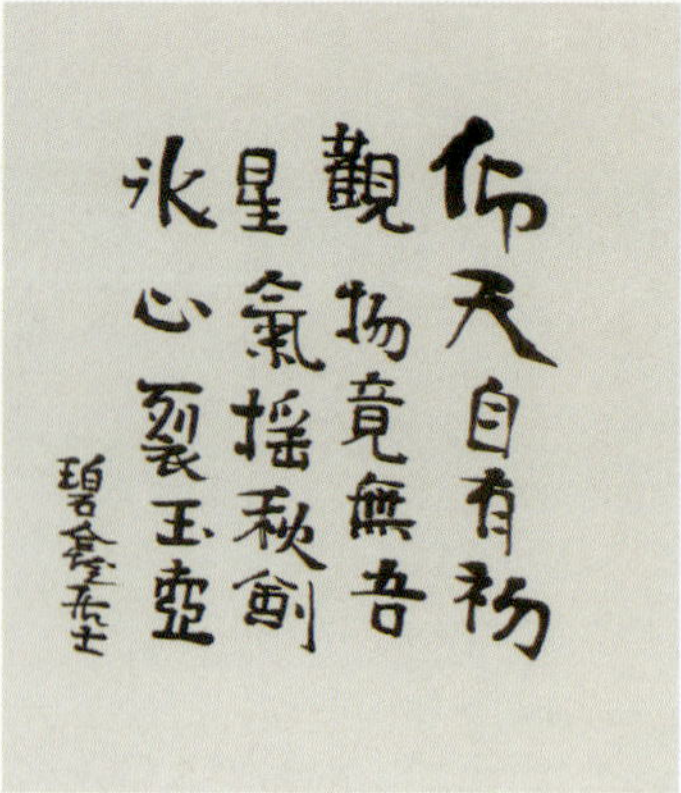

自筆漢詩

天を仰げば自から初め有り
物に観ずればついに吾無し
星気、秋剣を揺がし
氷心、玉壺を裂く

碧龕居士

自筆英詩（訳・解説 x・xi ページ）

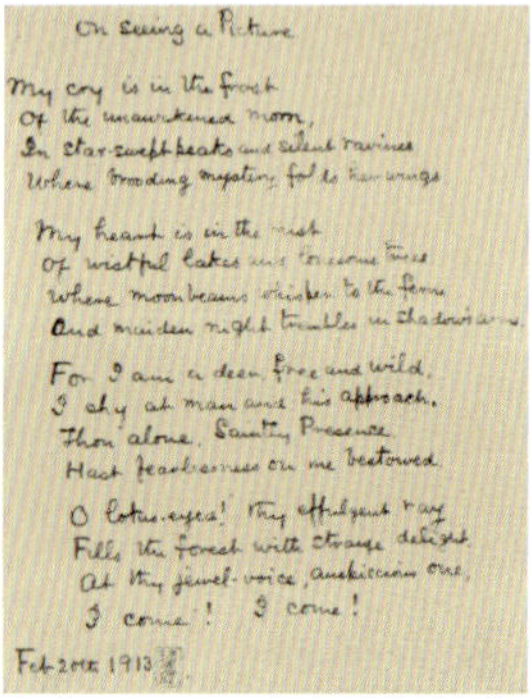
On Seeing a Picture

My cry is in the frost
Of the unawakened morn,
In star-swept peaks and silent ravines
Where brooding mystery folds her wings

My heart is in the mist
Of wistful lakes and lonesome trees
Where moonbeams whisper to the ferns
And maiden night trembles in shadow's arms

For I am a deer, free and wild,
I shy at man and his approach.
Thou alone, Saintly Presence
Hast fearlessness on me bestowed

O lotus-eyed! thy effulgent ray
Fills the forest with strange delight
At thy jewel-voice, auspicious one,
I come! I come!

Feb 20th 1913

On Seeing Picture
My cry is in the frost
Of the unawakened morn,
In star-swept peaks and silent ravines
Where brooding mystery folds her wings

My heart is in the mist
Of wistful lakes and lonesome trees
Where moonbeams whisper to the ferns
And maiden night trembles in shadow's arms

For I am a deer, free and wild,
I shy at man and his approach.
Thou alone. Saintly Presence,
Hast fearlessness on me bestowed.

O lotus-eyed! thy effulgent ray
Fills the forest with strange delight.
At thy jewel-voice, auspicious one,
I come! I come!

Feb. 20th 1913

英文著書三冊と歴代『岡倉天心全集』

岡倉天心——物ニ観ズレバ竟ニ吾無シ

目次

図版一覧

口絵英詩・訳

絵をみつつ

我が叫びは霧の中
未だ目覚めぬ朝の、
星奔る山頂　沈黙の峡谷の中
蹲る神秘が羽根をひらくところ

我が心は靄の中
想いに沈む湖　孤独な樹々の、
月光が羊歯に囁きかけるところ
無垢の夜は影の腕の中に顫える

げに我は鹿、気佷に粗野に、
人間《ひと》の　その近づくを見て戦く。
汝ひとり。聖なる姿、

我に不敵さを授けん。
おお蓮の花の眼の方よ！　汝の
眩き光は妙なる喜悦もて森に満つ。
その宝玉の声、かけがえなきそのもとへ、
我は往かん！　我は往かん！

一九一三年二月二〇日

［解説］「宝玉の声」の人のもとへ「我は往かん」と詠っているので、手紙でそう呼びかけたプリアンバダ（三四一～三頁参照）への愛の告白と読める英詩である。しかし、タイトルは「絵をみつつ」とあるから、こういう感興を誘う絵を前にして作った詩と理解すべきである。日付からボストンで書いたと推定できる。それに、プリアンバダに「宝玉の声の人よ」とか「蓮の宝石の方よ」と呼びかける手紙は、同じ年（一九一三年）の七月以降なので、この絵を観て作った詩の言葉をのちに彼女への呼びかけとして用いたと考えられる。

関係地図

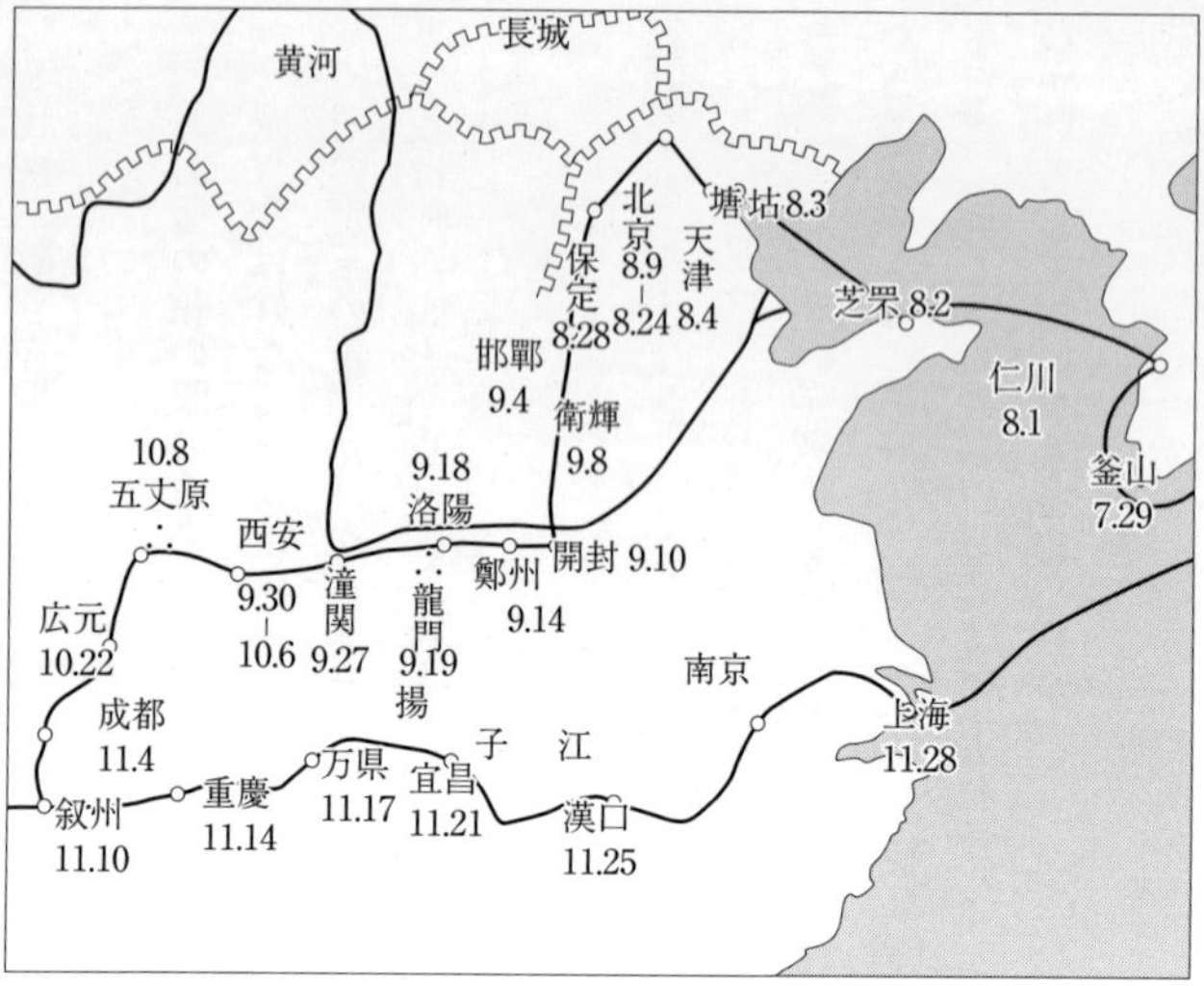

明治26年清国旅行行程

インド旅行行程

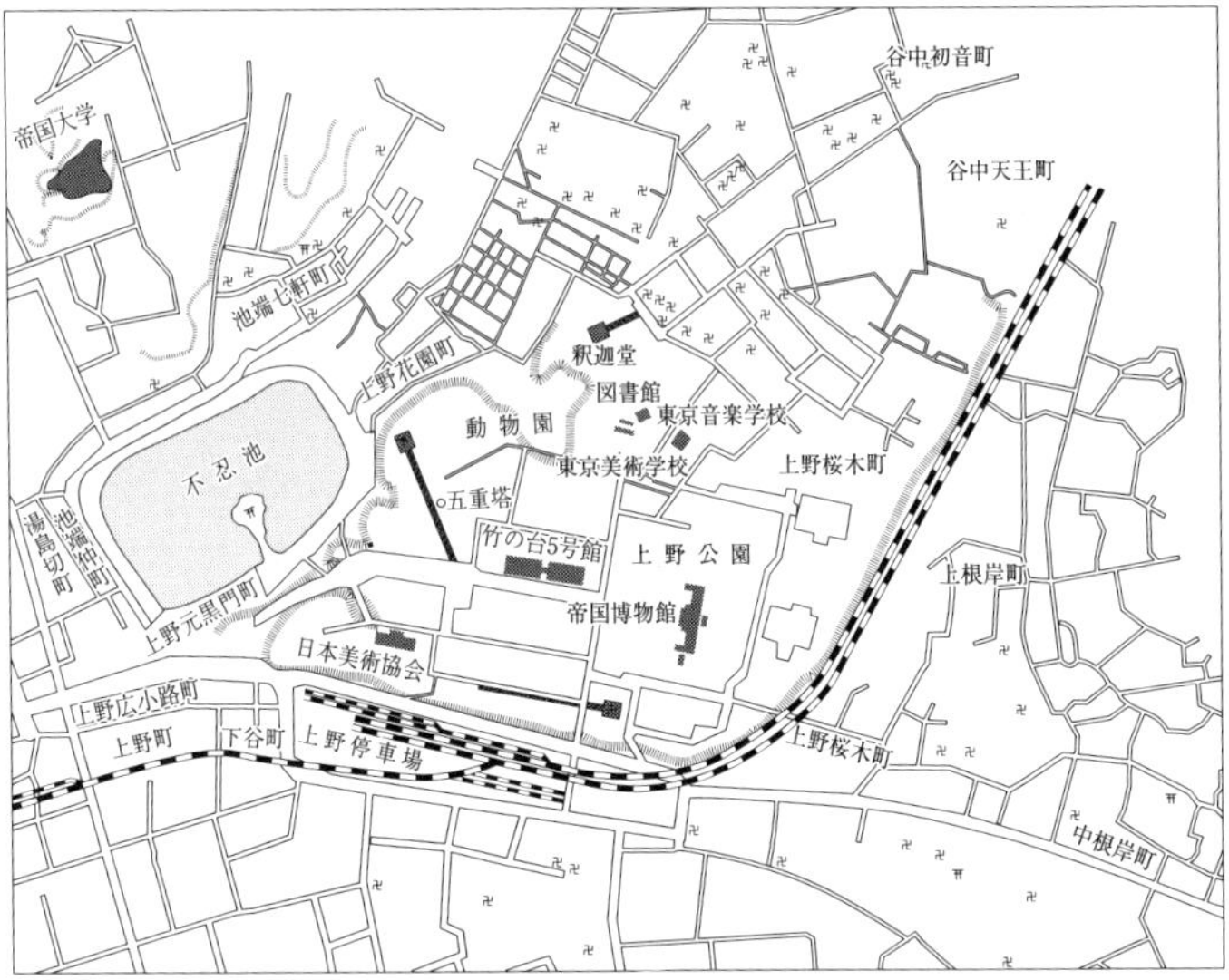

当時の東京・上野界隈

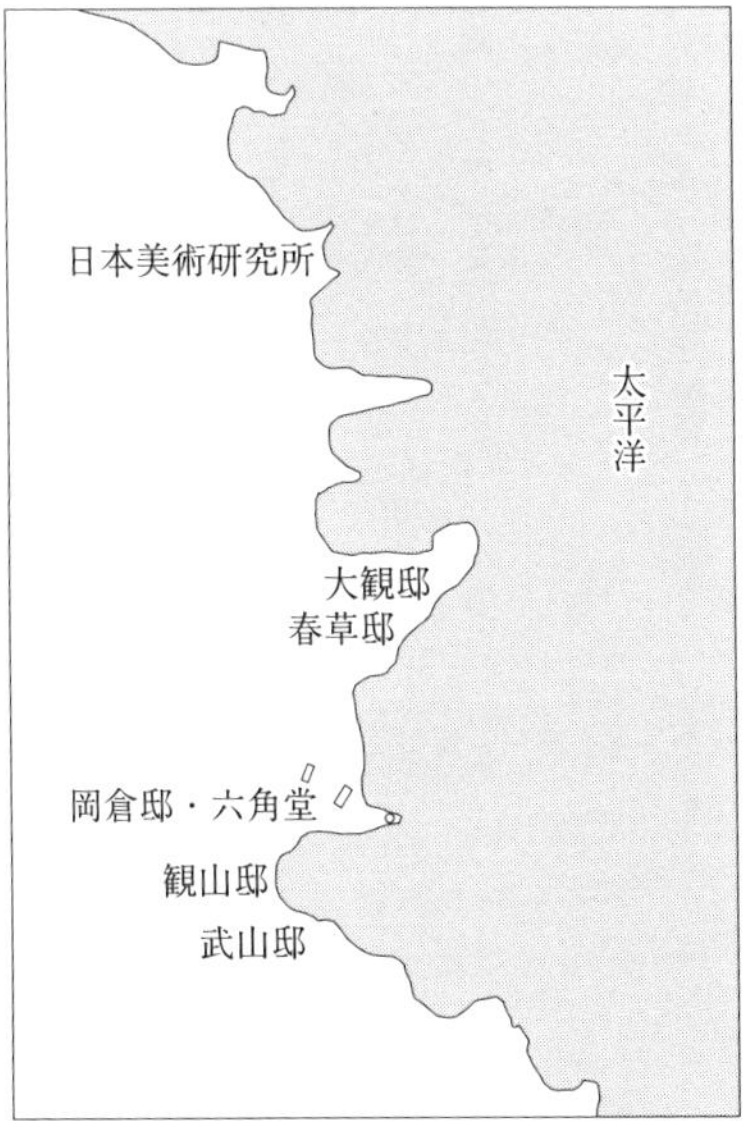

五浦周辺

凡例

○漢字かなづかいは、原則として新字現代かなづかいを適用したが、引用文ではかなづかいは原文のままを保てるようにした。また、漢詩、慣用として現在も旧字で使われている場合は新字に改めなかった［例『國華』『讀賣新聞』など］。

○数詞は、本シリーズの慣例に従い、アラビア数字表記を漢字表記する。［明治三十四年十一月を「明治三四年一一月」］。ただし、引用文では変更しない、「十代」というような熟語も変更しなかった。

○引用文中の難読漢字につけたふりがなで、原文にないものは（　）で括った。引用文中の句読点も極力原文の姿を遺したいと試みたが、読み易さを考え手を加えたところもある。

○本書に引用した岡倉の英文の和訳、漢詩漢文の読み下しは、ことわりのない限り、著者木下による。

○本文には四種類の括弧記号を使っている。それぞれ左記に説明するような意味を籠めて使用している。

［　］＝筆者自身の言い換え、補足。文体の一部として書いている。

（　）＝客観的な補足。概ね一ポイント小さい活字で表記する。

「　」＝引用符号。この括弧にくくった文字文章は他人の言葉である。その意味で、出典なしに登場する「　」符号付きの語句も、一般に使われ流通している言葉ということを強調している。

〈　〉＝それに対して、〈　〉は筆者自身が強調したい語句であることを示す符号として用いる。

第一章　旅の支度

1　号、誕生日、出生地

こんにちでは、誰もが彼のことを「岡倉天心」と呼ぶ。しかし、少し気をつけて彼の文章を読み記録を調べてみると、生前は、「岡倉天心先生」とか「天心さん」「天心先生」とか呼ばれたことは少なかったようである。

天心という号

自分が筆を執って書いた文章に「岡倉天心」なり「天心」なりと署名したものがないわけではない。最も早い例は、岡倉が二三歳のとき（明治一九年）『東京日日新聞』に書いた「東洋絵画共進会批評」である。ここでは「天心生」と署名している。その年の秋から翌年一一月へかけて岡倉は初めての海外旅行［ヨーロッパ、アメリカの美術事情を視察する旅行］へ出かけるが、そのとき日記に使っていたノートに、明治二七年五月二七日という日付を記した長詩「堅海和尚女人成仏の歌の句を抄して」

が書きこまれている。そこでは、日付の次に「天心」と記していて、このころには、彼は「天心」という号に興味をもっていたことが察せられる。

その頃は、しかし、「混沌子」という号の方が気に入ったようで、「岡倉覺三」という本名と混沌子を主として繰返している。明治二七年（一八九四）中国旅行のさなか、慈雲寺に登って作った漢詩に「天心居士」と署名したあと、漢詩や歌謡、俳句に「天心」「天心子」「天心生」「天心居士」などと書いているが、文章の署名には使わなかった。「天心」という号は、彼の詩意識と反響し合う号であったようである。

書簡でも「天心」を名乗ったりはしない［落款代りに「天心」と署名したり、「天心」印を捺した手紙がある。また、アメリカで描いた絵の落款に「天心」と書いているのもある］。こうしてみてくると、公的な文章、散文的な意識の場面では使わなかった、使いたいと思わなかったといってもいいだろう。

大正二年（一九一三）九月二日、岡倉が亡くなって、いろいろな新聞や雑誌に、追悼文が掲載された。そのいずれも、「天心」と呼んでいるものはない。一一月一六日、東京美術学校大講堂で「故岡倉先生追悼会」が営まれたが、それを呼びかける文章は「従四位勲五等岡倉覺三先生」である。その法要を勤めた法隆寺貫主佐伯定胤大僧正の表白文が『東京美術学校校友会月報』第一二巻七号に、他の追悼文とともに掲載収録されている。その一節に「居士姓岡倉名覺三《(せいはおかくらなはかくぞう)》」とあって次に「春風鶴氅《(しゅんぷうかくしょうは)》其別号也《(そのべつごうなり)》」とあるだけで「天心」を号としても扱っていない。じつは、この段階では「天心」は法名いる。

なのである。「釈天心《しゃくのてんしん》」、これが法名であり、僧正の表白文や啓白文のなかではその名が称《とな》えられている。

『讀賣新聞』が大正二年九月六日付朝刊に伝える岡倉の葬儀の記事の見出しは、「天心居士葬儀」である。生前には、たとえば同年八月三一日、岡倉の病状を伝える記事は、「岡倉覺三氏危篤、視力全く衰ふ」と書かれている。

後世の人は、岡倉覺三をその戒名で呼びならわすようになった、ということである。

息子の記憶

昭和一一年（一九三六）聖文閣から刊行された三巻本『岡倉天心全集』の「人之巻」末尾に付けられた「天心略伝・年譜」は、岡倉覺三の長男岡倉一雄が書いたものだが、その略伝の冒頭にこう誌されている。――「岡倉天心は幼名を角蔵と称び、後覺三と改めた。初め混沌子と号したが中年以後専ら天心と称し、晩年別に碧龕と号した。」

一雄は長男であるし、その結婚は母からは反対されて長らく式が挙げられなかったようなこともあったが、父親からは終生愛され続け、最も身近かにいて岡倉覺三の行跡を見、その息づかいを感じとっていたはずである。一雄には『父天心』（聖文閣、一九三九）という伝記と『父天心を繞る人々』（文川堂書店、一九四三）という著書があり、そこには身内の者だったからこそ書きえたことがらが綴られた貴重な伝記資料である。とはいえ、最も身近な人の証言はすべて間違っていないというわけにはいかない。「初め混沌子と号したが中年以降専ら天心と称し」という断定は、印刷公刊されたもののなかでは「天心」は「混沌子」よりも先に使われているから、正確とはいえない。それより、なぜ、息子が父親の事跡をこのように間違えてしまうのか、それについてよく考えておく必要がありそうだ。なぜ一雄は、父親の号に関して「中年以降専ら天心と称し」と言い切ってしまうのかということである。ひとつの推測だが、一雄宛の岡倉の書簡が四通のこっていて平凡社版『岡倉天心全集』(一九七九〜一九八一)に収録されている。その二通は一雄十代の頃のもので「覺三」と署名し「一雄殿」と呼んでいる。後の二通は一雄二九歳の明治四三年に書かれ、内容は事務的な用件なのだが、そこでは「父」と署名しその下に印を捺している。その印が「天心」である。一雄に宛てた手紙や葉書はもっとあったろう[全集に収録している一通に「昨日葉書ヲ以テ申進候」とあるその「葉書」は行方不明で入っていないという一例からも判るように]。そこでも岡倉は息子宛の便りに「父より」と記し「天心」の印を捺していたのかもしれない。そんな印象が一雄に「中年以降専ら天心と称し」と言わせる遠因になっていたのかもしれない。

ところが、のこされた書簡をみると、「天心」印を捺している手紙は七〇〇通ばかりのうち、五通しかみつけられない。そのうち三通が明治四三年の一雄宛二本とボストン美術館長アーサー・フェアバンクス宛、あとの二通はそれから二年後[その間に岡倉は何通も手紙を書いている]、インドで出会ったプリアンバダ・デーヴィ・バネルジーへ送った一通とボストン美術館中国日本部副部長のジョン・E・ロッジへ送ったものなのだ。プリアンバダには一二通の手紙がのこっている。そのうちの一つには「碧龕」の角印が捺してある。

印ではなく、「天心」と署名した手紙は、もちろんもっとある。中川忠順や新納忠之介、下村観山に宛てた手紙などに多いのだが、観山に宛てた一一通のほとんどに「天心」「天心生」と署名している。明治四〇年（一九〇七）以降に「天心」「天心生」が出てくる。観山には「天心」なのに、菱田春草に宛てた五通中「天心生」は一通なのはなぜだろうか。その五通、すべて明治四〇年以降の日付である。

最も多い中川忠順宛の五九通を整理してみると、「天心」系は一九通〔「天心」七通、「天心生」一一通、封印に天⃝と墨書したもの一通、これは文中は「碧龕生」と署名している〕、「五浦」系が一五通、〔「五浦生」一一通、「五浦釣徒」二、「五浦老人」「五浦老漁」各一〕、実名系一六〔「覚三」九、「岡倉」二、「岡倉覚三」四〕である。

妻もとへ出した手紙（明治三六年二月五日付）に、「家内へ」とあって「天」と書いたのもある。ところが、愛娘高麗子《こま》に宛てた手紙は〔その夫辰夫と両名併記のも含め〕一六通、全集に収められているが、「天心」と署名したものは一通もない。「父」「父より」がほとんど。一通「とと」というのがある。

書簡の傾向からも、「中年以降専ら天心と称し」たとはいえない。一雄の位置からそう見えただけではないだろうか。

「父天心」という呼びかたは、他人に対して自分の父親を語るときの身構えから発せられた呼びかたで、すでに一雄の内面で他者向けに対象化され虚構化されている。その虚構化への方向づけは、その伝記や回想録が書かれた時期——昭和十年代後半という、岡倉天心を大東亜共栄圏の思想的宣揚者

として声高に持ち挙げられていた時期の真っただなかであったことによって力づけられていたという
ことは避けられないだろう。
当時の軍国国家日本の将来像・理想像を示した予言者を父親に持つ者として、偉大な父の生涯を最も身近かな一人の証言によって織り上げようという意図は、どんな些細な記述の裡にも浸み透っていたはずである。周辺が、時代が、父親のことを「天心」と呼び語り讃えているという情況は、彼の記憶にのこっていた手紙に捺された「天心」印の印象を生きかえらせたのかもしれない。

いつから天心と呼ばれたか

岡倉が生前詩などを書くとき署名に使った号が戒名に用いられ、その後、改めて岡倉の号として扱われるようになった。没後一〇年を期して出版された最初の全集は『天心全集』（和綴・三巻本、帙入）と名付けられ、そこに収められた略伝、年譜はことさらに「天心先生略伝」「天心先生年譜」と印刷されている。このときから、俗名岡倉覺三を岡倉天心と呼ぶ慣わしが定着していった。

が、その前に、没後半年の大正三年三月には、新潟県赤倉の別荘「赤倉山荘」に、「天心岡倉先生終焉之地」と録した碑が建てられている。これが、岡倉覺三を「天心」と呼ぶ公やけの最初の企てだった。その年九月二日、一周忌を記念に、横山大観、下村観山らかつての弟子が日本美術院を再興し、その中庭に天心霊社を建立、合祀社とした。最初の『天心全集』は、この再興日本美術院によって編集刊行された。ここに、再興日本美術院の人たちによって、岡倉覺三先生を天心先生と呼ぼうという強い意思が確立され、日本美術院同人以外の人びとのあいだに拡がっていったのである。

岡倉が亡くなった直後、日本美術院時代に岡倉の下で活動していた塩田力蔵が、長文の追悼・回想文を『日本美術』（一七六、一七七号）に寄せており、そこに「雅号」という一節がある。それによると、「天心」の号は、「先生の胸部にイボを生じ随って切れば随って生じつゝ、遂に瘢痕が平仮名の『て』の字に似来れるよりの事にて、即ち胸に天の字あるに依れり」という。この説を大正一一年の『天心全集』所収「天心先生略伝」も、清見陸郎の『岡倉天心』（平凡社、昭和九年、のち『岡倉天心伝』と改題、改造文庫、昭和一三年）でも踏襲している。一三歳のとき、その傷跡がすでにあったのかどうかは誰も証言していない。

塩田力蔵は、この長文の追悼・回想文で、岡倉のことを「岡倉先生」「岡倉氏」「先生」と呼んでいるが、結びにきて「天心居士」と呼んでいる。これが岡倉を天心と呼ぶ早い例といってもいいが、これは法名をもって結びの一句に利用した気配が強い。岡倉を「天心先生」と呼ぼうという意思は、このときの塩田力蔵の頭の中では熟していなかっただろう。

大正３年に建った赤倉碑

『日本美術』の明治三四年一二月に発行された三五号に掲載している「第十回絵画互評会」の筆記録に、「天心」が登場する。他の絵画研究会、互評会の筆記録は、「岡倉」なのだが、この回だけ、発言者のところは「天心」、出席者に「岡倉天心」とある。この回は高橋太華が筆記を担当している。生前から「岡倉天心」と呼ばれていたこともあったことを裏付ける材料である。しかし、息子の一雄がいうように「専ら」天心を通していたとは、やはりいえない。

このように考えてくると、少くとも「岡倉天心」とか「天心先生」とかと呼ばれることを、生前の岡倉覺三は、予期していなかっただろう、といえそうである。同時に、後世、「岡倉天心」を通称であるかのように称えることによって、亡くなってしまった一人の人間「岡倉覺三」へある特別な思い入れをこめた像を作っていくことになったことは否定できない。

［ここまでは「岡倉覺三」と表記してきたが、これからは、漢字は、氏名も書名も、引用文も（漢詩は別にして）、新字に改めて表記したい。ひとえに読み易さを考慮した処置だから、「讀賣」とか「國華」とか、現在も旧字のものや慣用化されて流通している旧字はそのまま表記する。］

現在、最も信頼できる岡倉天心全集は、もちろん、一九七九年から一九八一年にかけて平凡社から刊行された全八巻別巻一冊の九巻本全集である。

生年月日について

ところで、その「年譜」には、生年月日について次のように記されている。

まず、「文久二年（一八六二）一歳」と見出しがあって、行を改め、「十二月二十六日、岡倉覚右衛門の次男として、横浜本町五丁目（現一丁目）に生まれる。幼名は覚蔵（または角蔵）。」と続いていく。「文久二年十二月二十六日」は、旧暦の数えかたによっている。ここは、「旧暦」という断り書きを添えるべきだった。生地の「横浜本町五丁目」には「現一丁目」と区画整備後の新丁目を付記しているのだから、生年月日についても配慮すべきだった。番地の異動よりも生年月日のちがいのほうが、一人の人間について考えるときの重要さははるかに大きい。

明治五年末、日本政府は暦を旧暦から新暦［現在われわれが使用している世界共通のグレゴリオ暦］へ切り替えた。その結果、明治五年は一二月二日で終り、旧暦明治五年一二月三日は新暦の明治六年一月一日となった。このときはじめて、和暦明治六年一月一日は西暦一八七三年一月一日と一致したのである。

旧暦の文久二年一二月二六日を西暦に数え直すと、数え直すということは西暦と一致させた日付にするということだが、それは、一八六三年二月一四日である。あくまで、年号を陽暦で記述していこうとすると、かえってやっかいなことになる。岡倉の場合なぞ、年齢まで変ってくるからである。

たいていの年譜は、平凡社の全集もそれ以前の全集が付しているものも、岡倉の年齢を数え年の方法で記述している。これは旧い習慣に従った年齢の数えかたで、現在の数えかたとはちがう。本評伝では岡倉の年齢を満年齢で表記しようと思う。しかし、そうするとなにを基準にするかで一歳あるいは一歳以上のずれが生じてくる。つまり一八六三年二月一四日生まれとするか、文久二年は一八六二年だから旧暦だけれども一二月二六日生まれを尊重して、それを基準に満年齢で数えるか。西暦で計算すると、岡倉覚三が東京大学文学部を卒業した明治一三年（一八八〇）七月一〇日、彼は一七歳と五カ月であった、と記述しなければならない。数えで計算していると明治一三年の正月一日とともに一九歳になっているのだが。亡くなったのは大正二年（一九一三）九月二日だから五〇歳と六カ月の

年齢《とし》である。〔岡倉覚三逝去の報を伝えた九月三日の『東京日日新聞』は「享年五十歳」と記している。〕

明治の改暦は、人びとの生活のリズム、とくに農耕を中心に長い歳月をかけて積まれ営まれてきた慣習、自然と人間のつきあいかたのリズムを狂わせた事件だったが、人の年齢の数えかたまで混乱させている。

旧暦と新暦のずれ

改暦以前に生を享けた人物を語るにさいして、西暦とどう一致、あるいは対応させるかについては、まだ定見がないようである。こころみに、講談社の『日本近代文学大事典』（一九八四）を開いてみると、「福沢諭吉」の項は、「天保五・一二・一二～明治三四・二・三（1834～1901）」とあって改暦にあって生じる年齢のずれを考えていない。ところが夏目漱石の項では、「慶応三・一・五、新暦二・九～大正五・一二・九（1867～1916）」と、漱石の場合、諭吉とちがって年齢を数えるうえではほとんど問題が生じないにも関わらず、新暦の誕生日を明記している。この事典は項目によって担当者が異なるが、事典編纂の責任者がこの問題をきちんと考えていなかったということだろう。いいかえれば、きちんと考えないことが許されている、それが現状だということである。

昔の人は、年齢《とし》の数えかただとか誕生日などということについては割合むとんちゃくだった。幸田露伴なども、慶応三年七月二三日生まれと二六日生まれの二説があった。誕生日を祝うという習慣は強くなくて、みんな正月がくると元旦に一つ歳をとったといって祝った。だから、改暦以前に生まれた人の生年月日は旧暦を尊重したい。ただ、われわれは新暦の時代をいやおうなく生き、新暦を基準にしてすべての生活の時間を測っている。そうである以上、旧暦時代の出来事も、無意識のうちに新暦を基準に処理している。そうすることによって、なにか大きな思いちがいや読みまちがいが生じてこないか、ということについてあまりにも鈍感になってしまっていないだろうか。

とくに岡倉の場合のように、じっさいには一カ月半のズレなのに数えかたによっては一年半も差が出来てしまう。一七歳五カ月で東京大学を卒業したというのと、一九歳で卒業と受け取るのと、どちらも異例な若さで卒業という意味では変りはないが、十代後半のときの一年半の差はあまりにも大きい。

この差を埋めるのはたいへんである。本評伝では、昔の人は年齢を数え年でかぞえたという慣習を尊重するが、この評伝を書く筆者も、この評伝を読まれる読者のみなさんも、みんな新暦を生き、新暦を基準に月日を数え年月を測定し、つまり人間の生きかたを考える基準に新暦を使っているかぎり、旧暦の風習も新暦につい読み替えているのだから、年齢の数えかたは満で記そうと思うわけである。そうするといままで、ほとんどの岡倉について書かれた本と、年齢表記が一年以上ちがってくる。しかし、岡倉自身も「自分は一八六三年生れだ」と書いている［“The Awakening of Japan”の出版にさいして、自己紹介をする文章を英語で書いて編集者に送っている。その本が出版されたとき、著者紹介も「一八六三年生れ」と印刷している］。

もちろん、こうして、一八六三年生れで年齢を数えたからといって、岡倉覚三という人間の真相が

生誕地記念碑（横浜市中区）

見えてくるわけではない。ただ、文久二年（一八六二）一二月二六日生れとして数え年で記述しながら、新暦の枠組で考え語る虚偽からはとりあえずこの方法で乗り超えられるのではないかと思う。

　この問題は「天心」を「岡倉覚三」といいかえたから、昭和初期からの神話化された天心像を消し去ることができるのではない、ということと同質の問題である。年齢の数えかたの問題は、「天心」という呼びかたの問題に比べると小さい問題だといってもいいが、そういう小さな問題に心を配っておくことを忘れてはいけないだろう。本書は、『岡倉天心』という標題を捨てないで、あえて神話化された呼び名をタイトルとしつつ、そうすることによって神話化され、伝説と化した岡倉覚三という人物の人間像を点検しなおしてみようとしている。その意味ではこれまで著わされてきた岡倉に関する言説はすべて大切な遺産である。そういう考えに拠ろうとするとき、その年齢の数えかたは、旧暦時代の人びとの慣習や感じかた考えかたにできるだけ近づけるような、新暦時代の人間の記述方法を探るという気持を籠めなければならないと思うからである。絶対の基準や公式がいまあるわけではない。

生誕地の謎

　横浜市中区本町《ほんちょう》一丁目に、洋風レンガ造りの横浜開港記念会館が建っている。その一角に、「岡倉天心生誕記念碑」が置かれている。除幕式は一九五八年五月一六日のことで、孫の「一雄の長男」岡倉古志郎が除幕の儀に携わり、富田幸次郎「当時の記録『岡倉天心生誕記念碑建設記念』(岡倉天心先生生誕碑建設委員会編刊、一九五九)には、「ボストン博物館東洋部長」と紹介されている。明治四一年(一九〇八)岡倉はロンドンにいた当時一七歳の富田をボストン美術館の助手に誘ったのだった」や矢代幸雄「帝国美術院美術研究所(のちの東京国立文化財研究所)初代所長、文化財保護委員などを歴任、日本美術行政において重要な役を演じた、主著『日本美術の特質』(一九四三)」、斎藤隆三「再興日本美術院の形成に参与し、『日本美術院史』(創元社、一九四四)、『岡倉天心』(吉川弘文館、一九六〇)などの著書がある、この日は日本美術院代表として列席」らが参席して挨拶をした。

最初の全集(一九二二年)の年譜以来、岡倉天心は横浜本町で父が経営する物産商石川屋で生まれた「『父天心』ではその土蔵の一棟の角蔵《かどくら》で生まれた、そこから角蔵《かくぞう》と名付けられた」というのが定説である。

馬喰町生まれ説

ところが、東京美術学校にはおそらくはその職員が筆記した「ということは岡倉自筆ではない」一通の履歴書が残っていた。東京藝術大学に所蔵されている「明治四十五年再調　旧奉職者履歴書　一　東京美術学校」という綴りの一つ「番号一」である。岡倉が退職して以降に作られたものだが、そこには、「東京美術学校校長　岡倉覺三／東京府平民　旧福井藩／文久二年十二月廿六日江戸馬喰町旧郡代屋敷ニ於テ生ル」とある。

この史料を根拠に、岡倉覚三江戸生まれ説を主張したのは青木茂氏(「岡倉覚三と横浜」『神奈川県美術風土記――幕末明治拾遺篇』神奈川県立近代美術館、一九七四）である。この履歴書の綴り［橋本雅邦や横山大観（秀麿）、下村観山（晴三郎）、菱田春草（三男治）等と当時の教職員の履歴書が揃っている］を仔細にみれば「戸籍謄本と照合しているあとがあり、思いつきや作為で馬喰町とすることはありえない」（青木茂、前掲書）といい、では、横浜に住んでいた岡倉家の妻、つまり覚三の母はなぜ江戸で出産することになったのかを、青木氏はつぎのように推測している。それは、当時は、生麦事件などで横浜は騒然としており、そこから避難して、諸藩の出張所があった馬喰町の郡代屋敷の福井藩関係の誰か、あるいは関東郡代に頼っていったのだろう、というのである。中村愿氏は、『美の復権岡倉覚三伝』（邑心文庫、一九九九）でこの説の論拠は薄弱だと批判して、江戸生まれ説を斥けている。中村氏は、生麦事件のあとでも横浜本町の石川屋［覚三の父が経営していた物産卸し店の屋号］のあったあたりが、江戸へ避難するほど混乱してはいなかった例証もしてみせる。

　覚三数えで五歳のときの本町の役人が作った人別帳［慶応二丙寅年三月］（一八六六）がのこっていて、そこには「倅《せがれ》覚蔵」「生国御当所」とある。

常盤橋内生まれ説

　岡倉が東京生まれだと記載する履歴書は、他にもある。その一つには、「東京府平民　旧越前藩／文久二年十二月廿六日東京常盤橋内ニ於テ生ル」とある。これは高橋太華の筆蹟である。もともとは太華の遺族が保管していたものだという。高橋太華は、東京美術学校の関係者ではない。知り合ったのは明治二二年（一八八九）頃と太華は言っているが、岡倉が東京美術学校を辞めて日本美術院を設立（一八九八年）してから、日本美術院の運営に参加し、美術院の機関誌だった『日本美術』の編集に携わっていた。岡倉の原稿「日本美術史論第一章　六朝時代」など高橋太華が浄書した原稿が、岡倉自筆のもののほかにのこっているほど、つまり岡倉の書いたものに自由に手を入れることを許されているほどの間柄だった。その高橋太華が東京常盤橋内に生まれたと書いている［この履歴書がいつ書かれたのか、なんのために書かれたのか、よく判らない］。

常盤橋内というのは、常盤橋御門を入ったところで、現在のＪＲ東京駅の北側、高架線路の走っている右側と外堀通りに囲まれる辺りである。そこには、かつて、越前福井藩松平家の上屋敷と添屋敷があった。馬喰町郡代屋敷というのは、明暦の大火（一六五七年）のあと常盤橋内にあった関東郡代が移ってきて、「馬喰町御用屋敷」と呼ばれた。藩籍を離れた岡倉覚右衛門がどのような伝手でその役宅を妻の出産のために使えたのか［青木氏もこれは判らないとしつつ生麦事件を遠因に考えた］。

岡倉一家蠣殻町へ引越

蠣殻町は、覚三の父が、明治六年（一八七三）、石川屋を閉め、一家で移った福井藩の下屋敷があったところである。当時は、「日本橋蠣殻町一丁目二番地」、現在の人形町一丁目あたりである。父覚右衛門は、翌明治七年には年明け早々、覚蔵名義でその下屋敷に、宿屋と越前物産の取次店を開業する。覚蔵は、そこから東京外国語学校に通い、翌八年、のちの東京大学となる東京開成学校高等普通科に入学した。開成学校では給費生で寄宿舎に入った。その東京開成学校の当時の校長は浜尾新だった。浜尾新の名前は、岡倉の生涯を語る上でとりこぼすことのできない重要な一人［岡倉の上司］となる。

こうしてみてくると、岡倉覚三、東京（江戸）常盤橋内に生まれる、という説もかんたんに一蹴できないようにも思えるのだが、「青木茂氏の馬喰町生まれ説を批判した中村氏は、横浜生まれ説を固持し、その理由は、弟由三郎や息子一雄が覚三のいちばん近い身内の証言だし信用すべきだ、それに二人の記述には「祖父をはじめとする親族たちからの伝聞を通したリアリティが感じられる」（前掲書）という」。さきにも書いたようにぼくは「身近な証人」の発言だから信じてよいと言い切ってしまうのは早計すぎないかと思っている。それに、由三郎の覚三生誕に関する記述のある「次兄天心を語る」（『日本趣味』創刊号）「ありやなしや――わが幼時の記」（『季刊・日本橋』二号）が書かれたのが、昭和一〇年。すでに「天心」の神話化が強く始動していた時期である。身内の記憶がどれだけその神話化から距離を保てられていたか。もういちど考え見なおしてみる必要があると思えてならない。もう一つ、中村氏のいう「リアリティを感じる」の「リアリティ」は、非常に個人的な反応、由三郎や一雄の文体から感じとった印象を越えることはできないので、それならば、東京芸大の資料の山のなかから「江戸馬喰町」の記述を見つけ、それを「譃《うそ》とは思えない」と感じた青木氏の「リアリティ」も同質の価値を持つだろう。

自筆履歴書一通

さて、三通目の履歴書。これは、岡倉覚三自筆の履歴書である。平凡社版全集別巻に翻刻されている。それを全文写し出しておこう。

　　　　岡倉覚三

茨城県平民　旧福井藩士

文久二年十二月廿六日生

年号月日	学業官職賞罰等	当該官衙
明治十三年七月十日	東京大学文学部卒業　文学士学位受了	
同　十月十八日	御用掛申附ラル但取扱判任ニ準シ月俸四拾五円給与	
	音楽取調掛勤務	文部省
同十四年十一月一日	自今月俸五拾円給与候事	同
同十四年十一月四日	専門学務局勤務音楽取調掛兼務	文部省
同十五年六月廿六日	免兼務更ニ内記課兼務	同
同十七年十二月十日	月俸金六十円給与	同
同十八年十二月廿八日	任文部一等属下等給給与	同
同十九年三月一日	任文部属叙判任一等下級俸	同
同　九月十一日	美術取調委員トシテ欧米へ出張命セラル	同
同二十年十月十四日	任東京美術学校幹事　叙奏任官四等下級俸下賜	同

「茨城県平民」とあるから、これは、岡倉が五浦に居を移した明治三八年以降に作られたものと推定できる。記述は明治二〇年で終っているが。とすると、現存する三通の履歴書中、最も新しいものなのだが、出生地については書いていない。

逆にいうと、のこされている履歴書類からは、横浜生まれという証言はない、ということである。亡くなった直後の追悼談のなかにも生地に言及するものがない。塩田力蔵に「先生の幼時は横浜に在り」とあるが、どこで生まれたかとはいっていない。その年の『ボストン美術館紀要』(Museum of Fine Arts Bulletin, vol. XI, No. 67)に旧友でありボストン美術館理事のビゲローと美術館中国日本部副部長ロッジの二人の署名になる長い追悼文が掲載されたが、それには、「岡倉覚三は越前の藩都福井に生まれた」(全集別巻)とある。

アメリカでは、自分は福井越前の生まれだといっていたのであろうか。あるいは、ビゲローが日本にいた明治一〇年代[後半]に、岡倉はビゲローにそんなふうに言っていて、ビゲローがそれを憶い出して書いたのか。

自筆以外の二通の履歴書に、岡倉自身は目を通しているはずである。それぞれに時期がちがうので、あっちでは馬喰町生まれ、こっちでは常盤橋内生まれ、とちがっていたことを突き合わせる意識は、岡倉の内部《なか》で働かなかったのだろう。と同時に、岡倉にとっては、どこで生まれたかということはそんなに重要な問題ではなかったのだろう。われわれのところにのこされている材料から考えると、事実としてはいちばんありえない、越前福井生まれを岡倉は大事にしたかったのかもしれない。

岡倉本人にとってそんなに重要でなかったことならば、いまのわれわれが、岡倉覚三は横浜本町に生まれたという事実だけを真実として固執する必要はない。別の事実を語る史料を隠す必要もまったくない。史料としては、横浜生まれのほかに馬喰町生まれ、常盤橋内生まれの証言もある、福井生まれと思っていた人もいる、ということを並記しておくことが、岡倉覚三という人物の歴史を考えていく上で最も大切なことではないだろうか。

評伝を書くにあたって

伝記の書きかたにもいろいろな方向がある。本書では、つねにつぎのようなことを考えて行きたいと思っている。

(1)　岡倉天心と呼ばれた男は、明治という時代に生きて、なにをどのようにしたいと願っていたのか。

(2)　とくに、彼は〈日本〉をどのように考えようとしていたのか。

(3)　彼の携わった分野は〈美術〉の世界だったが、その〈美術〉をどう考え、どういう方向にもっていこう、いくべきだとしていたのか。

(4)　〈一人の人間の生きかた〉はどうあるべきだと考え、行動していたのか。

これらのことを念頭に置きながら、その問いにどう答えていくか、手元にある資料を再検討していこう。その検討過程が〈評伝〉を形成させてくれるだろう。

そのような方針に立つと、いつどこで生まれたか、父や母はどんな人であったか、兄弟姉妹はどうだったか、父や母の出身地、家系はどんな系統だったか、といった問題について書くことは、できるだけ控え目にすべきではないかと考える。というのも、彼が一人の人間として自分を意識する以前の出来事が彼以外の人から語られる場合、ほとんどすべて、無意識のうちに彼＝岡倉天心が偉大な人物だったという前提に立ってそうした事実を掘り起し記述しようとしていく傾向から逃れていないからである。評伝という記述作業は、その意味でいつも対立する矛盾を抱えている。評伝に書かれる対象であるということは、その人物が〈偉大〉である、いいかえれば、その生涯と生きかた、言説とその影響力が人びとに顧みられるだけの価値があるという評価をあらかじめ認められていることにほかならない。評伝の対象たりうるという認識の働きは、たいていの場合、その評伝記述者に、その出発に当って、いいかえれば、その評伝ととりくむに当って、対象に対するある幻想を抱かせている。その結果、調査し掘り起した史実を、その幻想の意義づけとして活用した記述をする。対象に愛情を持っていなければ評伝は書けない。しかし、愛情はしばしば大切な対象を過大に評価させる。とくに、幼年時代の出来事［たいていの場合それは、伝聞、後年彼が〈偉大〉な人になってから回想された話である］、父や母のこと［これも、こんな〈偉大〉な人物を生み育てた父母はどんな人であったか、という関心から書かれようとする］、そして、故郷のことなど、その対象人物の言動や振舞、偉績をたたえる因果関係をそこに見つけようとして記述される。

故郷のことなど、とくに気をつける必要がある。偉人を生んだ土地の人が、その事実を誇りに思い、そういう事実に鼓舞されてその町が生きづき、その土地にいる人の生活が豊かになるのは喜ばしいことである。そして、その人物を慕う他国者がその地を訪ね、その碑や遺跡をみて励まされたり思いに浸ったりするのも楽しいことである。しかし、一人の人間の生活と思想を評価し記述するとき、この町の人やその地を訪ねる旅人と同じ感慨に陥ったままでいてはいけないだろう。彼が一人の人間として自分を意識する以前の出来事と、彼の言動とその成果を性急な因果関係で結びつけないようにしたい。いや、彼がどんな父と母に育てられ、その故郷はどんな風で、家系はどうであったかについてといった事柄からは、まったく干渉されない視点に立って、その人物の、彼が一人の人間としてこの世に歩み出してからの出来事や彼の言動を眺め評価していきたいとすら思う。

そうはいい切ったものの、ある人間への関心というのは、つねに、その人はどこから来たのかという出自への関心へつながり、それを無視することはその人物の人となりや生きかたを知りたいという欲望を制限することにもなる。ここにも、評伝を書くときに潜む矛盾がある。評伝はこの矛盾を抱えそれに自問しながら書いていくしかない。読者も、その矛盾を意識しながら、評伝の記述を読みすすめていくしかない。

2　少年時代と漢詩集

岡倉の平民意識

のこされた三つの履歴書に、共通している一つの記述がある。それは、自筆の履歴書にも他人《ひと》に書いてもらったものにも、「平民」と書いていることである。これまで書かれてきた天心伝の多くは、父親は福井藩下級藩士の出で、と「下級」ではあっても「士族」だ「武士《さむらい》」の誇りをもっている、といいたいばかりの書きかたをしているのだが、岡倉自身は、あくまで「平民」であろうとした。三つの履歴書を通してそう自己主張している。

このことは、岡倉は、自分の先祖が江戸時代にどんな身分にあったか、自分の出自はなんであったかということにこだわるより、自分は明治の新時代の子、維新の子だということに自負をもっていたことを、ひそかに告げている。のちの彼の著述のなかにも読みとれるところだが、岡倉は維新の理想に誇りを抱いていた。「四民平等」は、彼の生きかたの根っこを支えていた。

父母のこと

そんな彼を、生み育てた両親がいた。しかし、のちに岡倉天心と呼ばれた男の子を生んだ両親のことを書こうとすると、早くもその伝説化に筆を迷わしかねない。伝えられていることは、ほとんど昭和一〇年代以降の伝聞記述である。

父親は、岡倉覚右衛門、全右衛門、金右衛門ともいい、勘右衛門ともいった。文政三年(一八二〇)生まれ。誕生日は記録にのこっていない。亡くなったのは明治二九年(一八九六)七月九日。その年、覚三は、三十四歳。東京美術学校長と帝室博物館美術部長の職にあった。

母親は、天保五年(一八三四)生まれ。もちろん誕生日は判らない。没年明治三年(一八七〇)四月三日。覚三は「まだ覚蔵と表記されていたが、今後いちいちことわることも煩雑なので覚三と表記していく」、満七歳になったばかり。幼ないころに母を亡くしたことが、岡倉覚三の女性への憧憬に関する伝説をつくる素材になる。

父覚右衛門は福井藩の下級藩士で、藩の制産方下代《しただい》として江戸詰《づめ》をしていた万延元年(一八六〇)ごろ、開港された(安政六年(一八五九)六月)ばかりの横浜へ、藩命を帯びてやってきた。そこで福井越前藩が出資していた横浜商館「石川屋」の跡支配人となる。先の支配人は石川屋与助といった。「石川屋」というのは、福井藩制産方が、横浜村の名主代官石川徳右衛門の名義を借りて出店したからである。開港前後の時期に多数発行された『御貿易場《をんこうゑきば》』という瓦版には、開港前の出店予定の店一覧の中にすでに石川屋徳右衛門があり、開港後は、「五丁目左角」とか「横浜町《ママ》五丁目大通北側」と場所を示して、「越前産物店」「荒物店・酒店」「呉服・太物・荒物・糸類・紙・蠟燭・酒」を商う店として記載されている（斎藤多喜夫「開港時の横浜商人」、『横浜開港資料館紀要』二〇号、二〇〇二）。玉蘭斎五雲亭貞秀の作った浮世絵草子『横浜開港見聞記』（文久二年の制作。名著刊行会より復刻、一九七九）には「本町《ほんちょう》北横通り　五丁目」に「石川」の暖簾《のれん》が下る店に西洋人らがのぞいている情景の何枚かがある。短冊［絵の内容を説明するため画中にはめこんだ説明札］には「石川生糸店」とある。ほかに「唐物店」「砂糖店」も「石川屋」の暖簾の上に付けられているから、まるで百貨店《デパート》のようにいくつもの専門店を構えていたらしい。『横浜市史』第二巻（横浜市、一九五九）に付けられた資料には、店舗の広さは九〇坪、徳右衛門が扱っていた品目は、「呉服、太物、荒物、糸類、紙、蠟燭、酒、水、油、薬種、昆布、乾物、乾天、茶」とある。

覚三が生まれたとき、父親は数えで四三歳、母は二九歳。万延元年（一八六〇）生まれの兄がいた。兄は満一五歳で亡くなった。もともと病弱だった［脊髄カリエスという病名が伝えられている］。五歳下の弟由三郎は明治元年（一八六八）一一月二一日の生まれである。その間に覚三のすぐ下の弟になる三男弦三が生まれているが生後まもなく亡くなったと伝えられている。覚三は次男で、由三郎は四男である。由三郎のあとに、妹てふ（蝶子）が生まれる。明治三年（一八七〇）。母このは、そのさいの産褥熱のために急逝したという。記録では蝶の誕生日とこのの命日は同じ四月三日である。くりかえすが覚三このとき七歳、由三郎二歳、蝶0歳の乳呑児。このの享年は三六。

翌年、父覚右衛門は、大野しず（静子）を後妻に入れた。しずは生年不明、没年明治三二年一月九日。父の再婚を機に覚三は岡倉家が横浜での菩提寺にしていた「一般に祖先の墓や位牌を置く寺を菩提寺というが、福井時代の岡倉家の菩提寺は福井市にある西超勝寺である」長延寺にあずけられ、蝶も里子にやられた等の伝えがある。

覚三幼年時代のいいつたえでこういうのもある。覚三の乳母だった女《ひと》のことである。名前をつねといって、橋本左内の親戚だったといい、左内の話を幼ない覚三によく語り聞かせたという。橋本左内は、開国派の老中阿部正弘に重用されたが、正弘急死後、井伊直弼の弾圧政策によって安政の大獄（一八五九）で処刑された幕末の志士である。

岡倉一家は、明治六年（一八七三）、藩命により石川屋を閉め東京日本橋蠣殻町に引き移る。横浜の生活はここで終る。覚三一〇歳。その一〇年の横浜時代を記録する文書は一つ、すでに触れた横浜の役人が綴った人別帳だけである。が、いいつたえのなかには、六歳ごろから、外国人居留地にあったジェイムズ・バラ塾や高島学校という英学塾「明治四年開校」に通って英語力を磨き、あずけられていた長延寺の住職玄導から漢籍を学んだとか、いずれの伝記にも年譜にも記されているところである。

東大生になる

明治七年、父親は、日本橋蠣殻町の福井藩下屋敷の一角で、宿屋と越前物産の取次店を開く。店の名義は覚蔵である。当の覚三は一一歳。東京外国語学校の生徒である。その年三月の『東京外国語学校生徒一覧』には、「岡倉覚蔵　英語下等第一級」と記録されている。翌明治八年九月には、新設の東京開成学校に入学した。東京開成学校は、明治一〇年四月、東京大学と改称、覚三は自動的に東京大学の第一期生となった。所属は「文学部第二年級第一科」。東京大学は、東京開成学校と東京医学校を合併させて成立したのだが、法・理・医・文の四学部から構成されていた。加藤弘之が法・理・文学部の綜理《そうり》の任に当った。授業はすべて英語で行なわれた。開成学校からいっしょに移籍してきた同窓生は、覚三を含めて八人。井上哲次郎、国府寺新作、木場貞長、千頭清正、中隈敬造、福富孝季、和田垣謙三である。一年下には、嘉納治五郎や牧野伸顕がいた。二年後輩に、坪内雄蔵［逍遙］、高田早苗［半峰］、市島謙吉［春城］、有賀長雄らがいる。そのもう一年下には三宅雄二郎［雪嶺］がいた。これらの人物は若くして世を去った者もいるが、それぞれに明治初期の日本国家建設のために働き、名を成した。覚三は、そうした将来の大物となる若者のあいだにあって自らを鍛えた。

教授陣は、英文学を担当するのがウィリアム・A・ホートン。覚三は、明治四四年（一九一一）四月の一日《いちじつ》、ボストン美術館に勤めている合間に、隣の州のメイン州に住むこの旧師を訪ねている。同窓生たち［井上哲次郎、高田早苗、坪内逍遙、三宅雪嶺ら］の回想によれば、覚三は英語の小説をたくさん読んでいて、ヴィクトル・ユゴーの『レ・ミゼラブル』だとかディッケンズやエドガー・アラン・ポーの小説について、牛肉屋で牛鍋をつつきながら盛んに議論したという。ホートン教授からは、そういったのちのちまで世界名作全集のなかに数えられる作品を教わったのだろう。

一冊のノートがのこっていて、一八七八年（明治一一年）七月七日の日付が書き込まれたページに、

"Count of Monte-Cristo by Alexander Dumas"［アレクサンドル・デュマ作『モンテ・クリスト伯爵』］の一部をメモしたものがある。つづいて、Les Miserables［『レ・ミゼラブル』］は、その梗概を箇条書きに整理しながらびっしりとノートしている。

チョーサーやサー・トマス・ワイヤット、ディッケンズの引用もある。そして、Theories of States［国家論］という項目を立てたページには、Plato［「プラトン」］、Aristotle［アリストテレス］、Roman Republic［ローマ共和国］、Roman Empire［ローマ帝国］と続いて、グロティウス、ホッブス、スピノザ、ロック、モンテスキュー、ルソー、バークなどを並べ、それぞれに短い評言をつけている。これは、幻の卒業論文「国家論」のベースになったものなのだろうか。

「小説書」という項目で、中国の閨情文学の書名を五十余篇羅列しているページもある。

英語の小説に熱中するかたわら、漢籍もよく読み、南画を奥原晴湖に、和琴を加藤桜老に、漢詩を森春濤について学んだことも、すべての伝記が記しているところである。

奥原晴湖のもとで習った絵の腕前は、後年、はるかに三〇年ののちのことだが、ニューヨークで横山大観と菱田春草の作品と並べて出品した墨画などに証明されている。琴を鳴らして聴かせたというエピソードはないが、『茶の本』にある伯牙と龍門の琴の話などに加藤桜老から習ったことが生きているのだろうか。この少年時代の手習いのなかで、最も目覚しい成果をのこしているのは漢詩である。

処女作は漢詩集

一六歳のとき、すでに漢詩集を一冊つくっている。自筆の私家版だが『三匝《さんそう》堂詩草』と名づけ、筆名は「一狂生」である。

縦に罫線の入った和紙を一五枚重ねて綴じた小冊子である。縦が一五八ミリ、横一一〇ミリ。現在の文庫版よりちょっと背が高く、新書より短かい。もちろん、墨書。終りに近づくほど筆の運びが乱暴に荒くなっているところから、きっと一気に書いて作り上げたものと推定できる。

たった一冊の自筆限定版詩集というわけだが、ともかく、岡倉覚三、最初の本である。巻頭第一ページに、まず、

三匝堂詩草　　一狂生

癸卯

と墨書されて、六行目から、最初の詩が始まる。しかしこの「癸卯《みずのとう》」は「己卯《つちのとう》」の誤記だろう。「癸」と「己」はどちらも「キ」の音だから、つい書きまちがえたということはありうる。それに「癸卯」は覚三生存中の時期では、明治三六年ということになり、覚三は四〇歳のときである。詩のなかには「己卯元旦」［じつはこれが原本では「巳卯《シボウ》」と墨書されており、「巳」は「卯」と同類の十二支の一つだから、ここは明らかに十干の

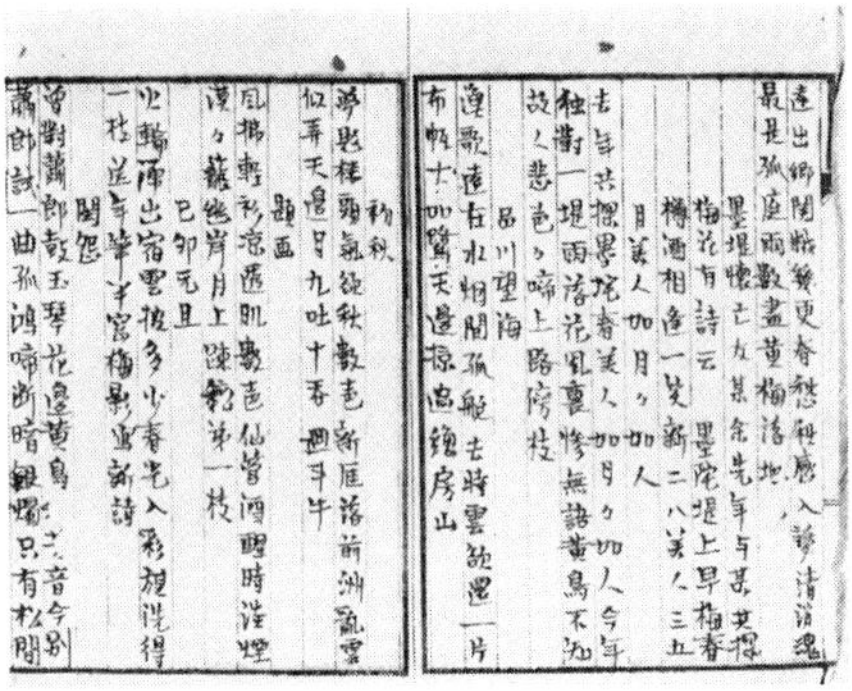

『三匝堂詩草』の一頁

一つ「己《キ》」とまちがえたと判読できる。その上での「己卯元旦」である」と題した詩篇もあり、だいたい筆蹟が、成年になってからの左肩上りの独特のスタイルにはまだ成熟していない、左右のバランスはとれており、しかし、撥ねや略しかたにすでに岡倉覚三独特の癖は出ている。これは、己卯、すなわち明治一二年、覚三は一六歳の詩集である。

三三首の漢詩が収められている。

作品群の分類

それらを謡《うた》われた内容にそくして分類してみると、自然の風景・光景を描写したもの、つまり叙景詩がいちばん多く、一一首。ついで、叙意詩とでも名付けるか、心中の思いを吐露した作品が八首「イギリスから友人の手紙を受け取って思うことを詩にしたのもここに含めると九首」と二番目に多く、あとは、「題画」詩、つまり絵をみながら作った詩「内容は叙景詩といっていいが、じっさいの風景を見て謡っていないので別の分類にした。しかし、近代以前の日本の詩の伝統は、じっさいに眼にした光景を詩にすることと絵を見ながらその情景から得た感興を謡うことを区別しなかったし、覚三も漢詩という伝統的な詩を作る上でその区別は意識していなかっただろう。現代という視点から岡倉覚三の詩意識のありかたを考えるときに、この区分は有効だと思われるだけのことだ」が三首。眼にしたこともない世界のことを想像しながら謡った空想叙事詩が三首。さらに、空想叙事詩あるいは空想叙景詩に分類していいが、とくに中国の女性の恋する想いを謡っているので閨情詩と名づけておきたい詩が三首。叙景詩に分類してもいいのだが、覚三の詩ということを考えるときちょっと別にしておきたいと思う詩が二首。それぞれに少し謡われる内容の趣きがちがっていて、一つは祝賀詩とも呼ぶべき「己卯元日」、これは元日の清新な気分を謡った詩である。もう一つは「招魂社」と題された詩で、招魂社というのは靖国神社のことである。明治政府は、明治一二年つまり覚三がこの漢詩集『三匝堂詩草』を浄書製本した年の六月四日、東京招魂社を別格官幣社とし、靖国神社と改称した。そのときから、内務省と陸軍省と海軍省の三省庁が共同で管理するという例のない国営神社が誕生したわけである。そのことと覚三が「招魂社」と題する詩を作ったこととどんな関係があるか、詩からは判定できないので、叙景詩に入れたほうがいいかもしれない。それが一首。最後に贈答詩と呼ぶべき詩が一首。それは、文人画の師匠奥原晴湖を謡ったもので、題は「晴湖女史」であるが、これは晴湖に贈ることを念頭において作られていることは内容から明らかなので〔大正一一年刊の『天心全集』では「贈晴湖女史」と改題して収録している〕、贈答詩に分類した。もう一篇、亡くなった「友人某」と旧年隅田川へ梅の花見に行ったことを想い出し、友人の作った詩と並べて自作を献じている一首。叙景詩だが、特殊な一篇である。

こうして分類してみると、自然の風景を謡った〔もちろん、その風景を謡いながら自分の想いを籠め托しているのだが、ともかく自然の姿を描出することを主題としている〕詩＝叙景詩と、直截に自分の想い、意中のわだかまりを詩句に托した叙意詩〔抒情詩と呼ぶには自分の想いの投げつけかたが強いのである〕が、全体の半数以上を占めていることが判る。

三篇に注目

そこから一首ずつ選んでみたい。叙景詩は短いものを二首選びたい。それぞれが少し異なる傾向をもっていて、全体の詩篇、いいかえれば覚三の詩意識の特質を指し示しているように思われるからである。

まず、［原文には句読点はなく行改めもしていないが、ここでは句の切れ目に一字空けて詩の形を整えた。ルビで示した読みは、もちろん木下が勝手に読みやすさを考えて付けたものである。］

品川望海《（しながわにうみをのぞむ》

漁歌遠在水烟間《（ぎょかはとおくすいえんのあいだにあり》　孤艇去時雲欲還《こていさるときくもかえらんとほっす》　一片布帆大如鷺《いっぺんのふはんおおいなることさぎのごとく》　天邊掠過總房山《てんぺんをかすめすぐそうぼうさん）》

漁師の歌声が靄《もや》で煙っている海のあたりから聴える。船が一艘《そう》走って海を横切ろうとしている、空の雲もどこかへ帰ろうとしているようだ。船の帆は大きくて鷺のようで走り去る大空の果てに霞んでいるのは房総［千葉地方］の山やまだ。題名は「品川の海」を望む、と文字通り海辺で東京湾を見ていた情景を謡った詩であり、その内容も、眼に映る光景をそのまま写生画のように描写したものである。

こういうすなおな叙景詩と対照したいのが次の一首である。

折鄰家梅《（りんかのうめをおる）》

素香涵月月如銀《（そこうつきをひたしつきぎんのごとし》　折得一枝瀟灑春《おりえたりひとえだしょうしゃのはる》　休爲老梅悲薄命《ろうばいのためにはくめいをかなしむをやめよ》　偸花人是愛花人《はなをぬすむひとはこれはなをあいするひと）》

「老梅《ろうばい》」という音は「蠟梅」「臘梅」を連想させるが、ここは文字通り年を経て老いた梅の木と読むべきだろう。そうすると詩の冒頭の「素香」と深いところで響き合う。「素」とは白の意。ここは「白い香り」という意味の奥深い喩を覚三は楽しんでいる。「臘梅」とすると花は黄味を帯びてくるので、この言葉の音と形による意味の響き合いのたのしみが消えてしまう。「白い香り」の老いた梅の芳香が月を涵しているのである。そして、月は銀色に輝いているのである。この二行、「白」が基調である。

その白い花をつけた枝を一本折った。その一枝に、老いたといえども清々しい春が溢れている。枝を折ったからといって叱ったり、老梅が可哀そうだなどといわないでくれ。花を竊《ぬす》もうなどと思う人間はそれだけ花を愛しているのだから。

この詩は、「品川より海を臨む」の詩に比べると、単なる風景を叙しているだけでなく、その風景に人間の行為が関わっている。そして風景すなわち自然と関わる人間の行為の価値づけをし、その価値に〈美〉を読みとろうとしている。単に自然が美しいということを描写し伝えよう「それが叙景の基本」とするのではなく、自然といかに関わったかを謡おうとするのである。

もちろん、自然の美しさを描写しようとするだけで、おのずから、そこにはその描写する人間「詩人」の価値観は表出されている。しかし、自然に関わる人間の行為を謡おうとする態度は、ある意味で、詩のなかで芸術論をたたかわせているわけである。いいかえれば、芸術とはなにかを考える詩。「隣家《となりのいえ》の梅《うめ》を折《お》る」の詩は、そういう詩であり、芸術とはなにかを考えるということは、人間にとって芸術とはなにか、人間にとってなにが大切なのかを考えようとしているということにほかならない。

一六歳の若い岡倉覚三は、そういう問いを内面に沈ませて詩を作っていた。その想いと問いはいっきょにこんな詩をも作らせる。題はつけていない。

懶求歡樂懶悲愁《(かんらくをもとむるにものうくひしゅうをおこたる》　天地知吾有許由《てんちはしるわれにきょゆうあるを》　東海三千二百里《とうかいさんぜんにひゃくり》　時々洗耳又風流《じじみみをあらいまたふうりゅう》
勿道風光不待時《いうなかれふうこうはときをまたずと》　聖人與世善推移《せいじんとよとよくすいいす》　明年別有明年樂《みょうねんはべつにみょうねんのたのしみあり》　今夜相逢酒満巵《こんやあいおうてさけさかづきにみつ)》

杜鵑《(とけん》雨《あめ》ニ啼《な》テ　空《むなし》ク疏簾《それん》ヲ暮寒《ぼかん》ニ捲《ま》キ　宿鴉《しゅくあ》月《つき》ニ噪《さわぎ》テ　獨《ひと》リ破樓《はろう》ノ暁風《ぎょうふう》ニ倚《よ》ル　嗚呼悲矣哉《ああかなしいかな》　物換《ものかわ》リ星移《ほしうつ》リ
春去夏來《はるさりなつきたる》　芳艸茫々《ほうそうぼうぼう》トシテ王孫《おうそん》終《つい》ニ跡《あと》ヲ没《ぼっ》シ　楓林蕭《ふうりんしょう》トシテ帝子《ていし》遂《つい》ニ歸《かえ》ルヲ忘《わす》ル　鳥啼《とりな》キ花落《はなお》チテ風光《ふうこう》ノ
移《うつ》リ易《やす》キヲ歎《たん》ジ　山青《やまあお》ク水碧《みずみどり》ニシテ天地《あめつち》ノ窮《きわま》リ無《な》キヲ察《さっ》ス　我《われ》ニ青玉《せいぎょく》ノ案《あん》無《な》キニ非《あらず》ス　望《のぞ》ム所《ところ》ノ美人《びしん》巳《すで》ニ遠《とお》シ
誰《たれ》カ花雪《かせつ》ノ曲《きょく》ヲ歌《うた》フ者《ものぞ》ソ　和《わ》スル所《ところ》ノ高調《こうちょう》今癈《いますた》ル　余一介書生《よいっかいのしょせい》　五尺微軀《ごしゃくのびく》　王侯《おうこう》ニ媚《こび》ル　懶《にものうき》ニ陶令《とうれいが》カ
清節《せいせつ》有《あ》ルニ非《あらず》ス　鬼神《きしん》ヲ談《だん》ゼント欲《ほっ》ス　賈生《れどかせい》カ高才《がこうさい》無《な》キヲ愧《はず》ス　短衫《たんさん》ヲ着《つ》ケ長髪《ちょうはつ》ヲ被《かむ》リ　飄々零々《ひょうひょうれいれい》　街《がい》
中《ちゅう》ニ徘徊《はいかい》ス　從々容々《しょうしょうようよう》　澤畔《たくはん》ニ吟誦《ぎんしょう》ス　人我《ひとわれ》ヲ狂《きょう》ト言《いう》フ　我豈人《われあにひと》ヲ癡《ち》ト呼《よば》ハン　然《しか》リト雖《いえど》モ富貴《ふうき》盡《つ》キ
易《やす》シ　神仙《しんせん》逢《あ》ヒ難《いがた》シ　百丈《ひゃくじょう》ノ高閣空《こうかくむなし》ク　一魂《いっかい》ノ焦土《しょうど》ニ化《か》シ　臺上《だいじょう》ノ紅裙《こうくん》モ亦地上《またちじょう》ノ白骨《はっこつ》ト爲《な》ル　酒《さけ》アラハ《ば》
醉《よう》フ可《べ》シ　詩《し》アラバ吟《ぎんず》ス可《べ》シ　吾夫遊《われそれあそば》ハンカ　坐《ざ》ニ高朋《こうほう》アリ矣　因《よっ》テ哥《うた》フテ曰《いわ)》ク

愛花愛月愛蛾眉《(はなをあいしつきをあいしがびをあいす》　千斗香醪千首詩《せんとのこうろうせんしゅのし》　非孔非莊非道釋《こうにあらずそうにあらずどうしゃくにあらず》　一時閑適一家學《いちじのかんてきいっかのがく》
豪然跨鶴上青空《ごうぜんとしてつるにまたがりせいくうにのぼる》　一笑吹成下界風《いっしょうふきてなすげかいのかぜ)》

歓楽に耽《ふけ》ようとするのもいやだ［一人の前途ある若者として自分は遊びに我を忘れているわけにはいかない］、といって悲しんだり憂鬱ぶって愁いに沈んでばかりもいられない。天と地は、知ってるだろう、自分が許由の　志《こころざし》を大切にしていることを。［許由というのは荘子や『史記』が伝える古代中国の伝説上の隠者で、天子の尭《ぎょう》帝が天下を譲ろうとしたのを拒絶して箕山《きざん》に隠れた。それにもかかわらず九州の長にしようとしているのを聞いて耳を洗ったという。耳を洗うというは、世俗の汚れた話を耳に入れたので清めようとした振舞いで、覚三はこの詩の次の行でこの逸話も引用する。］

このひろびろとした東方の海を前に、許由に倣《なら》ってときどき耳を洗うのも風流ではないか。［「東海」には日本という意味があるが、あとでも書くように、この一六歳の少年覚三は、後世《のち》の人が騒ぎ立てたようには〈日本〉を意識していなかったし、自分が高級官僚になるなど思ってもいなかったろう。むしろ、ここでは、謡曲の「白楽天」で謡われている「東海」をイメージしたほうがいいと考えた。］

そんなにぐずぐずしているとどんどん時間が過ぎていくぞ、などとはいわないでくれ。この世を風靡した聖人たちもいずれは時の流れとともに移り変っていくのだ。

来年には来年の楽しみがあるだろう。今夜は、ひとつ、お互いに会えたことを喜び盃を満たそう。こう謡っておいて調子を変え、つぶやくように綴る。

ほととぎすが鳴いたようだ、暮れどきの寒気をちょっと気にしながら簾《すだれ》を捲き上げてみる、と夜の眠りに入ろうとしていた烏が鳴き喚《わめ》き昇ってくる月に騒いでいるようだ。自分は孤《ひと》り寂《さび》れた館《いえ》の縁にもたれているとはや夜明けの風が吹いてきた。ああ、なんとも寂しいな、物換《かわ》り星は移り、春が去って夏が来る。芳しく生い繁っていた草は乱れ、かつて栄えた王家の系統も絶え、世は変転するが、楓の林は［つまり自然は］皇帝がどこへ行ったかなど気にしていない［人間のやっていることなど一向に意に介さずものさびしげである］。鳥が鳴いて花は散る、自分は時の移り変りの早いのを歎きながら、山の青さ水の澄み切った深さに、この宇宙の奥深さ無限さを感じとるばかりだ。野心がないわけではない、しかし好きだった女《ひと》のこともう忘れてしまった。花や雪やと歌っているのは誰だ、もうそんな甘い歌はお終いだ。自分はただ一個の書生の身、五尺の小柄な人間。王だとか上司だとかに媚を売るのは好きではない、かといって陶淵明ほど清節でもいられない。［陶淵明は、県令に任ぜられたとき八十余日で辞し故郷に帰り、農耕のかたわら酒を愛し自然を愛《め》で琴を友にして詩三昧の生活を送った。］鬼神［天地創造の神、霊］について語り論じたいと思うが、賈誼《カギ》［前漢の人。孝文帝に鬼神について語ったと『史記』に記されている］ほどの才能も持ち合わせてはいない。単衣の着物を着ったきりで髪ものばし、身の回りのことは気にしないで、風に吹かれるまま、木の葉のようにひらひらと街のなかを行ったり来たり、のんびりと谷川の畔《ほとり》などで詩を吟じていると、人は自分のことを狂人《くるってる》などと噂している。［この一句から『三匝堂詩草』の筆名「一狂生」が由来している。その意味で、この詩篇はこの詩集のなかに大きい位置を占めている］そう言うなら言うがいい、自分はそんな人をなんにも判ってない愚か者とあしらっておくばかりだ。そうなのだ、お金だとか地位だとかは、すぐにどこかへ消えてしまうものだ。仙人に会いたいものだがこれも難かしい。高い楼閣もいつかは崩れ土となる。美人を誇ってすましている女の人もいつかは白骨となって土中に埋れるのだ。酒が手に入れば酔おうよ。詩が浮かんだら謡おうぜ。これこそ遊びだ。いい友達すぐれた友達もいっしょだ、さあ歌おう。

花を愛し月を愛し美人を愛し［美しいものをうんと讃え］、底なしに酒を浴び、湧いてくる限りの詩を吟じよう。どのみちおいらは孔子にはなれないし、荘子でも老子でも釈迦でもない。だが、このほんの一刻の与えられた時になにがしかの学を語ることはできるというものだ。胸を張って、古代の聖人のように鶴に乗り空を翔け、下界の地上に風を送る、そんな夢でも見ようではないか。

最後の一句の解釈に「そんな夢でも見ようではないか、友よ」と「友よ！」を加えようとして止めた。たしかに尊敬する友といっしょに酒を浴び詩を吟じようとしている場面だが、ここではそういう情景を詩人は［覚三は］独白している。「友よ」の一言は声に出さず呑みこんでいる。そんな孤独がみなぎっている詩である。

別の分析

ちょっとこの詩から離れて、『三匝堂詩草』全体を眺めてみる。ここに収められた三三首に別の分析の光線を当ててみたいのだ。それは、覚三がこれらの詩篇を作るに当って、実体験にもとづいて作っているものと想像上の出来事や情景を謡っているものとに分類することである。じっさいに見た光景や体験したことを謡っている詩は、さきに詩の内容にそくして分類したうちの、叙景詩一一篇。「己卯元旦」の祝賀詩、「招魂社」と「奥原晴湖女史」の三首、「亡友某」と隅田川へ梅見に行ったことを想い出して眼前の隅田の情景を謡った一首。と、これで一五首である。

それに対して、まったく頭のなかで思い浮べ思い描いたことを謡った詩としては、閨情詩三首、ナポレオンが戦場で故国へ帰ったことを夢みたのを謡ったもの［「那保烈翁《ナポレオン》夢還欧州《おうしゅうにかえるをゆめむ》」］、中国の故事の場面を謡った二首［「小少離家老大回《としわかくしていえをはなれとしおいてかえる》」と「訪隠者不遇《いんじゃをたずねてあわず》」］。題画詩三首もこちらに分類したい。「小少離家老大回」などは賀知章という盛唐期の詩人の「回郷偶書詩」の第一句を題にしているのだが、題画詩とこれらは想像力の働かせかたは共通していると思うからである。そうすると、じっさいに光景を眼にしないで、空想上の［絵とか詩句から刺激を受けて］イメージを謡った作品は九首となる。

九首の叙意詩は、心のなかを謡っているので、実見に基くか空想の産物かという分類が施し難い。しかし、よく味わってみると、じっさいに自分の意志や考えを謡っている作と、題画詩のように故事や他者の行為に拠りそれを素材に自分の意を托している詩に分類できそうである。そのなかで、さきほど読んでいた「懶求歡樂懶悲愁《かんらくをもとむるにものうくひしゅうおこたる》……」に始まる長い詩は、故事に拠りながら自分の思いと決意を声高に謡っていて、実体験と空想の中間に位置するといえる。

再び「懶求歡樂」の詩について

このことを言いたいばかりに、迂回して分類などをやっていた。この詩は、頭に七言律詩［仄韻に問題があるとしても形式はそうである］を置き、真ん中に長い読み下しの和漢混交体散文詩を入れ、末尾を返歌に倣って七言絶句を置いて締めるという形式である。そして、前後の七言詩は、自身の意志を直截に謡い上げ、間にはさんだ混交文の散文詩は、中国の昔の時代に想いを馳せ、その時代の人物に自己を重ね合わすようにして自分の思いをあずけていこうとしている。こういう形式の遊びを、漢詩作法を身につけたばかりの若い覚三は、大いにたのしんだことだろう。

そうして現実と非現実の垣根をとりはらい、思いを虚構にあずけたかと思えば直接まっすぐに吐露して、詩作の歓びを味わっている。そういう歓びに浸りながら、自分自身の思想と詩想を鍛えている若い覚三を、ここに見ることができる。

思想の種子としての詩

彼は、この詩をまとめたころ、東京大学の卒業を翌年に控えているとはいえ、「政治学と理財学」を勉強しながら、まだどんな道をすすむのかはっきりしてはいなかった。そんななかで、一六歳という青年というよりも少年にふさわしい、世界「世の中、世間」に対する言葉にしがたい憤懣と憂愁を胸の内にわだかまらせて、学業に励んでいた。そんな彼の思いが、この詩篇からあぶり出されてくる。そして、こんな詩に彼がぶっつけていた思いのいくつかが生長して、彼の一人立ちしてからの思想を形づくる苗となっていく。そのいくつかを列挙しておく。

まず、「品川望海」の詩に現われているような自然へのすなおな愛。自然美への憧憬。

「折隣家梅」にみられる、自然に対する人情の深い意味への傾倒。それは、つねに、老いた梅の枝を折ることによって美は成就するという逆説背理を抱えていることへの思い。その逆説背理を叙することこそ芸術の仕事であるという考え。

「懶求歡樂懶悲愁……」の詩に吐露されている一種の隠者生活に人間の生きかたの理想があるとい

う考え。これもまた逆説である。これは、過ぎ去ってしまったもの、〈古代〉への憧憬と結びつく。少年岡倉覚三は、早くも隠者の生活に人間の生きかたの理想像を見つけてしまっている。ほんとうの自由というのは、隠者になるしかないという逆説を。

そして、それが容易に実現できない現世にあって、「一時の閑適」にすぎないが、ともかくその境地を与えてくれるのが酒であることも。いや、酒だけではどうにもならない。その酒に導かれて、一つの詩境に到達することだ。

少年覚三のナショナリズム

岡倉覚三はのちに岡倉天心と呼ばれるようになり、昭和一〇年代からは軍国国家への道を進む日本の予言者として祭り上げられるようになった。岡倉覚三のその後の思想形成の萌芽が、一六歳のときの漢詩集『三匝堂詩草』から読みとれたのだが、昭和一〇年代に囃《はや》されたようなナショナルな心情は、この詩群にはまったく見出せない。

すでに触れた「招魂社」という一首について、靖国神社の成立のことをメモしておいたのは、じつは、覚三は招魂社のことを謡っているが、靖国神社のことはまったく謡おうとしていないことを知っておきたかったからである。その詩は七言絶句の形をとっている。

千里驚魂呼不應《（せんりたましいをおどろかしよべどこたえず》　凄涼鵑血濺殘燈《せいりょうとしてけんけつざんとうにそそぐ》
何邊花々都城府《いずこのあたりかかとじょうのふ》　春月痕寒壇九層《しゅんげつのあとさむしだんきゅうそう）》

森閑とした神社の杜《もり》、千里の遠くまで魂をさわがすそこもいまは呼んでも応える者はいない。ぞっとするほどものさびしく、燈籠の火はまるでほととぎすの鳴いて吐いた血の跡のようだ。花で賑う東京の街はどこにあるのかと思うほどで、春の月も沈んでうら寒い九段坂ではある。——とこんなふうに読んでみた。「壇九層」は文字通り読めば、九層、つまりいく層にも重なった壇、高殿という意味なのだが、ここは、少年詩人のしゃれっ気まじりの詩句を読みたい。引用の部分では「だんきゅうそう」と読んでおいたが、「くだんざか」としてもよかったかもしれない。こんな言葉遊びはほかにも『三匝堂詩草』のなかに発見できる。たとえば詩集冒頭の「春園雑題《しゅんえんざつだい》　初春」という七言絶句。「雪全消後梅如雪《ゆきすべてきえしのちうめゆきのごとし》　梅未開時雪似梅《うめいまだひらざるときゆきうめににたり》　是雪是梅鶯不悟《これゆきかこれうめかうぐいすさとらず》　怯輕寒去喜香來《けいかんのさるにおびえこうのきたるをよろこぶ》」というので、うぐいすが雪と梅とを間違えているというたあいのない詩だが、第四句を文字通り読めばルビをつけたように、軽寒［うすら寒いこと］が消えるのをこわがって、梅の香りがくるのを喜んでいるという意味である。しかし「怯輕《キヨケイ》」……と並べた音読みは明らかにうぐいすの鳴き声を擬していてこんな表現を覚三は楽しんでいる。

それはともかく、この「招魂社」は靖国神社の使命とか役割にはまったく踏み込んでいない。神社の情景だけを叙している詩である。前に引いた「東海」という語に〈日本〉という意味を遠去けた解釈をしたのも、この詩集から〈日本〉を謡っているような詩句は見出せないからである。彼の詩には西南戦争（明治一〇年）や竹橋事件（明治一一年八月、西南戦争終結に関わる恩賞の不満から近衛砲兵大隊二〇〇名が蜂起した）などの影も落ちていない。彼は、この時分、〈日本〉を見ていないし考えてもいなかったようだ。

学生結婚

岡倉覚三は、明治一三年（一八八〇）七月十日、東京大学文学部を卒業する。卒業までに記しておかなければならない出来事は、まず、明治一二年、卒業の前年、『三匝堂詩草』をまとめた年、覚三が結婚したことであろう。満一六歳で一三歳の娘と結婚したわけである。妻の名前は、もと、後年は「基子」と書いている。もとは江戸生まれ、旧姓を大岡といい、しばらく前から、岡倉家に家事手伝いとして入り、覚三の身の回りを世話していた等の回想が伝わっている。

フェノロサとの出会い

その前の明治一一年（一八七八）、アーネスト・フェノロサ（一八五三～一九〇八）が東京大学の教授として招かれてきた。フェノロサが日本を離れる明治二三年（一八九〇）まで、岡倉の行動にフェノロサはほとんど同伴するようになる。

フェノロサは、東京大学で、哲学史、理財学、政治学などを講義した。一方で、古物商などで書画骨董を買い漁りはじめた。その通訳などもやらされたりしていたようだが、覚三とフェノロサの実質的なつきあい、それは日本の近代美術――作品制作と教育体系と古美術保存と――の方向を選択決定していく二人の活動のはじまりと重なり、覚三が卒業して文部省に勤めるようになってからと考えたほうがよい。

就職が決まる直前、つまり文部省の辞令が下りる前、覚三はフェノロサの京都や奈良の古社寺を訪ねる旅に同行したと伝えられている。法隆寺に遺っている記録によると、明治一三年九月一日「奈良郡役所より東京大学文学部教授フェノロサ、岡倉覚三、法隆寺所蔵の古画等調査依頼状」が来ているというから、お雇外国人教師の権威を使って、法隆寺に立入ったわけだ。といっても、この旅のときには、のちに文部省の仕事としてその奈良や京都をいっしょに訪ねるなどということになろうとは、二人とも想像もしていなかっただろう。

東京大学に赴任した当初のフェノロサの古美術収集は、当時の御雇外国人たちがやっていたのと同じ趣味程度のたのしみだったにちがいない。ひどいものも騙されてつかまされているのをみかねて、狩野永悳《かのうえいとく》（一八一四〜九一）を紹介したという逸話ものこっている。『古画備考』［幕末に朝岡興禎《おきさだ》がまとめ公刊した、古代から江戸期までの画家の伝記と作品名、落款の総目録。覚三ものちに東京美術学校で「日本美術史」を講義するとき活用した］を読むように薦《すす》められて、その翻訳を覚三や有賀長雄がやらされたというのである。

そうしたことをやっているうちに、フェノロサは、日本美術の研究に本気で取り組むようになっていった。しかし、日本画の振興といった政治的な活動に参与しようとはまだ思ってもいなかったはずだ。明治一二年、フェノロサは高橋由一（一八二八〜九四）の画塾「天絵学舎」を訪ねて、そこでは洋画拡張論を説いた。高橋由一は日本における洋画の先覚者と仰がれる人物で、開国前から苦労して油絵技法を身につけ、明治六年（一八七三）西洋画を学ぶ私塾「天絵楼」［のちに天絵学舎］を開いた。東京大学教授である御雇外国人の訪問は、由一を喜ばせたであろう、由一は本郷にあるフェノロサの家を訪ね、自作の風景画をプレゼントした。そして、秋からフェノロサに天絵学舎で「海外画道沿革等を講ずる」約束もとりつけた。このころのフェノロサは、自分自身が東京大学で英語で講義し、西欧の歴史や哲学を学ばせていたように、美術も西欧の絵画や彫刻の技術を身につけることが日本の新国家建設のために大切であり必要であると思っていたということである。

このフェノロサの約束は、いろんな事情で延期になっているうちに、「フェノロサ終《つい》に説を変じて日本画奨励説と為《な》る」と高橋由一が記しているように実現しないでおわった。

フェノロサのこの考えの転向は、明治一三年から一四年のはじめにかけて用意された。

その間の覚三は、卒業への準備と就職に明けくれる。明治一四年（一八八一）三月、長男の一雄が誕生。一八歳にして一児の父である。その年の七月、通っていた漢詩塾茉莉吟社《まりぎんしゃ》の森春濤が主宰する『新文詩集』七十三集に、種梅鋤夫の筆名で漢詩一首「南都懐古」を掲載してもらっている。南都［奈良］のことを思い出した詩なので、フェノロサとの旅の記念の一つであろうか。「遺跡は血に染まっていて緑色の苔まで腥《なまぐさ》い、あたりに幽霊の哭《な》き声まで聞こえそうだ、刀をふるって邪気を払おうとして、時の興廃に思いはいたる。三笠山にかかる雲も暗く、星もない」という主旨の七言絶句で、歴史の遺物にこういう血腥ささを感じるのは、岡倉覚三の一つの資質かもしれない。長男が出来た喜びなどは詩にしないのだ。

長男が生まれる前に、覚三は、卒業論文を仕上げ提出しなければならない。

卒業論文

卒業論文にまつわる有名なエピソードがある。覚三は、卒論に「国家論」を書き上げたという。何カ月もかけて書き上げたその論文は、妊娠中のもとがやきもち発作から火の中に投げこんでしまったというのだ。覚三は、あらためて、大急ぎ「美術論」を書き上げた。この事件に関して誰もが引用するのが、岡倉一雄の『父天心を繞《めぐ》る人々』（文川堂書房、一九四三）の一節である。それはこんなふうである——よく晩年の食卓で一家団欒《だんらん》の晩酌をこころみるときに、岡倉は、「あれは全くママさんの焼餅から起ったことだった。折角二月《ふた》もかゝって書き上げた『国家論』を焼かれて途方にくれたおいらは、已《や》むなく二週間で美術論を捏《で》っち上げてしまったが、御蔭で成績は香ばしからず、世の中へ出てからも、あの論文が一生を支配したやうなものである」といっていた。

もちろん、この「美術論」はのこっていない。

就職——文部省音楽取調掛

十月に文部省から辞令が下りた。明治一三年のことである。その年三月、音楽取調掛のお雇い教師として来日した［同一七年五月帰国］ルーサー・ホワイティング・メーソン（一八二八～九六）の通訳や英文書類の翻訳といった音楽取調掛の事務雑務を担当していたらしい。上司、音楽取調掛長は、伊沢修二（一八五一～一九一七）である。伊沢は、明治八年、アメリカへ留学してメーソンと知合い、国立音楽学校の設立に力を尽した。東京音楽学校は、東京美術学校に先立って一年早く明治二〇年（一八八七）開校された。東京美術学校が、日本の伝統的な絵画や工芸を教えるカリキュラムを組んだのとは対照的に、東京音楽学校は、日本古来の伝統音楽は一切顧慮せず、西洋の声楽、器楽を学ぶ学科を準備したのだった。調子の良くない「ピヤノ」をどうしましょうかと担当者に問合わす手紙やメーソンの文部省宛の手紙を訳した文書がのこっている。

3　美術界へ

覚三が、文部省音楽取調掛から専門学務局へと異動する辞令を受けたのは、明治一四年（一八八一）一一月のことである。一年間、音楽取調掛にいたことになるが、その後六カ月は、音楽取調掛と兼務とされていた。音楽取調掛兼務を解かれた明治一五年（一八八二）四月一四日から、覚三の美術界における活動がはじまる。

フェノロサの『美術真説』

その一カ月後の五月一四日、フェノロサが龍池会で日本美術復興のための弁舌をふるい、それが通訳大森惟中によって日本語にされ、『美術真説』と題して、一一月に出版された。この原文の講演原稿は現存しない。しかし、ハーヴァード大学のホートン・ライブラリには、大量のフェノロサのノートやメモが所蔵されていて、そのなかには『美術真説』の内容を体現している草稿がいくつかある。その草稿には日付があって、「一八八一年四月一〇日、東京の美術家達を前にした美術に関する講演」とある。一八八一年は明治一四年である。とすると、龍池会で『美術真説』と名付けられた講演をする一年以上前に、フェノロサは、日本の美術が西洋の美術より優れているという考えを確信し、講演会などを通じて日本の美術関係者に語りかけるようになっていたのだ。この四月一〇日の講演がどこでなされたのか「東京の美術家達」というのだから大学の講義ではないとすると、それは誰なのかも、日本側には確かな記録はない。

覚三は、明治一五年五月一四日の龍池会の講演に参席していただろう。『美術真説』は、前半に芸術とはなにかと、美学理論を語り、そうして美術の本質をはっきりさせておいた上で、絵画の要素と原理を提出し、その原理に照して日本画は油彩画よりも優れていることを力説した講演である。

この時代、「美術」という言葉は、現在われわれが理解している「芸術」という意味で使われている。この講演は、当時の日本の知識人にとっては、アメリカから来た、つまり西洋知識人学者の代表として日本に来ている官立大学の教授が説く芸術論として受けとめられ、大きな反響を得た。坪内逍遙は『小説神髄』の冒頭でこのフェノロサの発言を引用して、美術［芸術］とはなんぞやと議論をはじめている。『小説神髄』が刊行されたのは、明治一八年（一八八五）、すでに『美術真説』が世に出まわって三年近く経っているのに、フェノロサの説は効力を持っていたのである。

論理を背景に情況が新しく整理されていく。『美術真説』は、そのようにして、明治一〇年代以降の美術のありかたに一つの方向を与える力を発揮することになった。同じように、『小説神髄』は、日本近代小説の方向を決定づける書物となって、二葉亭四迷の『浮雲』（一八八七年第一篇刊行）の誕生を誘い出した。

『美術真説』と『小説神髄』は、それぞれに美術界、文学界に新しい波を呼び起す最初の石となるのだが、その書名の共通性に、ちょっと注目しておきたい。「真説」と「神髄」、どちらも、その本質、真理を標榜しているぞと旗印を掲げている。この時期の知識人が心の底で求めていたのは、そういう自分たちの行動を根底で支えてくれる論理としての真理だった。それを、この時期、明瞭に語れるのは、西洋の知識を身につけた人だった。

『美術真説』では、南画とも呼ばれる文人画を酷しく批判している。フェノロサは、文人画を認めなかった。それはなぜかというと、文人画には讃がついているのがふつうのスタイルであるが、讃は詩つまり文学である。文学の助けを借りなければ絵の作品にならないのは、一人前とはいえない。絵は絵画の要素だけで自立しなければいけない、というのがフェノロサの意見だった。

当時は、文人画は、実業家、政治家、軍人などのあいだで愛好家が多かったのだが、フェノロサのこの発言以降、肩身が狭くなっていく。覚三も、若いころ奥原晴湖の塾へ通っていたのに、いつのまにか、文人画のことは口にしなくなる。

明治初期の美術情況

大政が奉還されて、明治の世となり、ひとびとの生活に西洋の波が押し寄せてきた。電信開通、廃藩置県、学制改革、新聞の発行、郵便制度の制定、洋服の普及等々。美術の分野では、もちろん、西洋画に光が当てられていった。日本の伝統的な絵画では実現できなかった本物らしさを描いているオランダからきた石版画の迫力にびっくりし、西洋画を勉強しようと決意したのは嘉永年間（一八四八年〜五四年）の十代の高橋由一だったが、明治初期の人びとの西洋との出会いによる驚きは、この由一の回顧《おもいで》に象徴されている。

その底にあるのは、世の中に役立つ技術としての絵画という思想である。この考えは、文部省の役人となって美術行政に携わるようになる覚三にも浸み透っている。明治という時代をつくっていく人間みんなに浸透していた考えである。

最初に絵画や彫刻、建築を勉強するための国立美術学校が開設されたのは明治九年（一八七六）一一月。その学校の名称は「工部美術学校」だった。工部省の下に置かれた美術学校という意味である。工部省というのは、明治新政府の体制下にあって、殖産興業を推進させるため、建築、製鉄、鉄道、鉱山、電信などの技術を西洋から学び設営していく事業を目的として設置された省庁である。その設置は、明治三年（一八七〇）一〇月。国家事業のなかでは早い着手の一つである。

工部美術学校には、イタリアから、絵画と建築と彫刻の教師が招かれ、日本の若者に西洋の美術の技術を教えた。当時は、絵画は設計図だとか地図だとかに実力を発揮することが期待されていた「だから工部省に開設された」のだが、イタリアからやってきた絵の先生は、純粋な絵画の先生、画家であった。そこから、小山正太郎や松岡寿、浅井忠、山本芳翠、神中糸子、山下りんといった画家が育っていった。そのなかの小山正太郎は、まもなく岡倉覚三と対立する関係をもつことになる。

絵の先生だったフォンタネージは病気のため二年後に帰国し、後任が来たが、前任の先生と比較にならない無能教師だというので、学生たちは退学してしまった。そんなことも一因かもしれないが、さらに明治一〇年代に入って、それまでの欧化一辺倒の文明開化主義の反動として、国粋主義の動きが起ってきたこと、それよりもなによりも、美術教育が工部省の管轄にあることの矛盾もはっきり出てきたことによるのだろう、工部美術学校は、明治一五年一二月に閉鎖、一カ月後に廃校となった。その時期と『美術真説』が刊行された時期が重なり合う。

覚三は、そんな情況のなかへ、美術行政を担当する役人として投げ出されたわけだ。

小山正太郎が「書ハ美術ナラス《しょはびじゅつならず》」という論考を『東洋学芸雑誌』(八・九・一〇号)に三回にわたって連載したのも、明治一五年五月[から七月]である。小山は、西洋画を勉強してきた立場から、東洋伝来の書は芸術とはいえないと論を張った。それに応えて、覚三が反論の筆を執った。

「書ハ美術ナラスノ論ヲ読ム」

これは、岡倉覚三が、「岡倉覺三」という署名で、はじめてこの世に問うた最初の論である。『東洋学芸雑誌』一一、一二、一五号に掲載された。「寄書」欄に載っているから、彼は投稿したのである。依頼原稿ではない。

彼は、まず、小山氏が挙げた「書は美術ではない」という主張の論拠を叩く。小山氏の論旨を要約すると四点に絞れる。その一、一般に書を美術だといっている人の説は信じられない、書というのは言語の符号なのだから意が通じればこと足りるものだ、と小山氏はいう。この考えは、西洋では書を美術だとみなしていないから我が国の書も美術ではないと言ってるだけではないか。書というものは、「勉《つと》メテ前後ノ体勢ヲ考へ、各自ノ結構ヲ鑑《かんが》ミ、錬磨考究シテ美術ノ域ニ達スル」ものだ、と反論し、「東洋開化ハ西洋開化ト全ク異ナ」るものだ、東洋の文化には東洋独自の価値があることを認めよ、と小山正太郎に迫っている。

その二は、書には美術とすべき要素に欠けると小山氏がいう点である。その理由として、書は言語の符号を記すだけのことだから、絵のように「濃淡」[陰影のこと]も色彩もないし、彫刻のように立体感もないというが、それでは小山氏は、彫刻と絵画だけを「美術」と考えているのか。音楽や詩歌は濃淡も立体感もないがどうなのだ。音楽など鳥の声のまねもせず言葉にも頼らず、絵画や彫刻のように形によって情感を揺さぶることもしないが、「専《もっぱ》ラ思想上ノ快楽ヲ与フル」ではないか。その故に「識者ハ之《これ》ヲ美術ノ第一位に置ケリ」、つまり音楽は芸術の中の最高位にあるとみなされている。こう考えれば小山説は筋が通らない。

小山氏の第三の論点、書は美術の作用を成さないというのもその二と共通していて、結局小山氏がいいたいのは、書は絵画や彫刻のもっている「作用」を果せないということだけなのだ。ここでの覚三の論鋒は、小山氏は、芸術の原理を考えないでただ書は絵のような「作用」つまり効果をもっていないというだけだ、という方向にむかっている。芸術の原理、覚三のこのときの言葉でいえば「一般ノ美術ノ含有スヘキ《すべき》性質」を考えの出発点に置くことは、覚三はフェノロサから学んだところである。小山正太郎は、この時点で、そういう理論をつくる用意がない。

だから、小山氏の主張する第四点、書は芸術ではないし、世の中の役にも立たないからみんなに勧める理由がないというのは、覚三にしてみればこれまで論破してきたことで充分だろうということになる。そして、書は高い値をつけて海外に輸出できるものではないという小山正太郎の一言をとらえて、「余読テ此《よみてこれ》ニ至リ慄然《りつぜん》トシテ言フ《いう》ニ堪ヘザル《たえざる》モノアリ。嗚呼《ああ》西洋開化ハ利慾ノ開化ナリ。利慾ノ開化ハ道徳ノ心ヲ損シ《そんじ》、風雅ノ情ヲ破リ人身ヲシテ唯タ《ただ》一箇ノ射利器械タラシム」という、この論争について語る誰もが引用する文章が披瀝される。「美術ヲ論スル《ずる》ニ金銭の得失ヲ以テセハ《もってせば》大《おおい》ニ其方向ヲ誤リ、品位ヲ卑クシ《いやし》美術ノ美術タル所以《ゆえん》ヲ失ハ《うしなわ》シムル者ナリ。豈戒メサルヘケンヤ《あにいましめざるべけんや》」と声高にたたみかける。

この覚三の一節は、岡倉天心を語ろうとする人は誰もが引用する。利益を追求する機械［射利器械］に堕落してはならぬ、美を純粋に求めていくことこそ大切なのだ、と高い調子《トーン》で言い放つ若き岡倉覚三の姿に、その思想と行動の真価を読みとろうというわけだ。

たしかに、この言葉は、なまはんかな発言をぴしゃりと封じてしまう鋭さと純粋さが漲っている。岡倉天心をこんな美しくも力ある言葉で染め上げ讃えたい気持は判る。しかし、この言葉を裏切るのは、覚三自身である。

音楽が芸術の最高位にあること

その問題に入るまえに、「書ハ美術ナラスノ論ヲ読ム」のなかで見定めておきたいことがある。そのひとつは、さきにも引用したが、音楽を「識者ハ之ヲ美術ノ第一位ニ置ケリ」と書いていることである。この発言を一八七八年という段階に覚三が常識のように語っている。音楽が芸術のなかで最も高度な表現ジャンルであるという考えは、ヨーロッパ文化のなかで熟成されたもので、覚三と同時代のフランスの詩人・思想家マラルメ（一八四二〜九八）にもそんな発言があるし、覚三が亡くなってずっとのちの一九三一年、イギリスで発行されたハーバート・リード（一八九三〜一九六八）の『芸術の意味』という芸術入門書の巻頭にも「すべての芸術は音楽の状態を憬れる、と最初にいったのはショーペンハウアーである」と記される。覚三は、たくさん読んだ英語の書物のなかからこの思想を学んだのだろうし、フェノロサなどからも聞かされていたのかもしれない。いずれにせよ、この言葉がさらりと出てきているところ、覚三の西洋文化に対する知識と知見はあなどれない。

「書ハ美術ナラスノ論ヲ読ム」で言い放った「美術ヲ論スルニ金銭ノ得失ヲ以テセバ大ニ其方向ヲ誤リ」、「利慾ノ開化ハ道徳ノ心ヲ損ジ、風雅ノ情ヲ破リ人身ヲシテ唯タ一箇ノ射利器械タラシム」という言葉を覚三自身が裏切る発言をしているのは、それから二年後、龍池会という団体の会頭佐野常民《さのつねたみ》へ書き送った手紙のなかで、である。

「我美術品ヲ外国市場ニ輸出シ以テ富国ノ一端ヲ図ルヘキ」

龍池会というのは、文明開化や廃仏毀釈の動きによって軽視され散佚していく古美術品を大切にし護ろうとする動きのなかから組織された団体で、明治一一年に佐野常民［一八二二～一九〇二。佐賀藩出身。幕末は幕府の要人として海軍伝習所などに尽力、慶応三年（一八六七）のパリ万博のさいは渡仏、維新後も新政府に仕え工部省に勤めたこともあるが、明治八年ウイーン万博の副総裁となる］や河瀬秀治《かわせひでじ》［一八三九～一九〇七。実業家だったが、明治七年内務大丞に任ぜられ、明治八年には博物掛の地位に就く］、九鬼隆一［一八五二～一九三一。摂津三田の生まれ。薩長土佐の明治新政府藩閥の外の人間だが、福沢諭吉の下で勉強したあと、文部省に出仕。実力と権力を獲得していき、明治の美術行政を支配する人物となる。岡倉覚三の生涯にも重要な役割を演じる］らが、鑑賞の集まりをもったのを皮切りに、明治一二年（一八七九）、龍池会として、会頭に佐野を置いて発足した。「万国ニ超絶スルノ美術ヲ有シナガラ」いまや衰退するばかり、「其挽回《ばんかい》振興ヲ謀《はか》ラント」（平山成信「龍池会ノ前途」『龍池会報告』明治一九年）結成された。覚三も文部省に入り美術行政に従事するようになったとき、この会に入会したのだろう。会頭の佐野にこんな手紙を送ったのがのこっている。明治一七年（推定）一〇月二一日の日付をもつ手紙一通、全文を写してみたい。

拝啓　昨日ハ宗旨合戦ニテ頗《すこぶ》ル暴言激論ヲ吐露シ欠敬《けっけい》ノ段万謝ノ至《いたり》ニ御座候　察スルニ現今美術ノ情況ハ維新改革前ノ時勢ニ同シ《じ》ク攘夷《じょうい》家モ有之《これあり》佐幕党モ有之　此間ニ於テ文明開達ノ真理ヲ主張スルハ実ニ困難ニシテ要地ヲ占ムル先見者ノ之ヲ幇助《ほうじょ》スルニ非サ《ざ》ルヨリハ到底《とうてい》進化ノ事業ヲ挙ク《ぐ》ル能《あたわ》ハサ《ざ》ル儀《ぎ》ト存候《ぞんじそうろう》

故《ゆえ》ニ小生ノ今日閣下ニ向《むかっ》テ切望スル所ハ真正ノ主義ヲ封助涵養《かんよう》シテ断然其目的ヲ達スルノ方法ヲ計画セラル、ニ在リ　旧規ニ拘泥《こうでい》シ古法ヲ盲信スルノ徒ハ退《しりぞけ》テ共ニ守ルヘ《べ》キモ進《すすんで》テ共ニ取ルヘ《べ》カラス《ず》

苟《いやし》クモ是等ノ人ノ我美術社会ヲ左右スルノ間ハ　皇国美術ノ振興ハ夢ニタ《だ》モ見ル能《あた》ハサ《ざ》ル儀ト存候

今ヤ内外交通ノ運ニ乗シ《じ》我美術品ヲ外国市場ニ輸出シ以テ富国ノ一端ヲ図ルハ論ヲ俟《ま》タス《ず》　然レト《ど》モ美術ノ真理ニ拠ラ［ス《ず》］シテ外国市場ノ嗜好ニ適セント欲スルモ得ベケンヤ　仏国共進会ノ失策モ亦此原因ニ外ナラサ《ざ》ルナリ　因循姑息《いんじゅんこそく》ノ手段ハ徳川氏鎮港ノ時代ニ適スヘ《べ》キモ今日ハ活潑ノ方法ヲ用ヰサ《ざ》ルヘ《べ》カラス《ず》　伏シテ願《ねがわ》クハ《ば》閣下此情勢ヲ察セラレ活断以テ進歩ノ路ヲ開カレ度　然レサ《ざ》レハ《ば》小生其他夙夜美術ノ伸長ニ苦慮スル者ノ素志ハ遂ニ塵灰《じんかい》ニ帰シ退《しりぞい》テ仙ヲ学フ《ぶ》ノ外無之候《これなきそうろう》　以上数言甚《はなは》敷《だしく》不敬ノ廉《かど》モ有之申兼《もうしかね》候処ニ候ヘ共敢《あえ》テ心血ヲ吐露シ閣下ノ明裁ヲ乞フ《う》　敬白

御一読ノ上丙《ママ》下ニ附セラレ度

十月廿一日　　　　岡倉覚三拝

佐野会頭閣下

覚三はこのとき龍池会に入会し録事［書記］の役にあった。書記の立場から会頭に、龍池会のありかた、日本美術のありかたについて激しく議論し意見を述べた。少し言いすぎたかもしれない。しかし、あの爺《じじ》い、わかったわかったなどと言ってたがどこまで解っているのか、もういちど手紙で押しておこう。と筆を執って一気に書いた手紙である。

こんにち「文明開達ノ真理ヲ主張スルハ」文明開化の新日本を建設していくためのほんとうの道を示すのは、なかなか大変であります。現在要職にある先輩「要地ヲ占ムル先見者」に助けてもらわなければできることではありませぬ。それにしても、いままで通りのことを後生大事に守っていくだけはいけません。こういう人が実権を持っているあいだは、［「苟クモ是等ノ人ノ我美術社会ヲ左右スルノ間ハ」］、［「皇国美術ノ振興ハ夢ニタモ見ル能ハサル儀ト存候」］わが国の美術の発展はまったく望むべきことではないと思うのであります。いまや国内のみならず外国との交通や流通も便利になってまいりました。この機をとらえて、我が国の美術品を外国に輸出し国を豊かにする計画をきちんと立てるべきです。だからといってその方法は「美術ノ真理」に基づいた方法で進めなければ、外国の人たちは喜んで購入してくれないでしょう。鎖国時代の考えとやりかたをそのままやっていてはいかんのです。現在に最も活きた方法を採用すべきです。閣下！　閣下が勇断を以て先頭に立ってこれを指示して下さらなければ、私やそのほか日夜、日本の美術の発展のためにがんばっている者は、その努力は水の泡となり［覚三は「塵灰《ちりとはい》」になるといっている］、そうなればいさぎよくこの道を退くしかありませぬ［辞表を懐《ふところ》に入れておりますぞ、という勢いである］。どうもまた失礼なことを書き連ねてしまいましたが、この機会に敢えて「心血を吐露シ」閣下の明裁を、［閣下の正しいお裁《さば》きを］お願いします。昨日の議論のなかで保守派のいってたことをきびしく裁いて切り捨てて下さい、と迫っているのである。

最後に追伸のように「御一読ノ上丙下ニ附セラレ度」とある。「丙下」の「下」にはママとルビを付けたが、「火」の書きまちがいと読んだわけである。それほどこの手紙をはやる気持で書いたと読みたいのだ。しかし、「丙《へい》」は「火」のことなので、「丙火」だと意味はダブる。「丙下」で「火の下に」と読んでいいのかもしれない。ともかく、覚三は、この手紙は他の者、とくに敵対者に見られてはまずい、読んだら火に投じて下さいといっている。こういう言いかた［書きかた］をすることによって、会頭と自分との関係を強く結びつけようとする意図もある。

そういう秘密を共有するという熱情をこめて、覚三はここで、我が国の美術を外国に輸出すること、つまり、美術を金銭［損得］に関わる問題として論じている。国を富ませるために我が国の美術はいかにあるべきか、これが急務だ。昨日はそのためにあれだけの激しい論争をしたのです、というわけである。これは、二年前、小山正太郎に投げつけた「利慾ノ開化ハ道徳ノ心ヲ損シ、風雅ノ情ヲ破リ」という台詞とまっこうから対立する発言である。覚三は、二年前、小山正太郎にむかって言ったことを忘れたのだろうか。

決して忘れたわけではない。覚三の内面では、この二つの相矛盾するテーゼが、こもごも生きていたといえばいいか。芸術は、人間の精神の最も美しい産物だ、たとえ国家の存亡に関わるようなことでもその利害に利用されるようなことは許されない、という考えと、美術芸術は、国家や社会のために役立つものでなければならない、ほんとうの美というものは国家を富ませ――精神的にも物質的にも――国家を導く力となるものなのだ、という考え。覚三は、ある意味で、この対立し合う考えを一つにしようと生きていったといってもいい。ふりかえれば、『三匝堂詩草』の鬱屈した詩句の奥に、その生きかたは蠢めいている。

しかし、これを一つの統一した思想にして身につけ発言することはむつかしい。不可能だといってもいい。ときにはどちらかの局面が出てもう一方が潜んでいるような発言となることもある。岡倉覚三の思想と言説が扱いにくいと思われるのは、そこから生じている。

ナショナリズムの生長

明治一五年（一八七八）秋の「書ハ美術ナラスノ論ヲ読ム」と佐野常民宛の書簡［明治一七年秋］。この二つの文章のあいだに、覚三の内部で生長したナショナリズムを発見することができる。佐野宛書簡のなかにある二つの言葉、「皇国美術の振興」と「富国ノ一端」に注目したい。それまでの『三匝堂詩草』や「書ハ美術ナラスノ論ヲ読ム」では登場しなかった語彙であり、発想である。

「皇国」と書くことによって、日本という国に自分が帰属しその国によってその国のために生きていることを自覚していることを示し、「富国」ということによって、その「祖国」たる「皇国」のため自分が働くことを使命としていることを宣言してみせている。この自覚は、社会に出て、勤め場所が新興政府の役所であることからなおさらそうなのだが、仕事場にいる自分の位置を測定していくところから生長していく思想である。

佐野常民宛の書簡のなかから、もう一つ、覚三の言動思想のなかで重要な役割を演じる言葉を拾っておかなければならない。「美術ノ真理」という語彙である。のちに「美術ノ大道」といったりもする。この手紙がその語彙の最初の登場機会である。この手紙では、美術品を外国に売る場合、「美術ノ真理」にのっとった作品を制作して売らなければ買ってくれはしないでしょう、といっている。では、この「美術ノ真理」とはどういう原理なのか、それについて覚三はここでなにも説明していない。

「美術ノ真理」とはなにかだって？　「美術ノ真理」は「美術ノ真理」だよ。「美術ノ大道」だよ、それをとやかくいうもんじゃない、という返事がかえってきそうである。具体的に説明しない、天上を指すように「真理」こそ大切だという。受けとるほうは、思わず「真理」という言葉の威厳に居ずまいを正して、なにか大事なものがそこにあると受けとる。いわば鏡のようなものである。こういうふうに投げ出しておくことによって、その鏡に映るものから、そのときどきの具体的な方向を読みとればいい、というやりかたなのだ。もちろん、具体的な情況は、いやがおうでもすすんでいる。そういう進行状況をちょっと反省させる上でも「美術ノ真理」の一語は有効である。抽象的な概念であることによってある絶対的な指示性を圧しつける言葉である。そういう言葉によって、覚三自身も、美の純粋性と商品性の二つの方向への志向を一つのうちに収めて行動することができる。

この発想法を覚三が身につけるのは、彼がナショナリズムを体得していく生長過程と同調している。ナショナリズムを言動の指針として生かせるようになるためには、抽象概念を行動の指標として操る能力が不可欠なのだ。

鑑画会　覚三が佐野常民へこの手紙を書いたとき、すでに彼は鑑画会の主要メンバーである。刀剣を買売していた町田平吉が最初古画の鑑定会として開いたのだが［それが明治一七年二月のこと］、その例会に、フェノロサや狩野友信、岡倉覚三らも集まり、ビゲローも参加して大きな力を持つ美術活動団体になっていった。当初は、古画をもちより鑑定書を発行するようなことをしていた。狩野永悳や友信も鑑定したが、フェノロサの鑑定が力を持つようになったのは、この鑑画会のなかでである。

フェノロサは「狩野永探」という号を名乗り英文で鑑定書を書き、作者、画題、時代、大きさ、材質、等級［First Class とか区分している］、鑑定の日付、サインと「永探」の落款など捺し、和訳が付けられた［First Class は上等などと訳されている］。

ウィリアム・スタージス・ビゲロー（一八五〇～一九二六）は、ハーヴァード大学医学部出身で、ボストンの名門富豪の家に生まれ、世界を旅し美術品の収集三昧の生涯を送った人物である。明治一五年（一八八二）、フェノロサを日本へ紹介したエドワード・シルヴェスター・モース（一八三八～一九二五）［明治一〇年（一八七七）に来日、東京大学の動物学生理学教授となり、やはり多くの考古品や美術品を収集、大森貝塚を発見したりもし明治一三年に帰国して、ビゲローを伴なって再来日した］と

狩野芳崖「桜花勇駒図」

日本へ来て、フェノロサ、岡倉覚三らとも親しくなっていったのだが、日本の美術にも興味を示し、鑑画会にもしょっちゅう出てきていた。

狩野芳崖

鑑画会は、明治一八年（一八八五）一月、組織替えを行ない、力を持ちはじめたフェノロサが主導権を握る集団となっていく。そのきっかけになったのは、明治一七年四月、第二回内国絵画共進会でのフェノロサと狩野芳崖（一八二八～八八）の出会いであった。

内国絵画共進会というのも、フェノロサの力が及んで明治政府によって準備された絵画の国営展覧会である。第一回は明治一五年（一八八二）一〇月に開かれた。五月に『美術真説』としてまとめられる講演をフェノロサが行ない、その『美術真説』は、この第一回絵画共進会の時期に合わせて刊行されている。日本の伝統絵画の復興のために用意された展覧会であり、参考品として古画を陳列し、当時の画家たちの参加を呼びかけた。出品規則には「洋式ノ絵画又ハ其趣味ヲ帯ブル絵画ハ出品スルコトヲ得ズ」と洋画を排除していた。第一回展では、橋本雅邦（一八三五～一九〇八）、狩野探美（一八四〇～九三）、田崎草雲（一八一五～九八）、森寛斎（一八一四～九四）が銀賞を取ったが金賞は対象者がいなかった。この受賞にもフェノロサの意向が出ている。フェノロサは、日本の古画を賞讃しその伝統の復活を奨励したが、その時点では現存作家に大きな期待を持っていなかった。

第二回は、第一回では銅賞だった守住貫魚《つらな》（一八〇九～九二）が金賞を得たが、フェノロサは、そのとき会場にあった狩野芳崖の一点に瞠目した。「桜花勇駒図」である。フェノロサはその作品に、「古えの土佐派最盛期以来何人も描けなかったような馬の絵」と賞讃した（村形明子『アーネスト・F・フェノロサ文書集成』上、京都大学学術出版会、二〇〇一）。それから、芳崖を口説いて、自分の住居の近くに引越しをさせ、最初は毎月二〇円を支給して、芳崖に気のむくままに描かせ、「彼の最高の能力の完全な統御を意識的に目ざす長期的な実験を始め」た（村形前掲書）。この実験の成果が「悲母観音図」（一八八八）ということになる。こうしたフェノロサと芳崖の交渉を終始通訳したのが、覚三だった。

フェノロサの鑑画会再組織

芳崖という自分の理論を実践してくれる作家を得たフェノロサは、鑑画会を組織替えし現存作家の新作品を陳列し批評する研究会にしたのが、明治一八年一月であった。この組織変更とともに、河瀬秀治が鑑画会会長に就任したが、これもフェノロサの意向が大きく働いていると思われる。というのも、フェノロサは、この鑑画会活動を足場に、東京大学教授を辞めて文部省美術行政の職に就きたいと考えるようになり、文部省が行なう古社寺調査に文部省の出張令を得て出かけ、美術局を設置すべきという提案や国立博物館開設の提案を行なっていく。彼の国立美術博物館構想では、河瀬秀治が館長として想定期待されていた。

鑑画会新組織には、当時アメリカのワシントンで駐米大使の職にあった九鬼隆一が名誉会長に選ばれている。九鬼が渡米するのは、明治一七年九月である。その頃、鑑画会衣替えの目論みは進められていたということだろう。

九鬼の渡米より半年前の明治一七年二月、覚三は、文部少輔だった九鬼隆一に従って、長崎、佐賀方面へ出張している。学事視察という名目である。

古社寺調査旅行へ

同じ年の六月、やはり文部省の事業の一つである古社寺調査のため、奈良〔全域〕、京都、滋賀、和歌山にも及んだ長い旅に出ている。覚三のこの調査旅行に関するノートや報告書、書簡などは見つかっていない。のちに、東京美術学校の美術史の講義のなかでその一部を回想しているばかりである。その一部が法隆寺の夢殿観音〔救世観音〕を開扉した話で、これも岡倉天心を語れば必らず誰もが引用する箇所である。じつは、それは、覚三の講義を聴いた学生が筆記した文章なのだが、格調もあり、なにしろ現在は、仏像愛好家にとっては憧憬の的の一つでありながら、年に二回限られた数日しか公開しない秘仏を、当時は百年以上封じたままになっていたところを開いたという、歴史を開く劇的な一歩の記録である。それは、大正一一年刊の最初の『天心全集』（甲之二巻）に収録されている。それ以来、平凡社の全集にも採録され、いわば、岡倉天心の文章のなかの精粋として扱われてきた。やはり、ここでも引用しておこう、と思うが、ここでは大正一一年版から引いてみよう〔本書では、引用文の漢字は漢詩以外は新字に改め、かなづかいは旧のままを原則としているが、ここだけは旧字のまま引用する。旧字の美しさを味わってみたいのだ〕。

立像にては法隆寺の夢殿観音あり。有名なる佛像なり。古來秘佛として人に示さず。余明治十七年頃フェノロスサ《ママ》、及加納鉄斎《ママ》と共に、寺僧に面して其開扉を請ふ。寺僧の曰く之を開かば必ず雷鳴あるべし。明治初年、神佛混淆の論喧《かまびす》しかりし時、一度之を開きしが、忽ちにして一天掻き曇り、雷鳴轟きたれば衆大に怖れ、事半ばにして罷《や》めり。前例此《か》くの如く顯著《けんちょ》なりと、容易に聽き容れざりしが、雷の事は我等之を引受く可しとて堂扉を開き始めしかば、寺僧皆怖れて遁《にげ》去る。開けば則ち、千年の欝氣紛々鼻を撲《う》ち殆ど堪ゆ可からす《ず》。蛛糸を掃ひて漸く見れは《ば》前に東山時代と覺《おぼ》しき几《き》案《あん》あり。之を除けば直ちに尊像に觸るを得べし、像高さ七八尺計《ばかり》。布片經切等を以て幾重となく包まる。人氣に驚きてや蛇鼠不意に現はれ、見る者をして愕然《がくぜん》たらしむ。頓かて「聽《やが》ての誤記か、昭和十九年創元社版全集ではそう直している」近より其布を去れば白紙あり、先に初年開扉の際雷鳴に驚きて中止したるはこのあたりなるべし。白紙の影に端嚴《たんげん》の御像を仰がる。實に一生の最快事なり。幸に雷鳴だも聞かざりしを以て寺僧また頗る安心せしならん。此像足利の中頃までは秘佛ならざりしにや、七大寺順禮記《じゅんれいき》上宮王院の條《くだり》には、等身俗形にして左手寶珠《ほうじゅ》を持ち、右手を伏せて寶珠の上を覆《おお》ふと、詳《つまびら》かに其形相を載せたり。秘佛たりし故か、彩色判然見るべく、光背に畫《えが》ける焔の如き殊に鮮明なり。顏容は、上頰高く下頰落つ。これ推古時代佛像通有の様式にして、頭部四肢大に、鼻邊《あたり》の溝の筋深し。法隆寺の諸像亦《また》然り。而して大體《だいたい》は木造なれども、手の如き或る部分は乾漆を用ひたり。乾漆とは、木屑《もくず》、布等を心《しん》として、漆を以て固めたるを云ふ。此秘佛の内部は頗る鼠族の為《た》めに傷損せられたり。所謂《いわゆる》秘佛には殊に鼠害雨蝕等の甚《はなは》だしきもの多し。然れども秘佛を開きて、却って其價値《かち》を損じ寧《むし》ろ開かざるの優れるものに若かざることあり。現に某寺の秘佛の如きは、蔽《おお》ふに錦襴《きんらん》を以てし、之を開くに方《あた》りては非常の名品に接するならんと豫期《よき》せるに、何ぞ圖《はか》らん一個燼餘《じんよ》の木片を得たるに過ぎず、其失望謂《い》ふ可からざるものありき。これ其像中古火災に罹りしとき、燒餘の一片を灰燼中に得て、之を秘佛とせるのみ。初め寺僧の歡心を得ん爲めに、數日齋戒沐浴空しく光陰を消費せしことの如何に口惜しかりしか。近來夢殿の觀音は寺僧復《ま》た秘佛となし、容易に人に示さず。然れども諸君若し好機會を得ば必ず一見すべきなり。益を得ること蓋《けだ》し想像以上にあらん。

この日本美術史は、第二回（明治二四年）の講義筆記録をもとに整理されたことが、昭和一九年版の『天心全集』（創元社）の「後記」（斎藤隆三）に書かれている。その筆記録を骨子として、中川忠順（一八七三～一九二九）が整理したとも伝えている。中川忠順は、明治三二年（一八九九）内務省に入り古社寺保存事業に携わった人物で、覚三とはその頃から交渉があり、のこされた覚三の手紙から、とても信頼されていたことが判る。東洋美術史、日本美術史に精通し、かつ生前の岡倉をよく知っているという点でも、覚三の講義筆記を整理復元する適任者だったろう。それが、たとえばこの夢殿開扉の条りを、こんなに生き生きした文体にして遺せたのかもしれない。

一五〇年ものあいだ秘仏として匿《かく》されていた仏像を開いて眼のあたりにする感動がはずむように伝わってくる文体である。このとき同道したと覚三が言っているフェノロサも加納鉄哉（一八四五～一九二五）も、こんな文章はのこしていない。ただ、現場に立ち合った感動を語るだけではない。その仏像の由来や形や素材の特徴なども言い添え、そういう秘仏を拝見するためにどんな苦労と準備がいるかも語り秘仏といわれるものの運命を伝える逸話まで添えて、夢殿観音そのもののかけがえなさとそれを開いた感動を簡潔に伝えている。最後に、聴講する学生諸君もぜひ一度は実物を見たまえと結ぶ。学生たちは、思わず膝を乗り出して聴いただろう。

こういう感動というのは、なんどもくりかえして話すことは難しい。第三回（明治二五年）の講義を筆記した高橋勇［明治二四年東京美術学校入学］の墨筆ノートが東京藝術大学図書館に所蔵されている（『東京藝術大学美術学部紀要』第一〇・一一号、一九七五、七六、に吉田千鶴子校訂による復刻もある）。それなど、一年前の語りにくらべると、そっけないほどである。筆記ノートは、筆記者によって取捨選択があるからといっても、その差は大きい。数行で終るので引用してみよう。――「夢殿ハ聖徳太子ノ座禅シ給ヘル時ノ殿ナリ。現今存スルモノハ天平時代ノ建築トス。然シ此ノ中ニアル如意輪ニ臂観音ハ余程結構ナルモノニテ前年始メテ発見シタルモノナリ。其レ迄ハ秘シテ見セザリシ。余明治十五年《ママ》宝物取調ノ命ヲ受ケテ「フェノロサ」、狩野《ママ》鉄哉等ト同寺ニ至リ、之ヲ見ン事ヲ乞フニ、寺僧是レヲ拒ンデ曰ク、是レヲ開カバ必ズ落雷セント。蓋シ明治ノ始メ官吏之ヲ験セントスルニ忽チ大雷起コリ恐レテ止ムト云ヘリ。実ニ此ノ日以前ハ百六、七十年モ秘シテアリシモノナリト。立像ニシテ聖徳太子位ノ像ニシテ六尺許リナリ。宝珠玉ヲ持ツ、乾漆ト云フ方法ヲ以テ塗レリ。実ニ是レハ乾漆ノ始マリナリ。其ノ作止利仏師トハ少シク異ナレリ。」

ここでは、夢殿観音を乾漆像にしてしまってさえいる。「楠《くすのき》一木造、金箔仕上げというのが現在の認識」。「夢殿観音」という通称も、「救世観音」という名称すら定まっていなかった時期で、呼びかたも苦労している。

秘仏を特別に調査するためには、政府の権威だけを振りかざして強引に開扉させていてはいけない「夢殿開扉の部分だけだとそんなニュアンスがある」、寺僧が要求するように、身を潔めお経を唱えてようやくその前に向かえるという話は、第三回の講義録では出てこないが、これなど、古社寺調査の記録にはのこされることはない、しかし、その仕事の様子を蘇らせてくれる捨てがたい話である。

覚三は、この明治一七年の古社寺調査旅行に関して、七年後に夢殿開扉の回想しかのこさなかったが、フェノロサはフェノロサで、また別の側面から少しばかりの記録をのこしてくれている。

フェノロサによると、ビゲローも同行している。ビゲローは写真を二百枚も撮ったという「モース宛、一八八四年九月二七日付書簡（村形、前出書）」。この調査旅行は二カ月半にわたった。「寺僧は至る所で私の鑑定状をほしがり、私は従来全く伝来不詳であった一〇〇件以上の作品に鑑定状を書きました」とフェノロサはモースに書いている。「私の方法に従って真に価値のある美術品の所在を調べるため、文部省が私に随行する掛員を出張させ、美術問題を本格的にとり上げ始めたのは有意義なことです」と、「私に随行する掛員」といってその名前も上げないどころか、自分が主人だと自負している。「私の方法」というのは、鑑画会での『美術真説』以来言ってきたことやってきたことを背景にして「鑑画会でつぎつぎと講演し、その講演録が『大日本美術新報』などに掲載された」、フェノロサが主導するように河瀬や九鬼に勧めてきた古美術調査とその国家管理、国立博物館の設営へ向けての活動のことを指すのだろう。この時期、フェノロサは、覚三を通訳で働いている弟子扱いしていたことが、こんな手紙から受けとれる。

そして、「私のこの夏の仕事は根底において、世界の考古学者がギリシャやトルコで行なっている仕事に劣らず重要でなかったといえましょうか」と、自分をシュリーマンに擬している（手紙の訳は村形・前出書を借用）。

未開のアジアやアフリカの古代文明を発掘し考古品を収集する西ヨーロッパの探検家と共通する意識が、フェノロサの内部にもあった。フェノロサは晩年日本に改めて来たとき、日本に職を求め、日本語も勉強したいと覚三に頼んでいるが、最初の滞在期は、通訳なしには日本人と交渉できなかったし、日本語を学ばねばと思ってもいなかったようだ。

まったく同じ時期、政府の後おしで西アジアを探険し、敦煌莫高窟を調査し、たくさんの遺品をフランスへ持って帰ったポール・ペリオ（一八七八〜一九四五）は、西アジアの各地の言語をマスターし、現地に入りこんでいった。フェノロサの遺著であり唯一の著書となった"Epochs of Chinese and Japanese Art: An Outline History of East Asiatic Design," London, 1912は二度にわたって翻訳されている［『東亜美術史綱』全二巻、有賀長雄訳（一九二一）、のち四巻本（創元社「日本名著選」、一九三八）。『東洋美術史綱』森東吾訳（東京美術、一九八一）］が、日本美術や中国美術の研究者にとって、それがなくては困るというほどの史料価値も、そこに書かれてあることは研究思索の上で大きな示唆を与えてくれるというほどの文献価値もない位置に甘んじてきた。ペリオがソルボンヌで展開した西アジア史研究が持った意義と比較できない寂しさである。その差は、通訳を連れてしか現地へ降り立てない欧米探険家の姿勢の結果だといえよう。

この時期、一九世紀後半から二〇世紀へかけて、欧米列強国は、アジアへアフリカへ、現地人通訳を連れた探険家を派遣していた。彼らのほとんどは母国の政府や財団、宗教団体から資金をもらって現地へ出かけるのだが、フェノロサは日本政府から給金をもらっていた。それでも欧米列強国の探険家意識を持ってしまっていたのは、フェノロサをとりまく日本人がそうさせていたともいえる。フェノロサは非常に謙虚な人柄の人だったと伝えられている。そういう個人の人柄や性格を超えて、その人の意識を蚕食するものがある。覚三もそれから逃れることはできない。

第二章　若き指揮官

1　東京美術学校創立と『國華』出版

明治一八年（一八八五）、岡倉覚三は『大日本美術新報』に三篇の評論を書いた。

『大日本美術新報』に書いた三篇

『大日本美術新報』というのは、明治一六年一一月に創刊号を出し、龍池会の機関誌の役割をしていた。明治一八年二月の一六号から龍池会を離れ、鑑画会に拠るようになった。鑑画会の組織再編と呼応している。

岡倉は、その十五号（明治一八年一月三一日発行）に「美術ノ奨励ヲ論ス《ず》」、一九号（五月三一日）に「絵画配色ノ原理講究セサル《ざ》ヘ《べ》カラス《ず》」を、この二点は「種梅鋤夫」の筆名で巻頭の「論説」欄に書いている。「日本美術ノ滅亡坐シテ俟《ま》ツヘ《べ》ケンヤ」は「鉄槌道人」の筆名で、二五号（一一月三一日）

に書いているが、これは、終りの方の「寄書」の欄に掲載されているから、先の二篇は乞われてか、あるいは編集者の同意を得て執筆したのに対し、「日本美術ノ滅亡坐シテ俟ツヘケンヤ」は投書したものらしい。あるいは、先の二篇とちがって、投書という形にしてほしいと頼んで渡したのか。いずれにしても、この投書稿は名前を変えている。

「美術ノ奨励ヲ論ス」

この原稿は、みんながもっと美術を大切にして、美術にお金を出してほしいという主旨である。ここでは、もう「美術」が「芸術」という意味ではなく、fine art という意味で使われている。『大日本美術新報』が創刊されたころは、その記事のなかに、音楽のことや文学論、詩論なども入っているから、「美術」が fine art に限定する意味をもって一般に受け取られそれが定着していく過程がここから観察できる。

岡倉はここにきて、「美術」という語をこんにちわれわれが受け止めるのとそうずれはない意味で使うようになっている。「書ハ美術ナラス」を反論したときは「芸術」という意味で使っていた。もっとも彼および彼の同時代の人びとのなかで、その時点で「美術」の概念が出来上っていたとはいえない。東京美術学校で明治二三年［「美術ノ奨励ヲ論ス」から五年後である］、フェノロサが美学講義を通訳したときは［大村西崖のノートが平凡社版全集第八巻に入っている］、「芸術」と今日なら訳すところを「美術」と訳している。「芸術」を「美術」と呼ぶ慣習は明治時代長く続いていたようである［また、フェノロサ自身、今日 art というところを fine art ともいっていたようで、西崖のノートにそのまま写されている］。逆にここでは、覚三は「美術」といって fine art という英語を頭に浮べ、

「絵画」の話に引き込もうとしているのである。

奨励するということは、美術家を尊敬するということである。「画描法師《エカキボーズ》」などという差別呼称がまだ消えないようでは困るのだといい、奨励の重点を三点挙げ、その一が、奨励は公平であること。その悪例として、徳川幕府が狩野派ばかりを保護したのを挙げている。その後の東京美術学校で洋画を排除することはまだ彼の頭にはないのだろう。

第二は、美術の奨励というのは、鑑定とか品評会とかをやってるだけでいいのではない、「社会一般ノ思想」、いいかえれば美術への関心を高めることでなければならない。

第三は、奨励の方向を誤まってはいけないといい、その悪例として明治初年文人画が盛んだったことを挙げている。

「絵画配色ノ原理講究セサルヘカラス」

絵画における色彩表現は難しいからしっかり勉強すべきだという論旨で、どちらかといえば画家に向って語りかける一文である。水墨画がだめだといっているわけではない。水墨画には水墨画の大切なところはあるが、現代の美術家はもっと色彩の表現力を身につけるべきだという。ここには、岡倉が、明治時代の新しい絵画のありかたを求めている姿勢が表出されている。フェノロサが芳崖にそんな要求を突きつけていた時期でもあり、その情況が反映しているだろう。色彩表現は、岡倉が「新日本画」に要求しつづける課題となる。

「日本美術ノ滅亡坐シテ俟ツヘケンヤ」

先の二篇に比べると、もういちど改めて一投稿者の身振りから美術の現況を訴えようとしたものと読める。「我美術社会ノ情況ニ在テハ、攘夷論者ハ未夕《だ》死ニ断ヘス《ず》、佐幕党猶要地ニ当リ」といい、「美術ヲシテ日下文明開達ノ時勢ト背馳《はいち》セシ」めないためには、「内国の需求ト外国ノ市場トニ向《むかっ》テ美術の販路ヲ索《もと》メサル《ざ》ヘ《べ》カラス《ず》」といい、そのためには「美術ノ真理ヲ攻究シテ考古利今ノ策ヲナス」者が出てこなければならない、と一年前に佐野常民に手紙で訴えたことを繰返している。

この三篇の論の進めかたに共通している点を指摘しておく必要がある。「美術ノ奨励ヲ論ス」では、イポリット・テーヌ［岡倉は「仏人テイン」と書いている］やジョン・ラスキンの言葉を引いて自説の援用を求めていること。「絵画配色ノ…」では、端的に「日本ノ美術家ヨ工藝家ヨ、泰西理学ノ結果決シテ軽《かろ》ンス可《ずべか》ラサル《ざ》也」といっていること。「日本美術ノ滅亡…」では、「現今百事日新ノ風潮ニ伴ヒ美術ヲ振興セントスルニハ、泰西美学ノ真理ヲ適用シ真正着実ニ勧奨スルノ外ナシ」といっていること、である。ここだけ読むと欧化主義かとまちがいそうである。

一年前に佐野常民にいっていた「美術ノ真理」とは、ここでいう「泰西美学ノ真理」のことだったといえる。つまり、岡倉は、論理的な方法論に裏付けられた美術政策を実現してこそ、日本美術の復興は可能なのだといい、その論理は西洋の美学哲学から学ばねばならないといっているのである。

菩薩十善戒牒を受ける

岡倉の仏教への関心はなみなみならぬものがある。いつごろからその考えが根づいたのか推定はできないが、明治一八年九月には、仏教復興に力を入れていた滋賀県園城寺《えんじょうじ》法明院の僧侶桜井敬徳［律師という位にあった］が東京へ出て来ている機会に、菩薩十善戒牒を授《さず》けられている。フェノロサとビゲローもそのとき菩薩戒を受け、岡倉は翌明治一九年（一八八六）五月、桜井敬徳から「円頓一乗五戒」を受けている。岡倉の仏教への関心は、美術とその歴史を彼が考えていくときにも如実に現われてくるが、岡倉は、そういう関心を頭の中だけで理解するのではなく、体験として学ぼうとした。

この時代は、西欧文明を学ぼうとして、信仰生活もキリスト教に入信する明治の知識人が多かったが、岡倉は、信仰生活は仏教に求めたのである。もし、人間の知的生活を、理の局面と信の局面の二つからなるというういいかたをすれば、岡倉は、理の面は西洋からの論理で立ち上げ、信の面は東洋の仏教によって深めようとしたわけである。ここにも、二つの相容れない傾向を一つの身に容れようとする岡倉覚三の生きかたを見ることができる。

図画取調掛発足

文部省学務一局に図画取調掛《ずがとりしらべがかり》が設置されたのは、明治一八年（一八八五）の一二月である。翌一九年二月、小石川植物園のなかに事務所が置かれ、岡倉は同掛主幹を任命された。

これは明治一七年（一八八四）一一月に設置された図画教育調査会の活動の後を受けたもので、図画教育調査会では、初等教育の図画の教科書に鉛筆画を採用すべきか毛筆画にすべきかが討論され決定された。図画教育調査会の当初の委員は、岡倉覚三、今泉雄作、狩野芳崖、上原六四郎、多賀章人、狩野友信、小山正太郎、河村重固、山路一遊だった。発足のひと月後フェノロサが委員に加わった。

このあたりの動きと鑑画会の組織替えも連動している。フェノロサが後れて委員になったとき、この委員会の事情を知らせる岡倉の手紙がホートン・ライブラリの資料のなかにのこっていた。

親愛なるフェノロサ教授、

正式に図画教育調査会《アート・コミッション》に参加されましたので、この調査会の現状をお知らせしておくのがよいと存じます。調査は下記の九名の人員から構成されております。

専門学務局（浜尾氏局長）から

上原氏

今泉氏

多賀氏、東京職工学校、図画《ドローイング》教師

狩野友信氏

狩野芳崖氏

私

普通学務局（辻氏局長）から

河村氏

山路氏

小山氏、東京師範学校図画教師

調査会は先月十五日（土曜）から週二回会合を開いて参りましたが、議論は主として予備的な問題に費されてきて、主要問題はまだ決定されていません。われわれが決定した事項は、(1)議論の進めかた、(2)第一の問題の扱い方、です。

(1)われわれが討論する予定の主な順序は次の四項に分類できるでしょう。

(1)日本の自在画法《フリーハンドドローイング》を学校に導入することの利、不利を裁定すること。

われわれは最初に幾何学的画法を除外します。そのことによって、芸術以外の科学的、数学的理由に基く画法すべてを除くことになります。また、厳密には幾何学的画法ではないが地図作画《ドローイング》も除外します。こうした画法は必然的に外国式になされねばならないことをわれわれは認識しています。

(2)普通学校に美術教育を導入する方法を改善すること（普通学校には、小学校、中学校、及び師範学校等も含みます）。

(3)職工学校、実業学校に美術教育を導入する方法を改善すること。

(4)美術教師を養成する最善の方法を討論すること。

この議題は私が提出したもので、全員一致で同意され、両局長の承認も得ています。［(2)以下略］

こんなふうにして、長い手紙が、美術教育において日本画法［毛筆画］を導入することの是非を議論し決定したいのでフェノロサ教授の支援を期待すると訴えるように経過を説明していく。強力な反対者は小山正太郎だけだともいっている。「復興《リヴァイヴァル》〔Rが大文字である〕の種子は鑑画会に蒔かれました」とある。「先日、芳崖宅で物理学者を呼んで色彩実験をしようとおっしゃいました」という一句もある。この主旨は「絵画配色ノ原理講究セサルヘカラス」で書いていることである。この時期の岡倉は、フェノロサの強い影響下にある。この手紙の最後の一節は、信仰告白に近い。――「芳崖によって、私は手《ハンド》を得ました、――あなたによって私は魂《ソウル》を得たのです。」

こうして、小山は孤立し委員を退き、毛筆画による図画教科書の作成が決定された。毛筆の図画教科書は、明治三五年（一九〇二）ごろまで使用されていく。

ともかく、図画教育の問題が一件落着して、国立美術学校を開設する準備が軌道に乗ったのが、図画取調掛の発足なのである。

美術局という構想

明治一九年（一八八六）一月から三月のあいだに、岡倉は「文部省ニ美術局ヲ設ケラレ度意見」という上申書を書いている。九鬼家に保管されていた自筆草稿だが、この時期九鬼隆一は駐米大使〔明治一七年九月から二〇年一一月まで〕であり、岡倉が筆を執ったと推定できる期間、文部大臣は森有礼〔明治一九年一二月から二二年二月まで〕だった。この原稿の執筆時期が明治一九年の一月から三月のあいだだと推定できるのは、文中に「美術博覧会ハ農商務省博物局ニ帰シ」という一句が出てくるからである。農商務省博物局は、明治一八年の一二月二八日、博覧会御用掛を博物局に併合し、翌年三月二四日は博物局そのものが博物館とともに宮内省に移管されている。しかし、その間に書かれた上申書が時の文部大臣の手元になくてアメリカにいる九鬼のところにのこされていたのはなぜか。それは草稿［日付も署名もないから別に浄書はあったことは考えられる］だったのかもしれない。

森大臣がそれを手にしなかったかどうか、確証できないが、岡倉は図画取調掛が発足した時点で、美術局を構想していた。

博覧会は農商務省の管轄下にあるし、美術教育はついこのあいだまで旧工部省が管理していた。「美術及応用美術」は文明開化の上で重要な働きをしなければならない、「殖産富国ノ一大淵源」である。ヨーロッパ諸国では「美術省」を置いているのがふつうである。我が国も「美術ニ関スル事務ハ更ニ整理統一」しないと、「全国ノ美術ハ前途ノ方針ニ迷ヒ《い》」、「日本美術ノ声誉ヲ海外ニ汚シ巨万ノ資本ヲ消耗スルノミナラス《ず》眼前ニ数百万ノ利潤ヲ放擲スルナリ」と。相変らず、経済的利益を表に立てた美術政策論をぶち、欧米ではこうですよ、それに比べて日本は…の論法である。

その美術局の役目として四項目挙げている。

㈠美術教育。美術家を養成する教育体系を整備すること［美術および応用美術の専門家を「美術家」と呼び、「応用美術」のことは「工芸」ともいいなおしている］。そして、地方に「考按学校（school of design）を設立すること。

㈡美術共進会。この時代、展覧会のことを共進会といった［そこでは展示品は優劣を競うことを原則としていた］。美術家が切磋琢磨して腕を上げるためには展覧会を組織して奨励する必要がある。

㈢美術管理。海外の輸出のことを念頭において岡倉はこの部局のことを構想している。「美術商ヲ教導監督シ又内外ノ気脈ヲ通シテ外国ノ需求ニ応セサル（ぜざ）ヘカラス（べ）（ず）」というのである。

㈣美術保存。全国に散在する古美術を調査し管理し「東京博物館」のようなものを設立すべきだ。

「美術」という分野の活動を統轄する省庁をここで提案していることに、目を留めておきたい。というのも、その後の日本政府は、現在にいたるまで、この提案を実現しえていないのである。㈠は、東京藝術大学以外は地方自治体か私立の学校法人の運営に任せているし、㈡に関しては外郭団体に委ね切りで、功労者に賞金を贈る制度はあっても、未成の芸術家に投資する制度は未整備というほかない。また、㈢についてはほとんど関知せず、㈣で日本の古美術品の海外流出を監視するだけ。美術保存の水準は低く古墳の壁画の黴《かび》を防ぐこともできない。

一時期、岡倉のこの提案が実現されようとした状態があった。昭和一六年（一九四一）から一八年へかけて内務省が文化政策、文化活動を戦時体制に合わせて整備統一した時期である。そのとき岡倉は、「アジアは一つ」と大東亜共栄圏建設の理想を唱えた予言者として祀り上げられていた。内務省の文化活動統制政策を遂行した軍部の文化担当官僚は、その政策執行機関の構造が、かつて「岡倉天心」の提起した「美術局」のありかたと似ていること、つまり、自分たちが行なおうとしていることが「アジアは一つ」といった人間が別のところで提案していたことだとは、気づいてもいなかっただろう。

欧米出張

東京美術学校を開校するにあたって、まず、アメリカやヨーロッパの美術教育情況、博物館や美術館の施設などを視察し資料を収集してくるように、という出張命令がフェノロサと岡倉に出たのは、明治一九年（一八八六）九月。開校の二年前である。

一行は、一〇月二日に横浜を出航して、アメリカへ行き、それからヨーロッパ各国を巡り、再びアメリカへ渡って、明治二〇年（一八八七）一〇月一一日帰国した。彼らが帰国する直前の、一〇月四日、東京美術学校を設置する勅令［明治天皇の命令］が公布され、翌五日、文部省から告示された。出張の目的に関しては、『大日本教育会雑誌』四〇号（明治一九年九月）に報告されている［読み易くするために、原文にない句点を補なった］。

美術取調《とりしらべ》委員　文部省御雇米国人ヱル子《ネ》スト、ヱフ、フェノロサ及文部属岡倉覚三の両君ハ今《ママ》度《このたび》美術取調委員として凡《およそ》九箇月間欧米へ出張を命せ《ぜ》られ又現今欧羅巴《ヨーロッパ》滞在中なる文部省参事官浜尾新君ハ右美術取調委員長を命せ《ぜ》られたるか《が》、今右委員出張の旨趣《ししゅ》を聞くに、本邦に於《おい》て追々《おいおい》美術の教育を振起し美術の発達を誘導するハ緊要の事なり迚《とて》、先頃中より宮内文部両省の間に於て段々其《その》着手の方法等を協議せられ、先以《まずもっ》て右委員をして欧米諸国の美術に関する事項を調査《ママ》らる、なりと云ふ。又右に就きフェノロサ岡倉両氏ハ伊多利《イタリア》、墺太利《オーストリー》、日耳曼《ゲルマン》、英吉利《イギリス》、仏蘭西《フランス》、荷蘭《オランダ》、白耳義《ベルギー》の諸国を巡回し、又便宜西班牙《スペイン》、亜米利加《アメリカ》合衆国にも至るへ《べ》き趣《おもむき》にて、其調査すへ《べ》き事項ハ（第一）美術学校の組織管理及学科教授法等、（第二）美術学会其他美術者公会の組織管理、（第三）美術博物館の管理及館中標品の陳列保存に関する方法、（第四）美術博物館建築の模様、（第五）公設美術博覧会の処置法、（第六）工芸美術の改良に関する諸要点、（第七）外国造営装飾術の特に日本美術を需要するの条件、（第八）美術の作物を模製するの方法、（第九）欧州美術発達の沿革及名作の評説等にて、其調査上に就てハ浜尾委員長か渾《がすべ》て之を指揮監督する筈の由なり

美術に関する欧米事情を「その上に「第七」にあるように日本のどんな美術が売れるかその可能性の方向も」網羅して調べてくるようにと、貪欲である。さらに、すでにヨーロッパにいる岡倉に送った書簡の記録が宮内庁の書陵部にのこっている。発行者は、宮内庁図書頭《ずしょのかみ》井上毅である。「明治十九年英国留学中ノ文学士岡倉覚三へ左ノ書面ヲ発ス」とあって、将来宮内省では「帝室書藉《ママ》館」を開設する予定なので「建築雛形図面及之ニ係ル一切ノ都合」を取調べるようフェノロサに依頼してほしいといい、その書籍館［図書館］は三部屋から成り、一室は和漢古書「四十万巻」を収容する書庫とし、もう一室は洋書と「新様製本書」つまり洋綴じの書籍を収蔵し、もう一室を「百人ヲ容《いれ》ルヘ《べ》キ縦覧室［閲覧室］」にする予定だからそれを念頭に参考資料など調べてきてほしいといっている。

二人は文部省と宮内省から大いに期待されて送り出された。

旅はどんな具合だったか。ルーヴル美術館を駆け足で通り抜けていったと、当時の『フィガロ』新聞が書いたエピソードはすっかり有名になっているが、パリで岡倉がどこをどんなふうに見てまわったか、岡倉の記録はのこっていない。他の委員《メンバー》の回想もない。岡倉はこの旅行でパリにいい印象を持っていないようなのは、ウィーンのことを「美しい都市だ a fine city」と記し、「パリよりも美しい finer than Paris」と英語で書きとめ、オペラハウスもウィーンの方がパリのよりいいと書いていたり

するところから推測できなくもない。

欧州旅行中の日記帳

岡倉の旅行中の日記は「欧州視察日誌」というタイトルで平凡社版全集（第五巻）に翻刻されているが、このタイトルは岡倉がつけたものではない。表紙の背と上下角が布貼りになった厚紙の横罫ノートで、当時としても上等なノートだったろう、フランスで買ったものかと思われる。このノートは「欧州視察日誌」と処理してすまされない不思議なノートである。ヨーロッパ滞在中の記録は、三月二日［明治二〇年（一八八七）］から始まり、五月八日でほぼ終る。ほぼというのは、六月二六日の解読が難しい頁があって、「八月七日、リヴァプールからケルティク Celtic へ」と飛んでしまい、その後の旅日記をつけていないからである。しかし、ノートの書き込みはそれで終らない。和文英文とりまぜたメモや表や詩などが、欧州日記より分量としては多い。それらが書かれた日付は、「Jan. 24, 1896」まである。つまり、明治二九年にも、このノートを使っていたことは明らかなのだ。そこには、断片的な単語

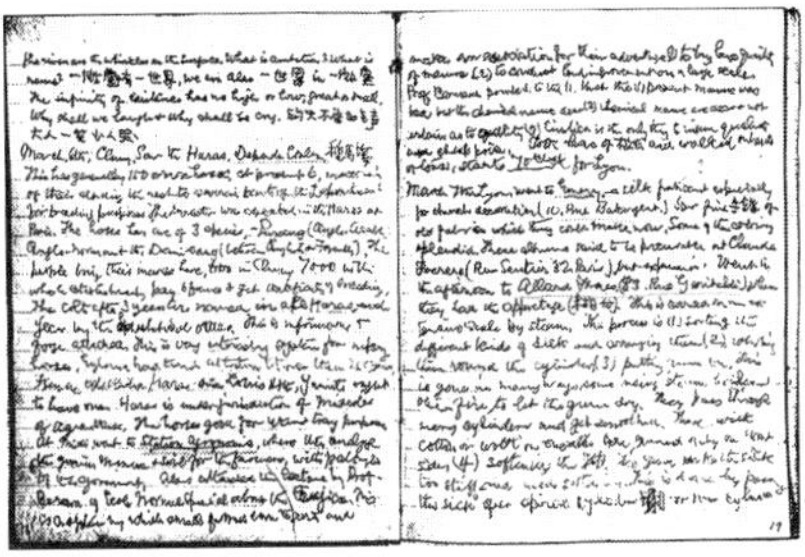

欧州旅行日記の一頁

やメモ、略字なども書き込まれていて、それを解読していくだけで、岡倉覚三という人物を精細に分析することができるかもしれない。あらかじめ一頁ごとに年記を入れ、各年度の出来事を振り返って書き入れた気配の漂うページがある（八一、八二頁参照）。その部分は、ちょうど東京美術学校開設に向けて行動する岡倉覚三の自身による覚え書という形になっている。

下段とその中の（　）は、上段の解読である。ラファージは、アメリカ東部に住む画家で旅を好み、日本に興味を持ち、明治一九年、作家のヘンリー・アダムスと日本に来て、岡倉やフェノロサ、そのころ日本にいたビゲローと親しく交った。岡倉とフェノロサが欧米出張に発つ船でアメリカに帰り、のちに“An Artist Letters From Japan,” The Century Co., N. Y. 1897（久富貢・桑原住雄訳『画家東遊録』中央公論美術出版、一九八一）という本にその旅の想い出をまとめた。

ギルダーというのは名前をリチャード、ミドルネームをワトソンという。ジョン・ラファージの本を出したセンチュリー社の編集者で［雑誌『センチュリー』編集長］、のちに岡倉の英文著書“The Awakening of Japan,” 1904.（邦訳『日本の覚醒』）を出版する。一八八二年一二月、岡倉らがニューヨークに着いたとき、フェノロサ教授歓迎晩餐会が開かれ、岡倉も招かれた。そこでリチャード・W・ギルダーと岡倉覚三は知り合いとなり、ギルダーは自宅でのクリスマス・パーティーに岡倉を招待している。それをなつかしく思い出した手紙を、岡倉はウィーンから出している。アイリーンという女性は、誰か、まだ判明していない。三月一三日の項に「ミス・ケロッグとIrin《ママ》より手紙、Irin《ママ》病気」とあり、三月二〇日には「Irin《ママ》より手紙」とある［アメリカでの行動は、村形明子氏の『ア

87
20,

~~September~~
returned together with
M. K. & Suite
小川町
Hogai meets H

1886
十九年
Oclober《ママ》

Oct. left for America

Met
Lafarge, Gilder, Airin

87（1887年）
20（明治）

~~9月~~（見せ消ち）
M. K. 一行と共に帰る
（マダム九鬼一行と帰国）
小川町（芳崖の住居）
芳崖 H（波津）と会う

1886
19年（明治）
10月

10月．アメリカへ発つ

会う
ラファージ、ギルダー、アイリーン

22　　　　　　　　　　西黒門

二月學校開始

Spring butterfly

Br. Married

Bigelow leaves

~~Fenollosa gone~~ 根岸下谷

国華 started

Okanolamps 2

Dcember《ママ》——

<u>88</u>

21　　　　　　　　　　池の端

return of K.

六月　宝物取調

十一月五日　Hogai Dead

22（明治）　　　　西黒門（転居）

二月学校（東京美術学校）開始

春の蝶

弟（ブラザー）結婚

ビゲロー発つ

~~フェノロサ去る~~（見せ消ち）

根岸下谷（転居）

国華発足

岡野ラムプ　2

12月———

88（1888年）

21（明治）　　　　池の端（転居）

K（九鬼）の帰国

6月宝物取調（出張）

11月5日　芳崖死す

ーネスト・F・フェノロサ文書集成』上・下巻に詳しいがアイリーンについては解決していない］。

明治二〇年の「M・K」一行と帰るとあるM・Kは、Madam Kuki［九鬼夫人、つまりのちの星崎波津、はつとも初子、波津子とも書かれるが、ここでは波津で通しておきたい］のこと。次の「H」は浜尾新とも読めるが波津と読むとにわかにいろめきだってくる。芳崖の「悲母観音」は波津がモデルだという人もいる。［覚三のこのノートの解読を含み、波津を論じたのは高橋真司「杉山波津子」（『福沢諭吉年鑑』一九八四）である。］

以下、「春の蝶」「岡野ラムプ　2」などは解読不能で、それ以外は、雑誌『國華』を発行するまでの岡倉の足跡が簡潔にメモされた略年譜である。

このノートには、欧州旅行中の作も含め、何篇かの詩も書き込まれており、やはり不思議なノートである。このノートに従って、岡倉がヨーロッパで辿ったあとを追っておかねばなるまい。

旅の記録

日記は三月二日リヨン［フランス中部の都市］に入ったところから始まる。手紙からニューヨークを一月一日に発ち、ル・アーヴルへ向った［一月七日着か］ことが判るので、リヨンへ行く前にパリに入ったにちがいない。その間二カ月の足取りがつかめない。

リヨンでは美術学校《エコル・デ・ボザール》を訪ね、教育の方法やその内容を熱心にメモしている。美術館を訪ねた印象もすばやくメモしている。三日、ヴォワロンとそこの国立職業学校、四日、グルノーブル、五日、職業師範学校《エコル・ノルマル・プロフェッショネル》、六日はクリュニーで種馬場、そこからリヨンへ戻り、三月八日にはジュネーヴへ。三月九日、工業美術学校《エコル・デザール・アンデュストリエル》と時計学校《エコル・デゾルロージュ》。一一日にはチューリッヒへ向う。車中ゲーテの

『ファウスト』を読んだとある。一二日にウィーンに着いて、ここにひと月近くいる。かつて日本に来ていた憲法学者ロドルフ・フォン・シュタインを訪ね、ウィーンを離れるまでなんども会っている。それよりも先に、ウィーンに着いたらコンサートホールへ行き、ワーグナーとバッハに感動している。一四日にはオペラハウスでシューマンを聴いて“stunning”と評している。ぼうっとしてしまう、すばらしいというのだ。ついでながら、ワーグナーには、華麗だ、見事だとでも訳せばいいか“splendid”と、バッハには壮麗、とび切り上等でも訳すべき“superb”という形容詞を選んでいる。もちろん美術館へも足を運び、レンブラントとヴァン・ダイクをすばらしい［fine］と書きとめている。教育大臣に面会し［四月六日］、自然史博物館と美術史博物館を訪ね、本を購い、四月七日夜、ヴェネチアに入っている。サン・マルコ寺院には二度も行き、モザイク工場を訪ね、パドヴァにももちろん足を伸ばす。サン・ジョルジオ礼拝堂でアリギエリの壁画《フレスコ》［「磔刑図」をみたのだ］からジョットのことを考えたりしている。サン・ジュストは絵も彫刻も感心しないとメモしている。

四月一一日にフィレンツェへ。ウフィツィやアカデミア、ピッティ、サン・マルコ美術館、サン・ロレンツォ聖堂、ラウレンチィアーナ図書館も訪ねている。サンタ・クローチェのジョットにうっとりして《スタニング》いる。十日間フィレンツェにいて、二〇日にローマ。フェノロサとは別行動だったらしく、ローマで合流したと日記にある。フェノロサの息子［カノという名前だった］が、この旅の間に亡くなったことも日記に書きとめている。ローマは一週間と慌だしかった。二七日にはナポリ。二九日にポンペイ、五月一日、ピザ。ピザの国立美術館でレンブラントを見て「スタニング」と記している。

このあたり、一日の書く量が少なくなってきている。疲れが出てきているのかもしれない。ジェノヴァでは汽車の中で眠りこけて乗りすごしてしまった。

五月四日にマルセイユへ行き、五日、スペインへ。バルセロナ、マドリッド、コルドバなどを廻って、サロン・ド・メを見るためにパリを再訪している。ロンドンへは六月初めに着いたはずだが、コルドバ以降の記述はない。ロンドンとドイツについては、まったく感想も聞けない。日記は、八月七日に飛んでいくわけだ。

ともかく、それからアメリカへ渡り、一〇月一一日、横浜に着いた。有名な逸話《エピソード》になってしまったが、そのとき九鬼男爵夫人の波津と息子三郎を九鬼から托されて乗船した。波津は妊娠中で、お腹の中にいたのが、のちに『「いき」の構造』を書いた九鬼周造である。

岡倉は、船を下りてすぐ港で筆を認《したた》め、二人の安着を九鬼隆一へ知らせた。

気に入らなかったもの

ジョットやミケランジェロ、ダ・ヴィンチに感嘆し、レンブラントは行くさきざきで讃えている岡倉だが、ラファエロは気に入らなかったらしい。

ローマのヴァティカンで、システィーナ礼拝堂では、“Raphael mediocre”［ラファエロ、平凡］と書き、絵画ギャラリーでも、“Raphaels Ascension awful.”［ラファエロの「キリスト昇天」、ひどい］と記している。それ以上のことは書いていないが、システィーナの天井画を fine［すばらしい］と書いてすぐラファエロをけなしている。ここでは、どうも天井画と比べて非難しているようだ。このシスティーナの天井画はミケランジェロの作であるが、岡倉はノートに「ペルジーノ」と書いている。じっさいは、ペルジーノはこのシスティーナ礼拝堂の壁画を描いているから、「ペルジーノの壁画」と書くところを「天井画」と書きまちがえたのかもしれない。

この「平凡」と決めつけたラファエロも、その作品名は記していない。礼拝堂に隣接する「アテネの学堂」のことをいってるのかもしれない。フィレンツェのピッティ美術館にもウフィツィにも岡倉は行ったことをメモしているが、そこでみたラファエロのことはなにも書いていない。ミラノのブレラ美術館では、“Rafael Sposalizio”［ラファエロ、マリアの結婚］とのみメモして、コメントはない。ラファエロが気に入らなかった一人だったことはまちがいない。

そのほか、ヴァティカン宮殿のベルヴェデーレのアポロを“impure, not a total conception false”［不潔、考えかた《コンセプション》全体は間違ってはいない］、ヴェネツィアの美術アカデミアでみたティツィアーノを“Fine Titian very large, well preserved —— good coloring. Not very spiritual as most Venetians. Notan good, but the figure of God above ウルキイ. But the notan and lines well composed.”［すばらしいティツーアーノ、とても大きい、保存良好―色彩良し。たいていのヴェネツィア派のように霊的《スピリチュアル》でない。濃淡良し、しかし上方の神の姿、ウルサイ。しかし、濃淡と線は良く構成されている］と、褒める点と批判するところを書き分けたのもある。日記のなかでは、一つの作品に加えた批評としては長い目のものである。たいがいは一言ですませている。

ここで「濃淡 notan」という言葉を使っているが、これはフェノロサが、明暗《シェイディング》の調子、グラデイションの意味で使った語で、もちろん江戸以前から日本で使われていた言葉をフェノロサは美術用語化しようとしていた。岡倉もそれにならっている。

建物では、サン・ピエトロを"awfully bad. No fatal idea and absolute waste of materials."［ひどく悪い。決定的な理念なく、まったく材料の浪費だ］と書いている。

ヴェネツィアのサン・マルコ大聖堂を訪ねたとき、"St. Marco is however badly repaired, the coloring is all destroyed on the time-colored marbles and the repairs on mosaics are horrid."［それにしてもサン・マルコの修復は悪い、時が経た大理石の色艶がすっかり壊され、モザイクの修理もひどい］と記していて、古物古建築の修復に関心を持っていたことを示している。

「地球は腐った林檎」

フランスのブルゴーニュ地方を訪ねクリュニーへ行ったとき［三月五日］、いろいろクリュニーにまつわる事柄をメモしたつづきに突然、「ああ、戦争は人間の営みの敵である。いつになったら戦争は止むのか。人類《マンカインド》は哀れな存在《イズプーアエクジステンス》だ。地球は腐った林檎《ジ・アースイズアロットンアプル》だ。その皮はしなび、芯は腐っている。山や川は地表の皺である。大望《アンビション》とはなにか？ 名声とはなにか?」と英文で書き、つづいて日本語で、「一微塵中有一世界、We are also 一世界 in 一微塵 The infinity of existense has no high or low, great or small. Why shall we laugh and why shall be《ママ》 cry. 問天不答地無声　大人一笑少人哭」［一微塵中有一世界《ちいさなちりのなかにせかいはある》　われわれもまた一微塵中の一世界ではある。存在の無限に高いも低いもない、偉大も卑小もない　なにゆえにわれわれは笑い、なにゆえにわれわれは哭《な》くのか　問天不答地無声《てんにとえどもこたえずちにこえなし》　大人一笑少人哭《たいじんはひとわらいししょうじんなく》］と書きつけている。

急に思いを噴出させたような書きかたである。海外調査はまだ始まったばかりなのだが、ノートも勤勉に学校や博物館のありようをメモで埋めている。そんな表向きの姿勢の奥から突き上げてきたような感想の断片である。文の流れからは、「人類は哀れな存在だ、地球は腐った林檎だ」は、戦争のことから連想した警句のように読めるが、戦争のことを書いていて、もっと根源的な人間という存在への思いが噴き上げてきたような文体である。どうせわれらは一微塵《ちり》のなかで世界をつくっているのだ、と仏教的な諦観で締め括り、さらに旅を続けようとしている。しかし、この「地球は腐った林檎だ」という感慨は、その後彼のなかでどのように生きつづけるのか。

帰国後

帰国すると、すでに東京美術学校の開設が告示されており、一四日には、東京美術学校幹事の辞令を受けた。一一月六日には、鑑画会の例会で、フェノロサと二人、帰国報告をした。といってもどこを訪ねてどんな印象を持ったかという話ではない。要約筆記が『大日本美術新報』五〇号に載っているところから判断するしかないが、いま問題になっているのは、「東西両洋の美術何《いず》れを取るべきか」であり、結論は、西洋でもなく東洋でもなく、その折衷でもいけない「その各項について論破した上で」、取るべきは、第四の道「自然発達論」しかないと言い切る。「自然発達とは東西の区別を論ぜず美術の大道に基き理のある所は之を取り美のある所は之を究め過去の沿革に拠り現在の情勢に伴ふ《とものう》て開達するものなり　伊太利《イタリー》の大家中に在《あつ》て参考すべきものは之を参考し画油の手法も之を利用すべき場合に於てハ之を利用し猶更《なおさら》に試験発明して将来の人生に的《ママ》切なる方法を探らんとす」るものである、という。ここで「美術の大道」という抽象的な言葉がもったいぶって使われ、じっさいにどうすればいいか、ほとんど具体的な原則も方向も示していない。「理のある所は之を取り」というが、その「理」を示していないのだから、これでは「昨日は東今日は西」とふらふらしているのがいけないと切り捨てた折衷論と変らない。

結びは檄を飛ばしてこういう。「日本の美術家諸君よ美術は天地の共有なり　豈《あに》東西洋の区別あるべけんや　宗派は弊の家宅なり　陶懐洞然以て精神を発表せバ必ず美術の妙に至らん　自ら信じて亦《また》疑ふこと勿《なか》れ　美術事業上ハ皇国の光栄に関し下は貿易の消長に係れり　諸君責任重し…」

なんだかよく判らんが、自分のことは自分で責任をもって頑張ったらお国のためになるということか、と半分納得したようなしないような気分で、聴衆は帰っていくしかなかっただろう。抽象的な漢字熟語をちりばめた内容のない演説は、小学校の校長から大学の入学式や卒業式、国会議員や総理大臣の演説、弁明にまで、現在でも溢れていて、これは近代日本語の一生態といえる。しかし、愚かな現象であることは否定できない。岡倉は、若き官僚として早くもこの悪しき近代日本語の伝統を身につけたのだろうか。のちの彼の言語展開から見返してそうは思いたくない。若さゆえに、そんなもったいぶりをしたところもあるかもしれない。だが、それ以上に、ここでこんな言い振りをしておかなければいられない情況を、彼は背負わされていたのではないか。

帰国してみると、岡倉たちの最高位の責任者である文部大臣森有礼の考えている美術学校構想と、フェノロサや岡倉、そのすぐ上に立つ浜尾新らの構想とのあいだには、だいぶ齟齬が生じていたようである。森大臣は欧化派の人物である。この空疎な演説は、そうした軋轢を克服して自分たちの路線を生かすことができるかどうか、という場面に投げ出されて、それを乗り切るための計算をした上で語られているとしか考えられない。そして、この空疎な弁説は、空疎でありながらも語られた言葉として、その後の岡倉の思想形成に働きかけていく。

森文部大臣との抗争は、明治二一年（一八八八）四月八日付のフェノロサ宛の手紙などによく出ている。彼は、浜尾新からの指示としてフェノロサに森有礼へ反論の手紙を修正するようにと勧めている。

三月にはフェノロサと連名で東京美術学校の組織に関する上申書を提出したばかりだった。こんどはフェノロサ先生お一人の署名がいいと浜尾氏が言っているなどと書いている。

そうした曲折を経て、一〇月、東京美術学校規則がようやく制定された。校長事務取扱に浜尾新、幹事が岡倉覚三、フェノロサはお雇《やとい》だった。教師陣は、図画取調掛の委員がそれを引き継いだが、絵画の教授として予定され大きな期待も担わされていた狩野芳崖が、規則が制定された一カ月後の一一月五日、病状が悪化し息を引きとった。東京美術学校開校の三カ月前。葬儀は、東京美術学校教授という資格で行なわれた。

一二月一〇日には、東京美術学校は小石川から上野公園内東京教育博物館を校舎にするべく移転した。そして、二四日、第一回の入学試験が行なわれた。

第一期入学生たち

当時は、学校は九月に一学期が始まり七月に一年間の課程を終えるという欧米の大学と同じ学期制だったから、大学予備門の入学試験などは夏に行なわれた。

一二月末の入試というのは異例である。「美術」に対する一般の認識も浅かったし、官立の学校に入れば徴兵も逃れることができる、そんな事情が重なったのだろう。この第一回の入学試験には三〇〇人から三五〇人が受験したという。

横山秀麿［大観］もそんな若者の一人で、大学予備門付属の英語専修科に落ちて、美術学校の話を知り、父のつてで結城正明のところへ絵を習いに行った。二、三カ月勉強しただけで受験したわけである。実技試験は、毛筆でも鉛筆でもどちらでもよいということになっていて、横山は鉛筆画を選択すると願書に書いた。ところが試験場に行ってみると、鉛筆画の希望者の方が圧倒的に多いことが判った。しかも「俺は小山（正太郎）の塾で五年やった」とか「俺は五姓田（芳柳）のところで七年」とか言っているのが聞える。これではダメだと試験官のところへ行って毛筆に変えてほしいと願い出た。意外とかんたんに変更を許してくれて毛筆の方へ行ったが、ここにも芳崖の四天王だとかいうのや雅邦の高弟だとかいうのがいて、もうだめだと思った。しかし、帰るわけにもいかないから、隣の受験生を真似て、写生と図案と臨模《りんも》［模写］の三つをこなしたと『大観画談』（講談社、一九五一）で回想している。

もちろん、この受験生は合格して、東京美術学校第一回卒業生となり、横山大観として名を馳す第一歩を踏み出したのである。

京都とのちがい

『東京美術学校の歴史』（磯崎康彦、吉田千鶴子共著、日本文教出版、一九七七）に、第一回と第二回の入学生の名簿が載っている。入学後一年半以内に退学した学生は省いた表で、その数は五八名。平凡社版全集の別巻に入っている年譜では「六十五名が入学する」と記している。七名が早くも一年半のあいだに退学したということである。ともかく官立学校に入ってしまえと受験して運よく受かり、でも様子がちがうので出ていったのもいるだろう。洋画を勉強したいと思っていたのに、というのもいたかもしれない。

注目しておくべきことは、『東京美術学校の歴史』のなかでも指摘されていることだが、受験生は全国から来て入学者の分布も全国にわたっているのに、第一回入学者のなかで、京都出身はたった一名、第二回はゼロという現象である。

京都には、すでに東京美術学校開設に先行すること七年、明治一三年（一八八〇）［工部美術学校からは四年おくれてだが］、京都府画学校が開校されていた。その事情が京都の若者に東京へ出て画を勉強する必然性を感じさせなかったのも一因である。

京都府画学校は、明治維新を経験した京都の絵師たちが、新時代において「美術工芸」の役割の重要さを考え、その振興のために流派を超えて集まり、府知事に建議して設立した画学校だった。東京美術学校が政府の主導によって計画されていったのに対して、京都府画学校は、京都という土地に住む人びとによって支えられ開かれている。皮肉なことに、岡倉が大切だといった「自然発達論」は、京都府画学校のなかで実を結んでいる。もっとも京都の人たちはこのとき「美術ノ大道」がなんたるかを説明はできなかった。しかし、その地で画を代々にわたって描きつづけてきた知と経験が、「大道」の理論に代わる指針を授けていた。もちろん、その建議書には「絵画ハ百工ノ基礎」といい、文明開化殖産興業の波に乗せられた発言がある。というより、そういう新時代の風に向う気持がなければ流派を超えた画学校を建設しなければならないという考えは出てこない。東京美術学校と京都府画学校のちがいは、そういう新時代にふさわしい美術の学校を創設するときの、その新時代になにを求めていくか、その求めているものを実現するために、なにを［手元にあるなにを］活用していくか、の考えのちがいということができる。

京都府画学校は、まず「絵画」だけの学校として出発した。一四年後には「京都市美術工芸学校」と［一八八九年に府から市へ移管したあと］改称されるように、つねに「工芸」の重要さを大切にしているのだが、そうしたすべての工芸の基礎に「絵を描く」ことがあるという思想に基いている。その考えに基いて、府立画学校では、四つの学科が用意された。東宗（大和絵《やまと》）、西宗（西洋画）、南宗（文人画）、北宗（狩野派、雪舟等の漢画）の「四宗」である。「派」とか「流派」という言葉がなかったこの時代は「宗」と呼んだ。「宗派」という意味である。この四宗は、当時見渡すことのできる絵画の全流派をカヴァーしている。

東京では、工部美術学校は西洋画のみ、東京美術学校は、岡倉が「自然発達」といっているにもかかわらず、工部美術学校のありかたの反動のように、日本の伝統絵画と工芸だけを教える課程を設定した。

京都から二年間でたった一名の入学者しか迎え入れられなかった東京美術学校は、決して日本の美術教育のありかた総体を担って船出したとはいえない出発だった。

『國華』創刊号表紙

『國華』創刊

内閣官報局長だった高橋健三と組んで月刊誌『國華』を発行したのは、明治二二年（一八八九）一〇月であるから、東京美術学校発足第一年目のことである。

大和綴三色刷の華《はな》模様を地にした表紙に「國華」と墨書した、装いが豪華な雰囲気の雑誌で、縦三八センチ、横二六センチ、ほぼ現行のB4判の大型誌である。創刊号は、文字組が二四ページ、図版が五葉。五葉のうち二点は木版色摺で当時の色図版の精粋を凝らしたものだった「木村徳太郎彫造木版。摺り師の名前は掲げられていない。モノクロ写真版の方は、小川一真が担当している」。定価は一円。当時売られていた坪内逍遥訳シェークスピアの『誌撒《シイザル》奇談《きだん》自由太刀《じゆうのたち》名残鋭鉾《なごりのきれあぢ》』［「ジュリアス・シーザー」］は「最美洋本」と銘打たれた洋綴の上装本で一冊一円三〇銭だったから豪華本の平均的な価格だといえるのだろう。そのころ大卒の会社員の平均月給は一二円。大工の日給が三〇銭から四〇銭。岡倉は高給取りだから、こういうときの比較に出しても意味がない［明治二四年東京美術学校の校長兼務から校長兼教授になって、年俸一二〇〇円から二〇〇〇円に昇給した記録がある。それに勤務状態が大変いいとかいう理由でときどき臨時賞与《ボーナス》も何百円だとか貰っている］。

『國華』創刊号は、巻頭に「國華」と題した長文の、本文二段組みで三ページと一段に及ぶ「発刊ノ辞」［これは後世そう名づけているだけで、原本にはどこにも、そう謳っていない］が掲載されている。これは岡倉の執筆で力をこめて書いている。

つづいて、九鬼隆一「國華ノ発兌《はつだ》ニ就テ」、フェノロサ「浮世絵史考」（連載）、ビゲロー「日本工芸家ノ注意」、岡倉「円山応挙」、川崎千虎「本邦武装沿革考」、黒川真頼「東大寺正倉院ノ話」、今泉雄作「茶室考」と六人の論考を収めている。

図版は、色摺木版が「土佐光長筆伴大納言絵詞巻物」（部分）、「岩佐又兵衛筆美人図」の二点、単色写真版が「狩野正信筆三笑図」、「円山応挙筆鶏図」、「無著像《むじゃく》」［木彫上半身を小川一真が撮影したもの］の三点。土佐光長をまっさきに色摺木版で掲載しようとしているところに、岡倉やフェノロサの日本の絵画の伝統のなにをいちばん大切に考えようとしているかが、明確に現われている。

ところで掲載された五点の内三点まで、ビゲローとフェノロサの所蔵と明記されている。岩佐又兵衛と無著像の写真がビゲロー、土佐光長伴大納言絵詞がフェノロサ所蔵、と目次に記載してある。

日本の美術を、その新時代の建設に向けて紹介し論を張ろうとして、多額の製作費と情熱を注ぎ込んで公刊する本の内容が、フェノロサやビゲローの所蔵品や原稿に大きな位置を与えているということ、つまり、日本の美術のありかたとその方向づけは、この時点で西洋人《アメリカ》に依存しているところが大きかったということにほかならない。

「夫レ美術ハ国ノ精華ナリ」

『國華』の書き出しである。この「発刊ノ辞」として扱われてきた文章は、創刊号のなかでいちばん分量も多い巻頭論考なのに、目次には記載されておらず、署名もない。しかし、文体と内容から岡倉が書いたものであることはまちがいない。しかも、いままで書いてきた文章に比べて、はるかに、まとまりの点でも問題の分析と展開の点でも、力が籠り完成度が高い。いままで考え書き語ってきたことをいっきょに整備し深めた感がある［原文には句点が付いていない、読点も少ないので、ここでは整理し振り仮名をつけて引用する］。

「美術ハ国ノ精華《せいか》」だと、花に喩《たと》え、それは「国民ノ尊敬、欽慕《きんぼ》、愛重《あいちょう》、企望《きぼう》スル所ノ意象観念、渾化凝結シテ形相ヲ成シタルモノナリ」と「国民」と言っていて「人間」と言っていない。そのあとで「抑々《そもそも》本朝古来文芸ノ秀逸優麗ナル」と書くように、〈日本〉のそして〈日本民族〉の美術の秀れていることを語りその振興の寄与を呼びかけようとしていることは明白である。しかし、ここで愛国主義の旗を上げようとしているわけではない。国家繁栄への利益を、美術が担っていることを語ろうとしているだけだ。だけだ、などというのは、この無署名の岡倉の文章のつぎに九鬼隆一が書いているが、九鬼は、書き出しから「我日本人種」の芸術の才能を讃え、「歴世」［歴代の意味］と書いて、以下を空白にし改行して「皇恩ノ優渥《ゆうあく》ナル」と続ける。天皇のことに触れるときには闕字《けつじ》にして「畏《かしこく》も　今上陛下云々」というふうに書くのはその後昭和二〇年（一九四五）まで続くが、これはその早い例といえよう。岡倉も「皇室」という語をいちど使って一字空きをやっているが、九鬼はそのすぐあと「我万世《わがばんせい》一系ノ国体」とも書く。そんな紋切り型の「万世一系」を岡倉は使っていない。「国体」

も常用語のように使っているが、九鬼ほどの高揚したナショナリズム［皇国主義］を文章にしていない岡倉である。

こうして、「美術ニ関スル奨励、保存、監督、教育等ニ就《つい》テ意見ヲ吐露シ、絵画、彫刻、建築及諸般ノ美術工芸ニ就テ保持開達ノ方針ヲ指示シ国民ト共ニ邦国ノ精華ヲ発揮セン」と『國華』を発行するのだが、まず「天下」の情勢を見てみよう。いろいろ不満だらけだ。第一、「国宝ノ調査ハ宮内省ニ属シ、社寺ノ保護ハ内務省ニ帰シ、美術教育ハ文部省之《これ》ヲ管轄シ、美術博覧会は農商務省之ヲ管理シ」、フランスやイタリアのように「美術一省」ヲ置いて「美術全体ノ国務ニ関シテ責任ヲ有スル」ところがない。行政改革をしない限り外国との競争には勝てないだろう。そういうふうに国を挙げて美術を奨励しないと「造化ヲ奪ヒ《い》鬼神ヲ泣カシムルノ傑作」は生まれてこないのだ。奨励の面でも大いに問題があるが、保存の面でも問題がある。昨年臨時全国宝物取調局が設置されて、京阪奈良の寺院の宝物帳簿はできつつあるが、これは全国の三分の一程度である。調査の手が届かないあいだに、宝物がどんどん散佚しているのである。

保存に関してもまだまだなのだが、眼を「美術ノ実相」に移してみよう。まず、絵画。

我が国の絵画の伝統はいうまでもなくすごいものだが、しかし、それをそのまま引き継いで応用していても生きてはこない。時代情況は変っていく。「生活ノ体裁《ていさい》、建築ノ法式」いいかえれば、絵にするテーマ［画題］の必然性とその絵を鑑賞するためにある作品が置かれる空間だけではない、画材そのものも変化している。だから洋画をやれというのは「過激論」であって、自分たちの歴史をようく振り返り吟味しながら「日本絵画独立ノ精神ヲ養《やしな》ヒ世界普通《ママ》ノ運動ニ応《じ》シテ進化」していかねばならぬのだ［とこれは彼の持論である］。

そこで、と岡倉は具体的な方針を提示する。近年の日本絵画の題材としてあまり成熟していない「歴史画」を奨励したいというのである。そこで「皇室」の語が出てくる。「我《わ》カ《が》先民［先祖］ノ忠誠ヲ　皇室ニ尽シ身命ヲ国家ニ致シタル英雄豪傑志士仁人ノ事績」を描く「歴史画」は「国体思想ノ発達」のために「益々《ますます》振興スヘ《べ》キモノ」だからである。この文章を岡倉が草する半年前の四月三日、『日本』新聞は、「日本歴史上人物の絵画若くは彫刻」懸賞募集を発表した。岡倉らが審査して受賞作品は第三回内国勧業博に出品する手筈になっていたようだ。「歴史画」あるいは「歴史彫刻」への関心を高めることは、それ自体、新しい明治国家を支える愛国精神を育てることだった。その意味では、この時期の岡倉は、すでにじゅうぶん愛国精神《ナショナリズム》を身につけていた。

さて、次は彫刻である。ここも貧しい。下手な仏師、いいかげんな仕事しかしない宮大工、ちまちまと小細工しかやらない根付《ねつけ》彫師ばかりではないか。定朝が仏像に実現したような精神をもって「健腕大作ヲ」造り出してほしい。それには歴史彫刻に取り組むことだ。

つぎに建築。やはり「本邦古来ノ沿革ヲ鑑《かんが》ミ国民固有ノ趣致ニ基キ、従来ノ建築ニ拠リテ自然ノ発達ヲ」させなければならない。東京を伯林《ベルリン》の縮図にしてはいけない、京都を巴里《パリ》の「照影《しょうえい》」［似たもの］とするようなことになってはいけない。と、建築に関しては戒めるだけで、具体的な方針は出ていない。

美術工芸に関しては、最近は、精巧な腕を持っているのは判るが、どうも装飾ばかり凝った製品が多く、なんのために使うのかという「実用ノ如何」が疎かになっていて本末を混乱している作家が目立つ。もちろん、工芸は商業と深く結びついている。そのことをよく考慮して美術工芸の将来像を考えなければならぬ。ここでも、それ以上具体的な方針は出していないが、ともかく、「美術」の全般に目を配り、個々のジャンルにある程度立ち入った分析をして、過不足のないコメントを提出している。

最後に、「美術的学業」に眼を転じよ、と言っている。そして、日本の古代からの沿革を詳述し、中国や隣国の美術との関わりを解明する美術史が書かれねばならぬと力説している。そういう美術史を持ててこそ、美術教育も生きてくるし、博覧会も有効な働きができる。『國華』は、そういう容易ではない事業に役立とうとしているのだ、と結ぶ。

この文章は、東京美術学校の責任者として、また日本の古美術の保存活動に携わる者として「この活動については次章で詳述」、自身が認《したた》めた宣言《マニフェスト》である。

円山応挙論と狩野芳崖論

岡倉は、『國華』を創刊した翌年から、フェノロサに代って、東京美術学校の学生に美術史を講義することになるのだが、このときはまだそんなことは予定していなかっただろう。しかし、「円山応挙」論は、彼が同じ号に寄せた発刊の言葉で切望していた美術史を、みずからが実現するその準備稿であった。

この論を、岡倉は、応挙が狩野派が形骸化した江戸時代の絵画の情勢を、「狩野氏ノ束縛ヲ脱シ探幽ノ圧制ヲ免レントシテ新《あらた》ニ方向ヲ求メタル画家」たちの「運動ヲ大成シテ其《その》極点に達セシメタルモノ」と、歴史の流れのなかに応挙の画風、絵画思想が登場する必然性を説くところから始める。

そして、応挙の画風の変遷を四期に分け、その特質と人柄に触れ、出自と経歴を概観し、その絵を描く姿勢・思想・人柄を逸話を交えながら誌し、没後の家族について系譜をまとめたあと、もう一度絵について「画品」という視点から語って結ぶ。最後に応挙の落款《らっかん》を二二点、二色刷で掲載してそれを説明して終っているところ、まだ江戸期の画人伝の記述スタイルをのこしている。記述面では古さをのこしながら、その執筆意図は明治の新時代を造る絵画の道を拓こうとするときに立って、そのいちばん近い時代に新生面を開拓した大家として応挙に光を当てようとした論考である。

『國華』二号には、「狩野芳崖」論を書いた。第二号は一一月発売。ちょうど芳崖の一周忌である。

狩野芳崖「悲母観音」
（東京藝術大学大学美術館蔵）

その追悼の思いは強い執筆動機だったろう。と同時に応挙を書いてすぐ前を往く画家の姿を仰いだあと、つぎの偉業を期待した同時代の画家として芳崖のことを書きたかったのだろう。書き出しは、いきなり遺作

「悲母観音」図の画面を記述する。マシュー・アーノルドの詩を引用したり、ミケランジェロの「天地創造」図と比べたりしているところは、応挙論に比べて筆が躍動している。リヲナルド［レオナルド］ダ・ビンチもルーベンスもレンブラントも引用される［応挙論ではミレー、コローを引き合いに出していた］。それから経歴、狩野派の最後の画家としての位置づけなど書いて芳崖を悼み、結びは芳崖の言葉を引用する。冒頭は絵に語らせ結びは自身の言葉に語らせるという構成である。

東京美術学校の教授として絵の実技のスタッフの中心人物と期待されていただけに、岡倉にとっても忘れられない人だろう。芳崖からは「手」をもらった、といった人である。

芳崖は、フェノロサと出会ってから一気に新政府の美術教育政策に関わり、新しい画風の絵を試みた。構図と色彩、とくに画題について、狩野派の旧い枠から脱皮しようとしていた。「悲母観音」は、亡くなる四日前に仕上がり、落款も入っていなかった。

2　帝国博物館開設

美術教育と古美術保存を一つの事業と考える

東京美術学校の創立と運営と『國華』の創刊は、岡倉の内面では一つの活動だった。どちらも新時代の国家建設に寄与する美術の育成に関わる仕事なのである。

古社寺調査と宝物保存――それは国立博物館の創設と経営へと展開していくのだが、それもまた、岡倉のなかでは、同等の比重を持って位置していた。古美術を調査して保存すること、これは明治新国家の文化的アイデンティティーを確立する大事業である。

「日本」という統一された国家の観念［それが九鬼や岡倉がいっている「国体」である］が行政官僚から知識人、一般市民のあいだに浸透していくのは、維新という経験が必要だった。それはなによりも〈観念〉であるから、観念的に、いいかえれば理念や映像として象徴される領域によって支えられることが大切であった。その役割を担うのがなによりも〈芸術〉である。岡倉は、その芸術のなかの「美術」にその主役を演じさせる仕事に打ち込むことになった。「美術」という語が当時は「芸術」の同義として使われていたことと、その岡倉の選択とは無関係ではない。

岡倉は、東京美術学校の校長と帝国博物館理事・美術部長という要職を同時にこなしていくことをまったく苦にしていないし、矛盾や対立があるとも思っていない――この両分野［教育と保存］は一つの省庁で統轄されるべきだし、その両分野は一人の人間が責任をもって管理運営して当然だと考えていた。そして、狭い意味での「美術」分野以外の「美術」の活動にも眼をそむけなかった。日本演劇協会を結成して、新しい演劇の展開を目論もうとしその理事になったのもそのころ［明治二二年八月］であるし、明治三〇年には、文学者と美術家を大集合させる「雑話会」の発起人にもなっている［第一回は一一月上野の精養軒で開かれ百数十人が参加したという］。

数多くの美術団体を組織

明治三一年（一八九八）三月に、帝国博物館理事・美術部長を免官（宮内省）となり、つづいて東京美術学校校長を非職（文部省）となるまで、岡倉は、この両分野を［官庁では分裂しているのに自身の内では統一して］ほとんど区別なく同質の仕事と考えてこなしている。さきほどは「美術」分野外に及ぶ団体活動に触れたが、「美術」内では、つぎからつぎへと団体を結成し、あるいは結成に関わっていく。

明治二三年（一八九〇）雑誌『美術世界』創刊にさいして「美術世界ノ発行ニ就テ」を寄稿。

明治二四年（一八九一）には、『東洋美術』（前田健次郎編）創刊時の賛助会員。

その五月、東邦協会設立、その会員となる［会頭は副島《そえじま》種臣］。

日本青年絵画協会を結成しその会頭に就任。それが一一月。この会は、梶田半古（一八七〇～一九一七）、寺崎広業（一八六六～一九一九）、尾形月耕（一八五九～一九二〇）、小堀鞆音《ともと》（一八六四～一九三一）、邨《むら》田《た》丹陵《たんりょう》（一八七二～一九四〇）といった当時二、三十代の青年画家たちが岡倉覚三を主導者に仰いで結成した絵画運動団体。右記の作家たちはいずれも明治二〇年日本美術協会と改称した龍池会に身を寄せる画家たちである。毎年絵画共進会を開催し、東京美術学校を卒業した横山大観、下村観山、菱田春草らもこの会に参加していき、明治二九年には組織替え［拡大］を図り、会頭に二条基弘を置き、岡倉を副会頭として名称を日本絵画協会と改めた。第一回展は洋画の白馬会［そのリーダー黒田清輝が東京美術学校にその年新設された西洋画科の教授となる］と合同の共進会だった。その後、春秋二回展覧会を開いたが、岡倉が渡米したのを境に、明治三六年、第一五回共進会が最後の展覧会となってしまった。

同じ一一月には、東京美術学校の教員と生徒を組織する校友会［菁々会］を作り会頭になった。

明治二五年（一八九二）には、それまで審査長などを勤めていた東京彫工会［明治一九年創立］の副会頭。明治二六年（一八九三）には、東京美術学校卒業生を集めた団体盍簪《こうしん》会を作らせ会誌『盍簪録』を発刊、明治二七年（一八九四）には、青年美術家を支援するための美術育英会設立を目指し相談会を開き［有楽町、三井集会所にて］、その幹事に。明治二八年（一八九五）には、東京美術学校のなかに意匠研究会［二九年（一八九六）に遂初《ついしょ》会と改称］を組織。この研究会は、毎月画題を課して教員や学生たちに制作させ批評会をする集まりで、こうして、画家の卵に切磋琢磨する機会を作ろうとしていた。

校友会は研究会だけでなく運動会や一泊親睦旅行をはじめ盛んに集まって活動をつづけた。岡倉は、芸術家たちに、孤独に沈潜する時間を許さないで、みんなで結集し相互鍛錬する方向へ奨励した。明治二八年の暮、卒業生のうち東京に居る者を集め、一席ぶち、団体の結成を促がしたりもしている。また、明治三〇年（一八九七）のことだが、自宅に彫刻科の教官や卒業生を招き集会を開いて、彫刻振興へ檄を飛ばしている。団体を作って一つの大きな力となる芸術の表現を、この当時の岡倉は強く求めていた。

古社寺調査

岡倉が文部省音楽取調掛兼務の職を解かれた明治一五年（一八八二）四月から、帝国博物館が開設される明治二二年（一八八九）五月までの七年間に、岡倉が命じられた「学事視察」「美術取調」は六回に及ぶ。うち四回が京都奈良方面である。

明治一五年（一八八二）、文部少輔九鬼隆一に随って、新潟から石川県を経て京阪近畿地方へまわっ

た二カ月の旅を皮切りに、
明治一七年（一八八四）二月、九鬼に随って長崎佐賀方面、
同年六月、京阪奈良地方の古社寺調査、
明治一九年（一八八六）四月から六月にかけて、奈良、大阪方面古社寺調査、
同年八月、京阪地方古美術調査［東京へ戻って一カ月後にアメリカへ出港するのである］、
明治二一年（一八八八）六月から八月にかけて、京都、滋賀、大阪、奈良、和歌山方面へ古美術調査。

こうした調査によって、国立博物館の基礎がつくられていった。

この六回の旅行のうち、明治一九年四月から五月と二一年五月から九月の調査のときの岡倉のノートがのこっている。

一七年の調査旅行はノートはのこっていないが、当時の上司［宮内省図書頭井上毅］に提出した報告書「美術品保存ニ付《つき》意見」がのこっている。主文は他の人の手で浄書されているが付けられた「美術品目録」は岡倉の筆跡である。

そこでは諸社寺を巡ってきた印象が端的に告げられている。(1)現在の寺院は「美術ノ如何ナルヲ知ラス《ず》」、(2)その保存の必要性についても保存の方法についても知らない、(3)このままでは立派な作品［岡倉は「大家ノ製作」といっている］が破毀に晒されているし、いつ売られるかも判らない。すぐに保存に着手しなければならないと書き、その方法を二つ提示している。一つは各「地方庁」から寺

院に保存させるよう指導すること。もう一つは、「宮内省ニテ美術品ヲ採集スルコト」である。付けられた目録は彫刻と絵画三五〇点に及び、古書目録は一一〇点を数える。法隆寺から始まって京都の寺々、滋賀県の坂本来迎寺に至っている。所在場所、作品名、作の由来［作者を探ろうとしている］、個数、作品の特徴を簡明に記している。たとえば、法隆寺の項は、

金堂

○釈迦薬師銅像　西《とり》仏師ト云フ　二体

此《この》仏像ハ金堂ノ正面ニ在リ　観音ノ一体ヲ加ヘテ金堂ノ本尊タリ（観音ハ二像ヨリ後ノ作ナリ）

中亜細亜《アジア》を経タル印度《インド》ノ風アリ

と、いった具合である。記録のなかに「西仏師ト云フ」が非常に多いのも当時は鳥［止利］仏師伝説が強かったことが推察できてかえって興味深い記録である。のちに百済観音と呼ばれる仏像については、「観音木像、天竺《てんじく》仏ト云フ　一体　長サ一丈余ニシテ細長キモノ」とある。この仏像の細長さはよほど印象にのこったのか、明治一九年のノートでも「長細観音」と書いている。ちょっと不思議なのは、この報告書は情況から推して明治一七年六月の調査のあととしか考えられないのだが、つまり、夢殿開扉のあとである。しかし、夢殿の項には「行信道先ノ像　二体」とあるだけで救世観音の

ことについてはなにも記していない。一九年のノートにはもちろんしっかり記録していて、「秘仏観音　保存妙ナリ」とあって、スケッチまでしている。政府になぜ報告しなかったのか謎である。

記録の上では、岡倉の奈良・京都方面古社寺調査は、明治一三年［これはフェノロサに随いていった私的な旅だが前述のように東京大学御雇教師の資格で奈良郡役所を動かしている］、明治一七年、明治一九年［二回］、明治二一年と五回を数える。この五回はいつもフェノロサもいっしょだった。フェノロサは明治一三年以来毎年のように関西へ調査に行ったとのちに書いている（Epochs of Chinese and Japanese Art）が、岡倉も文部省の出張でない形でもっとなんども訪ねているかもしれない。調査ノートとしてのこっているのは、明治一九年と二一年の、どちらも何カ月もかけた調査のときだった。ノート自体は、両方とも旅の全日程を記録していない。しかし、部分から全体を嗅ぎとれる生きた史料である。

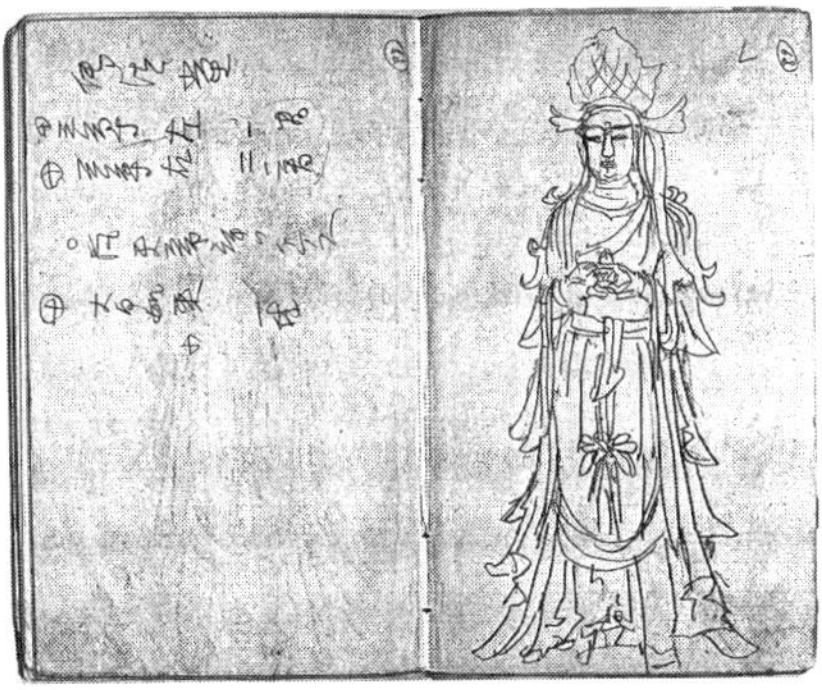

「秘仏観音」スケッチ（古社寺ノートより）。現在の夢殿観音は大きな光背を頭の後に置いているが，岡倉はそれを描いていないのはなぜか。

調査ノートを読む

「美術品保存ニ付意見」に付けた「美術品目録」と明治一九年のノート、そして二一年のノートを比べてみると、岡倉がそのつど前に調査した寺院も訪ね、新鮮な気持で仏像や仏画をみつめていたことが伝わってくる。メモは簡潔な箇

「**十一面観音**」（古社寺ノートより）

条書風なのだが、その簡略な文体のなかにかえって仏像や仏画をみている情熱が伝わってくるのである。一、二例とりだしてみたい。目録と一九年ノート、二一年ノートの三つに共通して出てくるものを選びたかったが、ノートが破損していて三つを並べるのがむつかしい。たとえば、法華寺の十一面観音。二一年ノートは、法華寺のメモが始まったところで欠けている。そして目録では挙げていない「これも夢殿観音同様謎である。国家的な観点からも重要でメモのようすからも岡倉自身関心の高い仏像を上司の報告書のなかに洩らしている」。

明治一九年ノートのなかの十一面観音に対する岡倉のまなざしは他のどの仏像にもまして熱がこもっている。

◎本尊十一面観音　一体　光明《こうみょう》皇后自作ト伝　長二尺五寸　ムロ木ヲ以テ作ル　着色セス　顔色衣紋妙ナリ　伝ニ曰百済人問答師光明皇后ノ三体ヲ作ル　其一即是《そのいちすなわちこれ》ナリト　台座ノ式天平ニ限ル　足ヲツマタテタルハ後生ノ如シ　一問題ニ付シタケレトモ多分天平前二十年ノ頃ノモノカ顧《おもう》フニ薬師寺風ノモノヲ一層優美ニナシタルモノ［ナ］《ノートに欠》ルヘシ

そして、仏像のスケッチがあって、

聖武帝ノ始メカ

と記し、全体の写生《スケッチ》をしている。

⊕は、＋が上等の印でそれに二重丸がつけてある。二重丸の⊕はノートのなかにも多数見受けるが、二重丸は格段高い評価である。「薬師寺風ノモノ」という一句がある。薬師寺は二一年ノートにはないのだが、目録で「金堂　〇薬師日光月光菩薩銅像　行基菩薩作　三体」と記録して、一九年ノートにはこんなふうにある。

薬師寺
金堂　五月三日
◎薬師　日光月光　200　費用過多ナルモ論セス　千円⊕費

二重丸◎であるのは当然として、その下のメモは「宮内庁ニテ採集スル」ために買収交渉をしたのだろうか。もちろん、この仏像は現在も薬師寺金堂に安置されている。

岡倉はこれもスケッチしている。

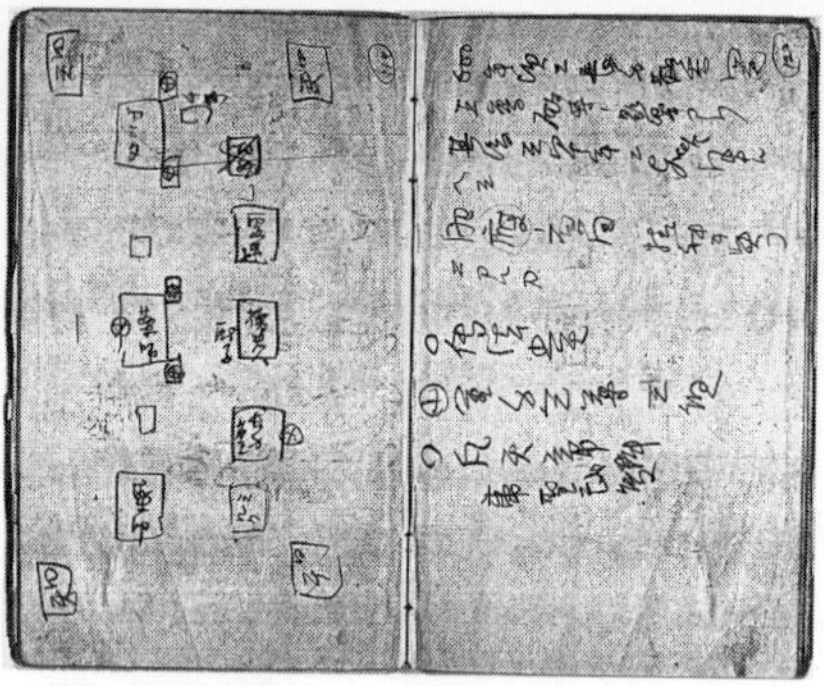

「配置略図」（古社寺ノートより）

現在「百済観音」と愛称される仏像を岡倉は、目録で「天竺仏ト伝フ　長サ一丈余ニシテ細長キモノ」と記した後、一九年ノートでは［二一年ノートにはない］、「⊕右長細《（ながぼそ）》観音　高《（た）》カシサケ」と書き込んでいる。いまやルーヴル美術館にまで借出される国宝名品だが、一重丸の＋《プラス》と岡倉の評価は高くなかった。この観音菩薩は法隆寺の諸仏像のなかでも由来の不確かな一体で、法隆寺でも安置場所をいろいろと変えている。当時は金堂にあって、岡倉が「右」とメモしているのはこの金堂の配置を他の諸仏との関係のなかで指している。この配置略図を岡倉はメモし、図の右側、五個の四角が並ぶ下から二番目に「長身観音」と記入している。

さきの引用「長細観音　高カシ　サケ」の「サケ」はこの菩薩が右手につまむように持っている水瓶の持ちかたがどこか酔っている姿を連想させ、後代百済観音は「酒買い観音」などと呼ばれた。とすると、岡倉はこの愛称の名付け親の先駆者ということになる。じつは、平凡社版全集ではこの部分「○右長細観音　高カレ《ママ》サル」と翻刻している。いまから三〇年近い以前、この手稿《ノート》の原本をにらんで校訂翻刻の原稿を作ったのはほかでもないこの本の著者［木下］自身なのだが、その原稿はもちろん編集部の校正を経て出版された。いま、手元にある当時のノートの写真版をみると、この翻刻は

「高カシ　サケ」と読めることがはっきりした［その部分、当時は判読に苦労したらしく、赤鉛筆で囲ってあったりする］。岡倉の全集は平凡社版以降刊行されていないし、質量両面から言っても定本ではある。だからといって絶対に信用できる底本ではない。自己批判と反省［校訂に参加した者として］を籠めて、本書でもいくつか訂正しておきたい。研究者のなかには、たとえば一九年のノートなどを平凡社版の全集から引用している人がいる。原本を閲覧して検《しら》べ直すのは研究者として大切な心構えでなければならない。筆者はその心掛けを忘れまいと昔のノートを引っぱりだして、こんなことを誌すことになった［全集で反省すべきところは他にもたくさんある。新訂版全集が作られるときに来ていることは確かだ］。

いずれにしても、このノートの段階、古社寺調査時代は、現場に立ってつぎからつぎへと本物の作品を前にしそれを検分しメモしていくのに精一杯の段階である。もちろん、いっしょに検分した人たちといろいろ評定したり、寺院の僧たちの説明に耳を傾けたり、宿に戻ってからも議論したりしたにちがいない。ノートからは、そういう現場の雰囲気は伝わってこない。「F曰《いわく》」などというのがあり、これは、フェノロサのコメントをメモしたのである。「……ナラン」「……ナランカ」が多くあるのも評定議論の結果、ひとつの推定をメモしているわけだ。

こうしたメモが一つの論――美術史のなかに組み込まれるべき作品論作家論としてのまとまりを見せる記述となるには、もう少しこれらの体験［メモとしてのこされた経験］が熟成されねばならない。『國華』の創刊はその熟成装置の設営といってもよかった。第一号に書いた「円山応挙」論はまだ記述の大枠は、末尾に落款一覧を載せたり、羅列した伝記事項を揃えたりと『古画備考』伝来の江戸時代に形成された画伝のスタイルを抜け出ていないが、すでに歴史の文脈のなかに応挙を位置づけようとしているところなどに、岡倉自身の熟成過程が読みとれる。

この時代、まだ日本の美術史は、せいぜい江戸時代から伝わった画人伝しかないなかで、現物にひとつひとつ当って作者や時代を確定していかねばならなかった。『國華』の創刊号には、こんにち、鎌倉時代の運慶工房による作品と認定されている国宝無著《むじゃく》菩薩像（興福寺北円堂、現国宝館）の写真が掲載されていることは前にも触れた。そこには無署名だが作品解説も収録されている。それは岡倉の二、三年前のメモと比べればいうまでもなくはるかに整った記述となっている。しかし、内容をみると、この「塑像ハ」〔現在は木像と認定〕、「製作ハ凡ソ千年以前ノモノニシテ蓋《けだ》シ宇多醍醐《うだだいご》二朝ノ頃専《もっぱ》ラ様式ヲ唐ニ取リシ時世ニ成リタルモノナルヘ《べ》シ」と書いている。木像彫刻を塑像と断定するなどこの記事を書いた人間はほんとうに岡倉たちのように現物に立ち合って検証したのかと疑ってしまう。と同時に、岡倉自身『國華』の創刊に参与し、あれだけの力のこもった序文を執筆しながら、この解説文をチェックしなかったのかも疑ってしまうところである。

というのも、岡倉は一九年ノートで、無著と世親菩薩像を検分して、「世親無著立像　二個　大物／建久時代」とメモしているのである。二重丸◎をつけている。「大物」というのはこの像が二メートル近いからそう記したのか、別の意味があるのか。作者については「運慶の父康慶作ナランカ」として現在の認識とはちがうが、『國華』の解説担当者より的を得た観察をしている。しかも解説者よりも早い時期に。

京都講演「博物館に就て」

九鬼一行の大規模な関西方面古美術調査は、調査対象地域の行政官や知識人にとっても注目するところだった。その機会に講演会なども開かれ、地域の人たちは耳を研ぎ澄まして中央要人の知見を吸収しようとした。いまのようにテレヴィもなく、ラジオもなく、新聞や情報誌も少ない時代、集会や講演会が情報伝達に果す役割は大きかった。

明治二一年の大がかりな調査のときも、京都府は、知事［北垣国道］を筆頭に、京都商工会議所、府会議員らが動いて、調査団の主要メンバーによる講演会を企画した。九鬼と岡倉とビゲロー［岡倉が通訳］が演説をしたが、四百余名が集まったという。岡倉の演説は「博物館に就て」という題で、『日出《ひので》新聞』は講演要旨を九月二日、四日、五日、六日と四回に分けて連載するという熱の入れかたである［この講演は、のちに『内外名士日本美術論』（岡部宗久編、鼎栄館、一八八九）に「美術館ノ設立ヲ賛成ス」と題し、さらに『日本大家論集』第二巻第一〇号、（一八九〇）には「博物館ニ関スル意見」という題になって要約収録された］。

この演説で岡倉は、まず、論点を「博物館の要用」と「博物館の性質」の二点に分ける。「要用」といっているのは、現代のことばに直せば「機能」という意味になるだろう。博物館の機能として岡倉は三点挙げている。一、保存。二、研究［岡倉は「考究」といっている］。三、「都府の盛観」。

保存はさらに、1、美術品の登録。2、模写［点検、保存して国内美術品の所在を明らかにし、かつ学校や他の博物館にそれを陳列して公開すること」。3、美術品輸出制限法の制定。4、博物館での保存［登録しただけでは火災や盗難の危険がある。貴重な美術品は博物館に保管するのが安全である］。と、四項にまとめられている。

研究に関して、岡倉はとくに熱を入れて語ったようで、まず、美術の全体をまとめてそこで観覧・鑑賞できる便利さ。これは、外国から来る観光客にも国内の一般の人にも便利である。第二は、専門家に役立つこと。専門家にとっては、美術作品、作家の系統の分類、比較考証、さらに模写の応用によって、その歴史を明らかにしていくことができることである。印刷技術のまだ発達していない時代なので、この模写の応用が強調されている。現代では、その考えが、パソコンを利用したヴァーチャル・ミュージアムなどに生きているわけである。第三は、こうした美術品の公開によって、一般人、学校教育の役に立ち、作家たちの向上にも資することができる、と語る。

三、「都府の盛観」というのは、博物館や美術館はその都市の象徴となるものであるといおうとしている。文化力の象徴であると同時に都市の景観にも大きな力を発揮するものなのだ。「京都は東洋の小巴里と」すべきである。試みにパリにある博物館を挙げてみると、と二年前の旅行を思い出して、「ルーブル」(古来の美術館)、「ルクサンホルク」(新設の美術館)、「トロカデロ」(彫刻比較館)、「パレイアンダストリー」(工芸館)、「ミュゼークルニー」(中古の古物館)等、此他尚《このほかなお》あり……と挙げていく。リヨンにだって三館ある、ドイツには、オーストリーには、といった調子である。イギリスの「ブリチシュ・ミュジアム」は、その建設に「三百四十万磅《ポンド》即ち二千二百四十余万円」使った、そして国会より毎年「十万磅即ち六十五万円余」補助している。と財政問題にも言及して、都市における博物館の位置を強調し、同時に、京都に博物館をつくる意義に及んでいる。

つぎに「博物館の性質」として、博物館の種類、歴史、保存・列品の分類について語る。とくに歴史については、「ミュゼー」のギリシャ語の語義から説き起し、ヨーロッパにおける博物館の歴史を概観している。

第一期が、ギリシャの「ミュゼー」[「技芸天女」と訳している]を祀って「詩歌、音楽、絵画、彫刻、舞踏、演劇等」によってこの「天女」を堂に奉納したときの物品蒐集場。これは、日本では、「一千年前の昔弘法大師が綜芸種池《ママ》院を東寺に置きて群衆を薫陶せし」ことと似ている。

第二期が、ルネサンスの時代で、当時の豪族が集めた富、「愛顧のものを延て其展観を許す事」をした。ヴァチカン宮殿とかもその例で、これがイタリーの博物館の起源となっている。日本では、「東山殿の時に当り天下の珍奇を集め自他に誇る事」があったのは、それと同じことだ。しかし、まだ「一般の人民に縦覧を許す事なきは日本西洋とも同様」であった。

第三期に至って[「僅少《わずか》百年前」のことだが]、「人民好尚の度力《どりょく》大《おお》いに高まり、美術の必用を感じて昔時の物品を観ん事を望み、豪族の所用者は之を拒絶し」たが、「公衆の権力は之を排斥する処《ところ》と」なる。ルーヴルもその典型例だといい、日本では博覧会などがそれに相当するといっている。

日本は時代は少しづつ遅れをとっているが世界の博物館の歴史をそれなりに経過していると岡倉はいおうとしている。そして、第四期、現代、学問も進展して、科学的に「分類」をして、保存法、展示法を整備できる時代になった。そこでも、ドイツやフランスの例を示しながら、いまこそ、こういう学問の方法を活用して、京都にふさわしい博物館が必要だと説いていく。

京都の博物館はどうあるべきかを語って演説の結びとしている。京都の特色を生かして、桓武天皇奠都以来の実例だけを見せるようにすべきだというのがその主張である。建築は「不燃不滅の煉瓦にすべきか「鉄造か木造か」、これはよく考えねばならぬ、と結論を出していない。

奈良博物館は「天平以後弘法以前の博物館とし、日本の最古物を集め以て羅馬《ローマ》に比すべく、東京にては徳川美術の粋を集め亜細亜の物品を蒐集して英京倫敦《ロンドン》を模し、京都は金岡以後応挙に至るの時代を集めて以て仏京巴里に擬して」、三館で「日本の美術を海外に輝やかしたきは予が尤《もっ》とも熱望する処なり」で終る。

博物館・美術館についての岡倉の考えが、その運営のありかたや美術行政における布置、構想に関してもよく見えている演説である。

根底に、博物館・美術館というものは、実物や模写の列品によって美術史を提示するものであるという考えが備わっている。もちろん、そういう表現の仕方を岡倉はしないが、美術館というものは作品による美術史とならなければならないということを、ヨーロッパをまわってじゅうぶん学んできたのである。その意味で、美術研究と美術教育は博物館活動と一体なのである。

岡倉は、その活動を、政府主導の形で実現しようとしていた。

帝国博物館開設

日本における博物館の開設の歴史をたどれば、明治三年（一八七〇）、大学南校に物産局が設置された時点へさかのぼることになる。「官員ヲ府外ノ地ニ派出シテ産物ヲ捜索シ物産局ニ聚《あつめ》ル」（『文部省第一報』一八七八、および『東京国立博物館百年史』東京国立博物館、一九七三）ことを目的として設けられたのだった。新しい時代［維新］になって散佚する古物を集めねばならないと始まった。新時代の到来とともに、権力者所蔵の宝物庫を市民［持たざる者］にも開放しようとしてできた、たとえばルーヴル美術館と、その開設の出発点に据えた方向づけの相違について考えておくことは大切かもしれない。集めなければ成立しない博物館・美術館と、集まってあるものを生かすために博物館・美術館にすることの相違である。もともと、美術館・博物館（ミュージアム）という制度はヨーロッパに生まれたものであるが、その制度の完成のために、ヨーロッパと日本とではまったく異なった対照的な姿勢［思想］を持たなければならなかった。

岡倉は、新時代建設のためにヨーロッパの制度と思想を活かそうとするあまり、ヨーロッパと日本の共通点に目を向けて、その差異に思いを落していない。

明治四年（一八七一）、「古器旧物保存」の布告が発せられ、文部省に博物局が設置された。当時は集古館といった。集めてきて博覧に供するのだから、やっていることは「博覧会」の仕事である。明治五年（一八七二）三月、湯島聖堂大成館で博覧会を開いたのが最初の博物館活動といえる。そのあとは、しばらくは、明治六年（一八七三）に開かれたウィーン万国博覧会に参加する準備で精一杯だった。明治七年（一八七四）にはウィーンから持ち帰った品々、交換品や購入品、つまり舶来品を展示、一般に公開した。明治一〇年（一八七七）には所蔵品を加えて連日開催もできるようになった。明治一五年（一八八二）三月、上野に新しい建物を用意して博物館が開館する。その間、博物館は、内務省の所轄になったり（一八七五）、農商省に移ったり（一八七九）、宮内省へ移管された（一八八六）りした。内部の組織制度も再三編成しなおされ、明治二二年（一八八九）五月、宮内省図書《ずしょ》寮付属博物館から帝国博物館へと変身した。部局は、歴史部、美術部、美術工芸部、工芸部、天産部の五部に分けられ、岡倉覚三はその美術部長に任命された。東京美術学校開校五カ月後のことである。各部長は理事が就任するという規約が出来、岡倉は帝国博物館理事兼美術部長という肩書である。美術学校長心得の辞令を受けるのはそれから一年後、岡倉覚三、二六歳から二七歳にかけてのころである。

帝国奈良博物館・京都博物館設立へ

東京に帝国博物館を開設させたときに、同時に奈良と京都に博物館を設置することも決定された。古社寺調査を通して、岡倉たちが積重ねてきた古美術保存への制度化が軌道に乗りつつある。ヨーロッパの博物館・美術館制度にならった大規模な博物館網の建設が着手されたのである。この指揮をとったのは、帝国博物館発足と同時に総長の地位に就いた九鬼隆一である［それまでは博物館の属していた宮内省図書寮の図書頭だった］。

奈良と京都は、それぞれ帝国奈良博物館、帝国京都博物館と名づけられるが、東京にあるのは帝国博物館と呼ばれていることを忘れてはなるまい。そして、帝国博物館総長九鬼隆一は帝国博物館館長兼務という辞令をもらう。つまり、総長は京都・奈良をも監督下においている。そういう全国網である。

帝国奈良博物館は、明治二八年（一八九五）四月、帝国京都博物館は明治三〇年（一八九七）五月に開館へこぎつける。その間、明治二三年、つまり開設決定の翌年、奈良博物館用地として元興福寺《こうふくじ》の寺地二万三千余坪、京都博物館用地として七条御料地一万六千余坪を買上げ決定するが、その下検分に岡倉が、内務省内匠頭技手片山東熊と京都・奈良へ行ったのは同年一月のことだった。三月には、京都と奈良の博物館建築工事主任の役も命じられている。

帝国博物館の役割

帝国博物館三館設置が決定されたときの「博物館官制細則」は、岡倉の筆に成るものではないがこの決定のために同僚や上司と議論を重ねて出来上りへ運んだものであることはまちがいない。博物館の遂行すべき役割［「業務条項」］として一五項目上げられている。

第　一　列品ヲ整斉シ之ヲ保管スル
第　二　列品ノ精細目録ヲ調製スル
第　三　列品ノ摸画摸型及ヒ写真ヲ製シ以テ陳列ノ用ニ準備シ又他邦ノ博物館及ヒ学校ノ物品ト交換スヘキ用ニ供スル
第　四　社寺ノ宝物ヲ保管シ及ヒ陳列スル

第五　附托セラレタル私人ノ宝物ヲ保管シ及ヒ陳列スル
第六　宝物所有ノ社寺或ハ人民ニ就テ其原品ヲ摸写シ意匠ヲ購スル
第七　臨時宝物取調局ニ連絡シテ社寺 幷《ならびに》 私人ノ宝物ヲ調査研究スル
第八　列品ハ時代分類ト意匠分類ト両様ヲ主トスル
第九　標本ヲ受領シ及ヒ之ヲ分類スル
第十　地方博物館ノ事業ヲ監督スル
第十一　宝物ヲ保存シ及ヒ修覆《ママ》スルノ方法ヲ設クル
第十二　国内ニ館員ヲ派遣シテ捜索研究スル　但漸次隣邦ニ派遣シテ捜索研究スルコトアルヘシ
第十三　帝室ニ於ケル学芸奨励及保護
第十四　評議員学芸委員及技手等ノ研究ニ係ル諸結果ヲ編纂シ印刷シテ世ニ公ニスル
第十五　美術絵画彫刻学校ノ生徒及ヒ諸工芸学校ノ生徒等ニ列品ヲ摸写シ或ハ写真ヲ許可スル

第三の事項を岡倉はいちはやく活用して、東京美術学校の生徒である横山秀麿［大観］や下村晴三郎［観山］のちには菱田三男治［春草］らに古画の模写をさせるのは、明治二三年九月だった。生徒だけではない教員にもやらせた。翌年には、竹内久一（一八五七〜一九一六）、［開校当初から美術学校雇であり明治二四年には美術学校彫刻科教授となる］が、東大寺の執金剛神像や興福寺の無著像などの模刻像を完成している。

その他のほとんどの事項が岡倉の活動と関わっているが、第十二など、この但し書項目を利用して、明治二七年岡倉は中国美術調査旅行の出張に出かける。

美術教育事業と美術品保存調査事業は、岡倉にとってはまったく二つに引き離すことのできない事業だった。それは、フェノロサにとっても同様だった。あ

フェノロサの帰国

の『美術真説』を演説したころは、美術学校という形で日本絵画を復興できるか自信がなかったフェノロサだが、狩野芳崖と出会い、鑑画会での研究会を重ねて行くうちに美術教育［初等中等教育における美術とくに絵画（図画）教育と美術の専門家を育てる教育］の制度化への見通しが出来てきた。それを論議決定する図画教育調査会でもフェノロサの発言は非常に重用され、彼は大きな自信を得た。だがそれ以上に、美術教育の制度化への見通しと自信を獲得するより早くに、フェノロサは日本美術史の研究家としての自信と見通しを確実なものとしていた。その自負から古美術保存と博物館設立への提言も、九鬼や浜尾にしてきた。

さきに引用した帝国博物館の「官制細則」の内容とかなり重なるフェノロサの上申書の草稿ものこっている（村形明子『フェノロサ資料』I、ミュージアム出版、一九八二）。この上申書は、早くも明治一九年（一八八六）に起稿している。さきに「官制細則」の決定に当って岡倉は同僚や上司と議論して、と書いたが、この同僚や上司の中にフェノロサもおりフェノロサの意見は重かったと考えられる。フェノロサは博物館開設にさいしての人事まで構想している。それによると館長は鑑画会の会長だった河瀬秀治で、岡倉はHead curator［学芸部長］として挙げられている。このフェノロサの人事構想

案には、自身の名前がない。なぜ自分の場所を明記しなかったのか。この時点でアメリカへ帰って大きな地位が得られるという展望があったのかもしれない。

欧米旅行から帰って一年後、明治二一年(一八八八)九月、臨時全国宝物取調局が宮内省に設置された。委員長は九鬼。岡倉はその取調掛の一人に選ばれているが、そこにフェノロサの名前はなかった。このことを不満として訴えた手紙がのこっている(村形、前掲書)。翌年発足した帝国博物館にもフェノロサのいる場所はなかった。彼に与えられていたのは東京美術学校のお雇教師の職だけだった。

フェノロサは、東京美術学校で画格と美学、美術史の講義をした。英語で喋り岡倉が通訳した。生徒には評判がよくなかったような回想しかのこっていない。岡倉が東京美術学校校長心得の辞令を受け取るのを見届けたように、フェノロサは東京美術学校雇を辞めた。岡倉の校長心得辞令が、明治二三年(一八九〇)六月二七日。フェノロサの辞職が六月三〇日。

その二日前、勲三等瑞宝章を授かり、七月六日にはフェノロサはアメリカへ帰っていった。ボストン美術館にその日本美術の収集品を売り、日本美術部長の職を得る交渉は、一年前の明治二二年(一八八九)七月頃から始まっているから、日本に居づらくなって帰米したとはいえない。

フェノロサとの別れ

フェノロサと岡倉の親しい関係はここでピリオドを打った。その後、二人は三度会う機会に恵まれる。そのうちの二度は、フェノロサが新しい夫人とともに日本へやってきたときである。日本に職を求めようとし、岡倉がそれを受け合って九鬼にも求職を依頼するのだが、成功しなかった。夫人はそれを空々しい安請合いと取ったのか、岡倉に悪い印象しか持たなかったようだ。そのときは、日本に定住するつもりでいたフェノロサは、明治三〇年（一八九七）四月から三三年（一九〇〇）八月まで滞在していた。岡倉は、そのとき上司の九鬼に、帝国博物館が計画している「日本美術史」の編集スタッフにフェノロサを加えてほしいと頼む手紙を出している。この仕事は岡倉が全力を投入してなしとげたい仕事だったはずで、当時の岡倉は、そういう場面にフェノロサを期待していたのである。

岡倉とフェノロサの最後の出会いは偶然の出来事で、フェノロサが最後に日本を去って［明治三四年］から七年後、明治四一年（一九〇八）六月、岡倉はボストン美術館から帰国の途中遠回りをしてヨーロッパに渡っていたときである。パリのルーヴル美術館で二人は出会った。

フェノロサはその年の九月、旅先のロンドンで亡くなった。五五歳だった。

帰国後、岡倉は追悼談話を雑誌『太陽』に寄せた［「日本美術の恩人・故フェノロサ君」（同誌第十四巻第十四号、一九〇八年十一月）］。

同年一一月二九日、上野寛永寺でフェノロサ追悼法要が営まれた。岡倉は遺族に送る英語の追悼文を朗読した。法要のあと、精養軒で追悼会が持たれた。浜尾新、河瀬秀治、有賀長雄、フランシス・ガードナー・カーティスらが出席した。カーティスは、ガードナー夫人の従弟で、当時ボストン美術館中国日本部にいて岡倉の下で働いていた。岡倉がフェノロサとルーヴルで会った旅行に同行して日本に来ていたのだった。

3　美術史の企て

東京美術学校の授業内容

開校当初の東京美術学校の組織は、帝国博物館に比べるとずっとシンプルである。学則（総則）は、

第一条　東京美術学校ハ絵画彫刻建築及図案ノ師匠（教員若《も》クハ制作ニ従事スヘキ者）ヲ養成スル所トス

第二条　本校ニ普通科及専修科ヲ置キ普通科ヲ卒《おわ》リタル者ハ普通図画ノ教員タルニ適応スヘク又ハ教員会議ヲ以テ専修科ノ生徒ニ選挙セラルルヲ得ヘシ

とあり、建築は「当分之ヲ欠ク」として設置されなかった［建築は大正三年図案科の中に設置され、大正一二年ようやく独立した］。修業年限は、普通科二年、専修科三年。普通科は専攻分けされずに、「画格」［絵の基礎］、「図案」、「造型」、「幾何画法」、「透視画法」、「理科及数学」、「歴史」、「和漢文」、「美学及美術史」が科目として並んでいるだけである。美学及美術史は普通科二年目の科目に入っている。フェノロサの美学の講義は、一期生の甲組［成績優秀者］を対象に、明治二三年の二月から帰国の七月までに一度行なわれたきりだったろう。塩沢峯吉（大村西崖）のノートには「明治二三年第

一学期筆記」とあるが、第一期生は明治二二年二月入学で、半年後には二年生になった。二期生とは半年だけ先輩という変則の学生生活を過したのだった。一年目、フェノロサが「画格」を担当した。

普通科を卒えて教員として最初に卒業したのは三名、明治二四年（一八九一）七月だったから、彼らは二年半在学したことになる。

専修科に入ると、絵画科、彫刻科、図案科の三科に分れた。図案科は、明治二三年一〇月学校規則の整備によって「美術工芸科」と名称が変り、金工［彫金、鋳金］と漆工の三つの課程のどれかを専攻するようになった。この学校規則の改定とともに、普通科で開いていた「画格」という科目は消え、「臨画」が入る。そして「体操」が加わる。それよりも大きなことは、絵の実習が、「臨画」と「写生」と「新按」の三種類になっていることである。校長岡倉の美術教育に対する考えが煮詰ってきている。普通科の二年目には「新按」をやらせるようにしている。「新按」には「自己ノ意匠ヲ用テ画様図按ヲ作ラシム」と規則のなかに明記されている。この「新按」に岡倉の美術教育と新時代の美術への期待が籠められている。「新按」は、規則改正以前には専修科だけに課せられた課目だった。そこでは「新案」と呼ばれていた。

専修科の科目は、絵画科では、開校時と翌年の改定とを比較して列記してみると、

［開校時］	［改定後］
古画臨模（一、二年）	臨模（一、二年）
写生（一、二年）	写生（一、二年）

新案（三年通し）
美術解剖（一年）
透視画法（一年）
美学及美術史（一、二年）
歴史及古物学（一、二年）
和漢文（一年）
材料及手訣（二年）
建築術大意（二年）
建築装飾術（三年）
彫刻物彩色法（三年）

彫刻科は、
古製模造（一、二年）
写生（一、二年）
新案（三年通し）
図案（一、二年）
美術解剖（一年）

新按（三年通し）
美術解剖（一年）
美学及美術史（一年）
歴史及古物学（一、二年）
材料及手訣（二年）
建築装飾術（三年）
卒業制作（三年）

模刻（一、二年）
写生（一、二年）
新按（三年通し）
美術解剖（一年）
美学及美術史（一年）

美学及美術史（一、二年）
歴史及古物学（一、二年）
和漢文（一年）
材料及手訣（二年）
彫刻彩色法（二年）
建築術大意（二年）
建築装飾術（三年）

歴史及古物学（一、二年）
材料及手訣（二年）
彫刻彩色法（二年）
建築装飾術（三年）
卒業制作（三年）

図案科は、上段が図案科、下段が美術工芸科という対照になる。

図案（一年）
写生及古画臨模（一年）
造型（一年）
器物論（一年）
材料論（一年）
建築術大意（一年）
美学及美術史（一、二年）
和漢文（一年）

図按（一、二年）
美学及美術史（一年）
造型（金工専修のみ一、二年）
金工史（金工専修のみ一年）
冶金法（同右）
調漆法（漆工専修のみ一、二年）
漆工史（漆工専修のみ一年）
応用化学（漆工専修のみ一年）

特種工芸図案（二、三年）　　工場実習（二、三年）
工場実習（二、三年）　　卒業制作（三年）

改定とともに、「普通教育の図画教育課程」が別に定められた。

臨模
写生
新按
用器画法
数学
美学及美術史
授業法

の七科目である。

工部美術学校が西洋美術のみを教えたのに対して、東京美術学校は日本の伝統美術のみを教える国粋派の牙城であったとは誰もが知っている東京美術学校の特質である。しかし、こうして科目名を眺めていくと、国粋色はないことに気づく。「古画臨模」「金工史」「調漆法」「漆工史」ぐらいである。金工と漆工課程を置くのは開校一年後のことで、科目名には国粋色を出していない。科目という制度は、普遍的な、いいかえれば西洋の「美術」のカテゴリーに依存していたということである。それが、岡倉が以前から言っている「美術ノ大道」「美学ノ真理」なのであろう。
もちろん普遍的な装いをした科目を担当するのは、伝統絵画と工芸の担い手である。
開校当初の教師陣は、教諭が二人、
黒川真頼（歴史家、帝国博物館美術工芸部勤務、東京美術学校では和漢文と歴史及古物学担当）
橋本雅邦（狩野勝川院門下、木挽町狩野派系の画家である。臨模、新按を担当）
雇として以下の六人がいた。
アーネスト・フェノロサ（美学及美術史担当）
加納光太郎［鉄哉］（根付、木彫、その他彫刻古典技法の持ち主。彫刻担当）
藤田文蔵（工部美術学校出身、ラグーザに彫刻を学ぶ。図画取調掛雇となり、東京美術学校で造型、彫刻を担当）
川端玉章（京都円山派出身、御一新前に江戸に出て深川に画塾を開く。写生担当）
狩野友信（狩野勝川院門、木挽町狩野派系の画家。臨模担当）
結城正明（同じく勝川院門下生、銅版画もよくした。写生担当）
竹内兼五郎［久一］（仏師、象牙彫刻、木彫作家。彫刻担当）
学則改定とともに、教師陣も増強された。
校長（教授兼帝国博物館理事）岡倉覚三。
補強された教師に、加納夏雄（金工）、高村幸吉［光雲］（木彫）、巨勢小石（絵画）、上原六四郎（理科及数学）、今泉雄作（歴史及古物学、開校当初は書記だった）が教授として、雇教員には、長尾槇太郎【雨山】（漢文）、石川光明（彫刻）、後藤貞行（彫刻）、山田常吉【鬼斎】（彫刻）、小川松民（漆工）、海野勝珉（金工）、岡崎庄次郎【雪声】（鋳金）、ほかに授業法を荒井甲子三郎、用器画法を小島憲之【彼は開校当初から担当】、体操を市村衝次郎と剣持忠四郎が担当した（前出『東京美術学校の歴史』）。

制服

改定された学則のなかに「生徒ハ入学後一ケ月以内ニ自費ヲ以テ本校制定ノ服帽ヲ調整着用スヘシ」とあり、この制服は教師も生徒も全員が着るものだった。岡倉が考案した制服で生徒たちからは嫌がられていたという逸話の多い制服である。平安時代の朝廷の服式をまねたもので闕《けっ》腋袍《てきほう》と呼ばれている。東京美術学校では、教師は黒、生徒は縹《はなだ》色だった。

この制服に決定されるまでのエピソードが息子の岡倉一雄『父天心』のなかにのこされている。それによると、最初は初代校長の浜尾新が、ヨーロッパ中世の服装《コスチューム》で、ヨーロッパの大学の卒業式のときなどに着るような、ガウンに鳥の羽根をつけた帽子を冠らせる案を出したそうである。しかし、この「ハイカラな」提案は「高価につく」という理由で、岡倉の日本式（闕腋）が採用されたと一雄は書いている。浜尾案が「西洋式」だから廃案にされたとは書いていないところがおもしろい。第二次大戦の時代、米英式の方法はすべて排除しようとして、野球の用語も「ストライク」を「よし」などと言い換えさせた「国粋」と同じ「国粋」主義をこの当時の東京美術学校のありかたや岡倉覚三の思想のなかに適用して見てはいけない。

ところで、この当時の風俗としてきわめて異色、「異様」な制服【横山大観の回想『大観画談』には「世間の者が何か異様の感をもって見ていました。（中略）往来なんか歩いていると、人が奇異の目でじろじろ見廻す」とある］であるが、明治二四年（一八九一）、京都府画学校を引き継いだ京都市美術工芸学校でも同じスタイルの制服を採用している。

そのころ、東京美術学校の教師であった今泉雄作［明治二七年京都市美術工芸学校長就任］や東京美術学校第一期卒業生でその後美術学校の教師となる大村西崖や横山大観も京都市美術工芸学校の教師を勤めたり［明治二八年］しているから、東京と京都の美術学校のあいだに交流が試みられていたことは確かである。しかし、京都から東京へというのは［維新以前に江戸へ出た四条派画家川端玉章を別として］、巨勢小石しかいない。明治二〇年代は、東京からの中央集権化の波が京都におおいかぶさっていた時代だった［明治二二年（一八八九）秋、東京美術学校京都分校を作る案が出たこともある］。

大観の美校生活回想

フェノロサが第一年目に担当したのが「画格」だった。これは美術学校の基礎科目のように位置づけられ、その授業を横山大観はこんなふうに回想している。

…あれは東京教育博物館の建物を直して作った学校で、西洋館の中に三尺ぐらゐの高さの畳を敷いたところを左右につくり、その真中が歩けるやうにし、その畳の上に坐り、先生方の見てゐるところで、懸腕直筆《けんわんちょくひつ》の練習をするのが最初の課程でした。これはフェノロサの主張で、フェノロサは、この懸腕直筆を橋本先生か誰かから聞いてやったのですが、これは日本画の最も大事な基本だからといふので、姿勢を正しくして、肘をどこにもつけずに、手本に従って毎日真直ぐな縦の線、横の線、斜の線といふふうに三様の線を何百本何千本も描かされるので、みなもうあきてしまひました。

第一期入学生のなかには、芳崖に習っていた「芳崖の四天王」といわれた生徒もいた。名和吉壽［岡不崩《おかふほう》］、本多佑輔［天城］、疋田徳次郎［高屋肖哲《しょうてつ》］、岡倉覚平［秋水］の四人だが、彼らと横山秀麿［大観］ら初心者のような生徒とのあいだでは、同じ新入生とはいえ、すぐにその腕の差がはっきり現われてきた。そこで学校は臨時試験をして、上級［甲組］と下級［乙組］にクラス分けをした。

その結果、下村観山さんなどは前から絵をやってゐた人ですから、甲組になりました。芳崖の四天王などといはれてゐた者などもみな甲組に入りました。私が乙組に編入されてしまったことは勿論のことです。ところが、かう組がはっきり二つに分れ、しかも乙組は技倆が未熟である、といふことにされてしまったのですから、乙組の生徒は憤慨しました。そしていづれも発憤せずにはゐられませんでした。同志と相談して、もう一遍臨時試験を行ってもらひたいといふことを、私が代表して岡倉先生に建言しました。それが協議の結果聴き入れられ、三ケ月後に再度の試験が行はれましたが、乙組は発憤した甲斐があって、みなすぐれた成績をあげました。そこでまた甲乙の組の入替へが行はれ、私はその時甲組に入ってしまひましたが、下村君は落ちてしまひました。そのため下村君は卒業が一年遅れました。それから芳崖の四天王のうち三人くらゐは落ちたのを怒って退学してしまひました。

大観の回想である。教師と学生がぶつかり合い前進して行こうとする自由な雰囲気が生きている。

退学した一人が、岡倉覚平で、岡倉覚三の甥である。すぐに東京高等女子師範の図画教員になっていった。岡不崩も退学した一人で、東京高等師範の講師になり図画教育の道を進んでいく。本多天城は踏みとどまって、横山大観らとともに第一期卒業生となり、のちに東京美術学校の助教授の職を得た。高屋肖哲も第一期卒業生のなかに入っているから大観の三人退学というのは記憶ちがいだろう。

第一期卒業生が出たとき

明治二六年（一八九三）七月、専修科を終えた第一期の卒業生が誕生する。その前に普通科をすませて図画教員となっていった者もいるが、美術学校の全課程を修めて卒業したのは、この年が初めてである。その数は一六名だった。

専修科の卒業生が生まれる前に、明治二四年（一八九一）七月、三名の図画教員課程修了者、二五年（一八九二）一月に五名、同年七月に一四名、専修科第一期の卒業生と同時に五名の図画教員を送り出しているところに、東京美術学校のありかた、国立美術学校の教育の役割を岡倉がどう考えていたかを読みとらねばならない。


と同時に、岡倉がこのやりかたで満足していたわけではなかった。美術学校の教育体系は第一期卒業生を出すまでにも激しく変っている。校長心得になった明治二三年（一八九〇）の学則制定は一定程度の整備と考えてもいいが、二五年九月には専修科は本科と改称され、普通科は予備之課程と呼ばれるようになる。その一一月漆工科は蒔絵科と改称、同時に鋳金科、彫金科を新設、美術工芸科は消滅。また、専修科を普通科に変えたときその修業年限を四年とし、予備之課程［旧普通科］を一年とした。そのために図画教員課程という一年間の履修課程も必要となった。

生徒たちはよく混乱しなかったことだと思うが、横山大観が卒業制作に取組んでいる年、本来なら絵画科三年生であるが、本科の四年生として処理されていたわけである。

学内組織の変革はまだまだ終らない。図画教員課程は、明治二五年（一八九二）一一月廃止された。二七年（一八九四）五月には「分期教室制」を導入する。

分期教室制

明治二六年（一八九三）六月、岡倉は、東京美術学校新営費予算を超過して費《つか》ったという科で譴《とが》責処分を受けている。少ない予算を上手にやりくりしていくのは、岡倉のような考えかたの人間にはなかなか大変だったのだろう。規則などはあとから従《つ》いて出来てくるもの、という気持があるから、甲乙組に分ける試験とその対応なども生まれてくる。学校組織の改革もつぎからつぎへと手を打っていく。

明治二七年に導入した分期教室制というのは、とくに、絵画科と彫刻科に適用された教育体系で、絵画は、第一教室は古代巨勢派と土佐派、あるいは大和絵［当初は巨勢小石が主任教官になったがすぐに京都へ帰ってしまったあと、住吉派系の山名貫義が主任、第二期卒業生の下村晴三郎が助教授に任命されて引き継いだ］の勉強をする。第二教室は、室町絵画［唐絵］と江戸前期［主任教官、橋本雅邦］、第三教室が江戸後期の諸派、円山派四条派など［主任、川端玉章］という歴史の段階に対応した絵画の技法と思想を学ばせようというのだった。

彫刻も、古代［主任、竹内久一］、近世［主任、山田鬼斎］、現代［高村光雲、石川光明両主任］という分けかたをした。

自分たちの歴史のなかから新しい方向を学んで打ち出そうという考えが、はっきりと現われた教育体系である。京都府画学校は、東西南北に分けたが、これが横断的な分類だったのに対して、岡倉の分期教室制は、歴史的縦断的な体系である。

菱田春草〔当時はまだ本名の三男治を名乗っていた〕は、本科四年、つまり東京美術学校の最終学年の年、この分期教室制が敷かれたときに当った。彼は、岡倉の勧めで、玉章の円山派の教室で卒業制作に取組むことになったが、あとで雅邦の教室を選んでいる。翌年仕上げた卒業作品「寡婦と孤児」は、評価が対立して教授会では激論が交わされた。対立は、図案科の教授に就任してきた福地復一と橋本雅邦とのあいだに起って、最後には岡倉校長の裁決で最高点を得たという。

菱田春草「寡婦と孤児」
（東京藝術大学大学美術館蔵）

新しい国立美術学校案

分期教室制を実施したとき、岡倉校長は文部省に一通の意見書を提出した。日付は六月なので、分期教室制の手応えを見届けて書類を提出したという意気込みである。題して「美術教育施設ニ付意見」。

フランス、イギリス、ドイツなど外国の美術教育施設［美術学校、展覧会、美術院、美術博物館］の例を細かに参照して、日本ではなにがいま必要かと問い、五つの施設を列記する。

一、高等美術学校
二、技芸学校
三、美術院
四、地方参考館
五、国立博物館

西洋では美術を「純正美術（Pure Art）又ハ高等美術（High Art）ト工業美術（Industrial Art）（一ニ装飾美術（Decorative Art）又ハ応用美術（Applied Art）ト云フ）」の区別をするが、我国ではこの区別は無用であるといって、その上でこの五種の施設が必要だと説いていく。

工業美術［装飾美術・応用美術］は、国家にとってお金になる美術である、純正美術だけを奨励しろと言うのでは政府は耳を傾けてくれないだろうから、岡倉はこういう意見を出したという考えをする人もいるが、純正美術と工業美術、いいかえれば絵画や彫刻と工芸を一つの「美術」として考えようとするのは、岡倉の考えの奥深くに根ざした志のような一つの思想である。そのように考えることによって、「美術ノ真理／大道」［西洋美学の論理］に論拠を置きながら「日本」独自の芸術体系を構想しようとした。

高等美術学校は国立とし、専門美術家と地方技芸学校の教員を養成する。

技芸学校は地方にあって中央の補助を得ながら、地域に役立つ「美術的実業ニ従事スル者」と高等美術学校に入るべき者を養成する。この両者は緊密に連絡し合うことが大切だ。

美術院は、宮内省か文部省の管轄下に［ほんとうは美術局を置きたいと思っている岡倉だが、ここは現実を踏まえて発言している］、「全国ノ名工鉅匠《きょしょう》」を組織し「年金ヲ交付シ」「本邦美術ノ最高程度ヲ維持スル」ところ。つまり、アカデミー・フランセーズのような構想である。

次に挙げる地方参考館［地方美術館］は、中央の補助を得ながらそれぞれの地域に必要な美術工芸の分野の参考品を集め、その地域の「実業家及技芸学校」に役立てる。

そして、国立博物館［国立美術館］である。

この五つの施設の組織、学校の場合は学科と教員、施設の規模、予算額に至るまで列記している。これは、日本美術教育網の構想である。

高等美術学校は、東京と京都に置けと提案している。そして、京都の方は日本の伝統美術を中心にして、絵画科と彫刻科のほか、織物科、陶工科、七宝科を設置して東京との相違を明確にしている。東京のために絵画科彫刻科のほかに並べているのは、彫金科、鋳金科、鍛金科、漆工科、建築科で、現行の東京美術学校を発展させた形態である。

ただ、絵画科と彫刻科に決定的に新しい要素が加わっている。それは、絵画科に西洋画の教室、彫刻科に西洋彫刻の教室が立てられていることである。ここに来て、科目名が普遍的な色合いであったことが実を結んできている。現実にはそれから二年後、東京美術学校に西洋画科が新設される。

絵画科と彫刻科は、じっさいに始まったばかりの分期教室制を踏襲していて、構想の方では現実の東京美術学校が三教室なのに対して、東京高等美術学校では五教室［各教室に教授一人、助教授一人の配置］で、第一教室が「巨勢宅磨土佐等古代ヨリ中古ニ行ハレタル画派ヲ主トシタルモノ」、第二教室が「雪舟狩野等足利時代及徳川前期」、第三教室が「円山四条等徳川後期」で、この三教室はすでに東京美術学校に開設されている。「構想」の方は、さらに三教室増やされていて、合計六教室である。第四教室は「工芸図按ヲ主トシタルモノ」、第五教室は「支那画派ニシテ本邦ニ適応セルモノ」、第六教室が「西洋画派ニシテ本邦ニ適応セルモノ」なのである。西洋画のほかに、中国絵画と図案・デザインが入れてある。

この「美術教育施設ニ付意見」は役所用の提出書類の形をとっていて、一見無味だが、岡倉の美術教育に関する構想が全的に繰り拡げられた文章である。『國華』の序文を彼の美術論の総論とすればこの意見書がその各論である。

この意見書は、明治三〇年の日付を持つものがさらに二通のこっていて、そのうちの一つは『反省雑誌』［のちの『中央公論』］第一二年第七号と八号に連載されている。『反省雑誌』に出したほうは「美術教育の施設に就きて」とタイトルを少し変えているが、前半は三年前の意見書とほぼ同じで、後半に変更を加えている。三年の間にさらに想を練っていた。逆に、前半の西洋の美術施設の情況の記述数値が改まっていないのは気になる。新しい情報は努力すれば入手できただろうが、それをしていない。西洋の情況はモデルとして提示されればいいと考えていたのだろう。現実の欧米文化を闘うべき対手《あいて》と考えるより、明治の新しい日本文化を築いていくうえでの一つのモデル＝参照する対照とみなして処理する考えかたは、東京美術学校、古美術調査と帝国博物館の運営の思想に一貫している。岡倉がこの思想を脱け出すのは、ボストンへ行ってからである。

地方博物館の提言　岡倉はさらに、『反省雑誌』に書いたものとほぼ同文のものを意見書としてまとめている。こちらは意見書らしく予算を計上していたりするが、この二通と明治二七年起草の「美術教育施設」案との大きなちがいは、「地方参考館」への充実した構想である。意見書では「地方博物館」としている。

国立の東京、京都、奈良以外に、一二の地域にそれぞれ特色を生かした美術館をというのである。どれをどう選んでいくかというところに、岡倉の「日本」美術への視点が出ている。

(一)　伊勢大廟付近……神道ニ関スル物品／奈良以前ノ時代品
(二)　紀伊高野山……弘仁時代ニ関スル物品
(三)　安芸厳島……平氏時代品
(四)　陸中中尊寺……東北ノ文化ニ関スル物品／陸奥藤原時代品
(五)　相模ノ鎌倉……鎌倉時代品

(六) 筑前博多又ハ太宰府 ……｛外国交通ニ関スル物品
元寇ニ関スル物品

(七) 河内観心寺 ……南北朝時代品

(八) 四国大三島神社又ハ讃岐ニ於テ重要地 ……｛四国ノ文化ニ関スル物品
歴代ノ武器類

(九) 摂津大坂 ……｛戦国時代品
豊臣時代品

(十) 尾張名古屋 ……｛徳川時代品
地方工芸品

(十一) 加賀金沢 ……｛徳川時代品
地方工芸品

(十二) 肥後熊本 ……｛九州ノ文化ニ関スル物品
地方工芸品

下段に付けられた保存陳列すべき物品の項をみていくと明らかなように、これは、日本の美術史の時代順に並んでいる。彼は、全国規模の〈実物による美術史参考館〉を構想しているのである。日本列島全域にまたがりひろがる作品による美術史の構築、――これが、この時代、帝室博物館の理事・

美術部長でもあり東京美術学校校長でもある若き美術行政界の指揮官の夢であった。

最初に美術教育施設の新提案をした明治二七年の翌年、それに合わせるように、「美術会議設置ニ付意見」と題した文書も用意している。

美術会議の提案

これは美術局設置を諦めた岡倉が、せめて美術教育や博物館、古美術調査といった活動を統轄し連絡を持ち合える連絡会議が設置できれば、と提案している意見書である。フランスやイタリアで美術館や美術学校に計上している経費額を列挙し、彼の美術会議構想に必要な予算を計上し、フランスと比べて一九分の一、ドイツに比べて一六分の一、イタリアと比べて一四分の一しか費用はかからない、いまこれを実行しなければ「悔《くい》ヲ他日ニ遺サンノミ」と訴えて結んでいる。

内国勧業博覧会

パリやウィーンで開かれた万国博覧会をまねた国内向けの内国勧業博覧会の第一回が、内務省のもとで開かれたのは、明治一〇年（一八七七）のことである。そのとき、岡倉はまだ一四歳。とはいってもすでに東京大学の学生であったし、上野公園で開催されたこの鳴物入りの博覧会を、覚三は見に行ってるにちがいない。

第二回（明治一四年）のときも、まだ観客の一人だが、第三回は明治二三年（一八九〇）四月に開催され、その博覧会の第二部［美術］の鑑査委員を仰せ付かった。

その報告書（『第三回内国勧業博覧会審査報告』一八九一）を岡倉は書いていて、そこには、審査員という立場から、客観的に他者を説得できる言語を用いて、当代の美術［絵画・彫刻・工芸］をどう批評するかという基本姿勢を示している。結論は、博覧会運営当事者、参加者を慮ってか、手酷しさを欠いて将来への期待を示して収めている。いや、将来への期待は本音かもしれない、「美術教育施設ニ付意見」などを書き、東京美術学校を改革していこうとするのも、この審査報告のあとなのだから。

絵画を審査するとき、岡倉は四つの基準を立てるといっている。それは、「品位」、「意匠」、「技術」、「学識」である。もとより、絵画は「湊合的」に［いろんな要素が総合されて］成立しているから、それぞれを別けて論じることはできない、技術の巧拙を論ずればそれは意匠との関係で問題にするしかない。品位があるかないかを問えば、必らず意匠や技術はどうかが問題になってくる。とはいうものの、この四つを基準に全体の良し悪しを判定することが大切だ。品位というのは、「意匠及ビ技術ノ高雅卑俗の程度」のことである。意匠は「全体ノ考案、布置、結構」、技術は「用筆、用墨及び着色」で、学識というのは「故実有職」、その他絵画に関わりのある「学理上ノ智識」をいう、と説明している。

自分の批評の原理を、こんなふうに明かして語れるのは啓蒙時代ならでこそできることともいえる。しかし、啓蒙時代でも、こういう自分の方法論は隠しておいて論を進めている者がたいていである。それには二つの理由がある。方法論の原理を明かしてしまうと、自分の論の中身を見すかされてしまう危険がある場合。もう一つは、いろいろ批評をするけれど、その方法論の原理は自分でも把み切れていない場合。岡倉は、このいずれをも乗り越えていたということである。

そのつぎに、明治の二〇年間の美術界を歴史的に振返っている。わずか二三年間を、彼は三期に分けている。第一期は「破壊的ノ時期」。明治初年から六年、ウィーン万博の頃までで、旧時代の画家たちは職を失ない、西洋画と文人画が流行ったがいずれも「蕪雑《ぶざつ》」の域を出なかった。「蕪雑」、すなわち雑草のように入り乱れているばかりだったというのである。そして、古物は破壊された。

明治一〇年代を「保存的ノ時期」と呼びたい。明治一四年の第二回内国勧業博覧会と翌年の内国絵画共進会にその成果が結実していく。「頽敗ノ後ヲ受ケ、鋭意古法ノ修養ニ従事」した時期である。

第三期は「開発的ノ時期」で、「保存的ノ精神ニ背キ、更ニ新機軸ヲ出サンコトヲ求メ」ている時期である。だが、その「独立不羈ノ精神」はまだよく咲き切っていない。それが今回の博覧会の現状である。いくつかの優れた作品に「寒椿春ヲ破テ開クニ庶幾《ちか》キ」気配はある。問題は「保存」と「進取」の二傾向が統一できていないことだ。「古法ニ依テ保存シ、而シテ更ニ開達ヲ試ムル」ために必要なのはつぎの六カ条である。として、「自主ノ心」、「古法ヲ失ハザルコト」、「精神」、「技術」、「品位」、「歴史画及ビ浮世画」を挙げている。冒頭に述べた批評の基準を制作の面から説き直したというところか。最後の「歴史画及ビ浮世画」は、画題《テーマ》の問題で、歴史画のほうは『日本』新聞でも懸賞募集したりしていた。「浮世画」［浮世絵］は現代の記録画としてもっと発達してほしいといっている。

この明治美術界二三年の史的概観は、明治美術会の洋画家たちからすれば言語道断と怒る分析ではある。因みに岡倉は、この報告書の末尾に、「油絵」について触れており、「総《じ》シテ著大ノ進歩ヲナシタリ」といい、しかし、その進歩は「意匠ト技術」の面だけで「品位ト学識」がまだまだだということを忘れない。油絵における「学識」という点で岡倉が求めていたのは、「歴史画ヲ描クニハ殊ニ古実ヲ考究」することと、「人物ヲ画クニ於テモ解剖骨格ノ理ヲ研究」し「面貌ノ描法、体格ノ釣称《きんしょう》」

釣称というのはプロポーションのことである」、そして「遠近法」の研究もつけ加えている。顔の描法や身体のプロポーション、遠近法を技術の問題としていないで学識の問題としている。歴史・有職故実の研究と解剖学に関しては非常に重視していたようで、美術学校では開校時から設置していた科目である。解剖学に関しては、明治二四年（一八九一）から森鷗外に講師として来てもらっている。

「品位」と「意匠」と「技術」と「学識」の四つを基準に、油絵に対しても批評をしている岡倉であるが、この四規準のうち、作品を前に向かい合ったとき、まっさきに眼に訴えてくるものは、「意匠」である。「意匠」という言葉で岡倉が言おうとしていることは、画面の構成から現われているその作品の出来具合、形と色と線が織り成して作り上げる緊張関係、画面の各部分と全体とのつり合い、描かれているものの画面のなかでの配置、といったことである。この「意匠」で観る者を惹きつけなければ、もうその絵は見放されてしまう。とはいえ、その作品に「品位」と「学識」と「技術」がなければ、その「意匠」は訴える力を持ちえない。四つは「湊合的」に働くのだが、まっさきに訴えてくる「意匠」を研究することによって、他の要素も必然的に鍛えられるだろう。と、岡倉は、東京美術学校の教員と生徒を集めて月一回、「意匠研究会」を発足したりもしている。明治二八年のことである。毎回、画題を出して全員がその画題に取組んだ成果を見せ合い批評する集りだった。

シカゴ万博と「鳳凰殿」

一八九三年（明治二六年）シカゴで開かれたコロンブス万国博覧会には、岡倉は、早くから積極的に取り組み、明治二三年（一八九〇）その宣伝のために日本に来たガワードという特使を接待するために、向島の八百松という料亭で流水の宴を開いたことなど、岡倉という人間を伝える好逸話としてよく紹介される。招待会は成功だったかもしれないが、あとから大変な請求書が来て困ったとか、美術学校の予算を使いすぎたようなことと並んで、大人物の勲章なのである。

シカゴ博に鳳凰堂の模型を展示することが決まり、その内部装飾の製作を東京美術学校で引き受けるようにしたのも岡倉の考えである。彫刻や銅像の依嘱制作を積極的に引き受けていた。高村光雲に楠正成像を制作することを請けたとき（明治二五年）は、楠正成が乗る馬の彫刻のためにはどうしても馬の事をよく知っている彫り手が必要だという光雲の頼みに応じて後藤真行を採用した。光雲はその回想録（『光雲懐古談』一九二九、のち『木彫七十年』中央公論美術出版、一九六七）に「岡倉覚三先生といふ方は、実に物解りの好い方であって、斯《こ》ういふ場合、物事の是非の判断が迅く、そして心持ちよく人の言葉を容れられる所は大人の風がありました」と語っている。

鳳凰堂は、京都の宇治にある平等院の園池中の島に建つ阿弥陀堂である。平安時代盛期の粋を凝らしたこの建物の室内をそっくり復元しようというのだから、これはほとんど東京美術学校総力を挙げての仕事だったろう。欄間は高村光雲が彫り、障壁画や襖絵は巨勢小石、川端玉章、狩野友信のほか生徒たちが総出で描いた［下村晴三郎（観山）や横山秀麿（大観）の名前もある］。

岡倉は、この鳳凰殿の説明を英文で書いた。「The HŌ-Ō-DEN（Phoenix Hall）, An Illustrated Description of the Building Erected by the Japanese Government at the World's Columbian Exposition, Jackson Park, Chicago」という小冊子となって万博会場で配られた。

この鳳凰殿の模型は原型の復元ではない。大きさはやや小さめにした宇治の鳳凰堂の「実質的な」模造《レプリカ》だが、仏教的な要素を省いていると本文のなかで岡倉もことわっているが、室内の装飾は岡倉の監督の下に、実物とはすっかり変えられている。あの雲中供養菩薩などが再現されてはいない。東京美術学校の生徒たち総動員で描かせたものはまったく別のものである。

左翼廊は「藤原時代」の様式、右翼は「足利時代」、中堂が「徳川将軍時代」から明治維新までのそれぞれの様式で、山水や花鳥画が作られているのである。つまり、岡倉はこのシカゴ万博版「鳳凰殿《フェニックス・ホール》」を、その内部を巡ることによって、日本の美術史が体験できる空間［建物］に仕立て上げようとしたということである。説明文の冒頭で、昔から日本は鳳凰《フェニックス》の誕生の地だと考えられてきたと書いたのも、鳳凰殿という建物を「日本」の象徴としようという意図があったからであろう。鳳凰の体の各部分、つまり鳳凰の各室は、その日本の歴史の各時代を体現するという目論みである。

一個の有機体のなかにその歴史、総体が埋まっているという考えがここにあり、岡倉はそういう思いに促されて、美術史を考える。「歴史なるものは吾人の体中に存し、活動しつゝあるものなり」というのは、日本美術史の冒頭の一句である。

美術史の講義

フェノロサがアメリカへ帰ったあと、岡倉は、明治二三年度から二五年度の三年間、「美学及美術史」の講義を担当した。のこっている学生の筆記ノートをみると、「東洋美術史　大日本之部」と「泰西美術史」とあって、「美学」はない。おそらく「美学及美術史」の科目名のもと、この二つを講義したのだろう。

岡倉が東京美術学校で開いた日本美術史講義は、しばしば、日本で最初の日本美術史だといわれてきた。大正一一年版の天心全集にも、「これ恐らく邦人の講述せる最初の美術史にして」と記している。岡倉自身の原稿はのこっていなく、学生の筆記ノートをもとに再現されたものしかない。現在四種類のノートが見つかっているが、いずれもなかなか詳しい記述で岡倉の文体を彷彿させるよく出来たノートである。当時は、日本美術史の本などない時代である。この筆記ノートは講義を聴けなかった人にまわされて読まれた。『近世絵画史』を明治三六年（一九〇三）に出版した藤岡作太郎が筆写したノートなどものこっている。

日本で最初の美術史といわれる理由は、岡倉の日本美術史の組み立てかた、述べかたが西洋の方法によっているということである。岡倉以前、江戸時代の中頃から絵の歴史をまとめようという関心が興ってきている。そしてなん冊かの絵に関する歴史の書物が書かれ刊行されている［岡倉は、自分の美術史を組み立てるにあたって、それらを大いに参考にした］。しかし、それらは、明治三四年に東京の金港堂という出版社から刊行された横井時冬著『日本絵画史　全』の序文で、著者が力を籠めて書いているように、「我邦絵画の書に乏しからず」、狩野永納の『本朝画史』、菊本嘉保の『万宝全書本朝画工印伝』、新井白石の『画工便覧』、桧山義慎の『皇朝名画拾彙』、斎藤彦麿の『図画考』、谷文晁の『本朝画纂』、白井華陽の『画乗要略』、堀直格の『扶桑名画伝』、朝岡興禎の『古画備考』、古筆了仲の『扶桑画人伝』と続々と挙げることができる。「されども」と横井はいう、これらは「皆伝記にして、歴史体に絵画の発達を説明したるものなし、」「永納の本朝画史の如き、名は画史と称すれども、其体裁全く伝記なり、予がことさらに、絵画史をかきみんことを志したる所以なり」と。

つまり、「歴史体に絵画の発達を説明し」たものはなかったのだ。横井がこの本を出したときは、岡倉の十年前の講義は印刷されてはいなかったから、横井時冬は、自分が初めて「歴史体」の日本絵画史を出版するのだと、自負している。その意味での日本絵画史が民間から出版されたのはこれが初めてだったろう。政府のほうからは同じ年『稿本日本帝国美術略史』という大部な本が出版される。

岡倉も講義のなかで同様のことを言っている。「従来殆《ほとん》ど之れを研究せしものなし。本朝画史の類、二三ありと雖《いえ》ども、古書に拠りて画人の伝を列ねたるに過ぎず、其の画人各個間の関係等に至りては之れを記するの書なし」と。「画人各個間の関係」を書くこと、それが横井のいう「歴史体に発達を説明」することなのである。岡倉は、その説明を日本美術史の講義によって成し就げていたから、日本で最初の美術史という評価を得たわけである。

「日本美術史」が実現できるためには、つぎの五つの方法意識が働いていなければならない。まず、ナショナリズムである。「日本」の美術史が可能だと考えられなければ、日本美術史は不可能である。美術史を語る者がナショナリズムの旗を掲げているという意味ではなく、美術史がそれぞれ国別に成立するということを心得ているという意味でのナショナリズムである。このナショナリズムは、西洋の近代が育てた思想で、江戸時代の日本列島に住む人びとは、藩より大きい自分の国《くに》を考えることはほとんどなかった。「本朝」といういいかたのなかで、藩を超える枠を設定したが、それは国という絆を心に呼び起すほどの熱はなかった。幕末から維新へ、「一君万民」といった思想が浸透し、黒船による「外国」への目覚め、大政奉還と御一新が実現していくなかで、「日本」という絆が身体のなかに動き出していく。岡倉は、少年時代に東京にいてそんな時代の動きを受けとめ彼のナショナリズムを育てた。そして美術を「國華」といえる思想を身につけた。いいかえれば「國華」意識が日本美術史を産み出させる。

しかし、このナショナリズムは、美術史の方法論というより、美術史を書こうとする人間の社会意識に属するものである。いいかえれば生きかたの基本姿勢に関している。このナショナリズムは、生かしかた次第でウルトラ・ナショナリズムにもなるし、インターナショナリズムにもなる。しかし、ナショナルな［国家の］枠がなければ時代区分ができない。そこで、美術という分野にとって「日本」はどういう意味を持つかという問いは避けられない問いとなる。岡倉は、生涯を通して、その問題を探りつづけていく。

第二の方法意識は、美術史は個人の作家によってつくられた作品から成り立つという考えである。村松梢風の『本朝画人伝』［大正末期から昭和の初めにかかれた日本の画家の伝記小説、学問的に記述しようとする美術史とちがって人間味のある画家の姿が描かれ美術を愛好する人びとのあいだで大切に読まれた］などでも、たとえば尾形光琳の仕事が一人の天才的な作家＝光琳によって作られたように書かれているが、じっさいには「紅白梅図屛風」にしろ「燕子花《かきつばた》図屛風」にしろ、光琳という人は工房の棟梁として弟子や工人たちの指揮をとってあの屛風を作らせていたはずである。岡倉が日本美術史のなかで、個人の作家の制作のように語っている鎌倉仏師たちにしても定朝の鳳凰堂の本尊阿弥陀如来にしても、法隆寺金堂の釈迦三尊の制作者止利［鳥］にしても、同じように工房の棟梁の役割を果していたその役割の名称と考えたほうが実態をみていることになる。歌舞伎の役者と同じようなもので、陶工などもそうして清水六兵衛二代目三代目と継がれ呼ばれていく。それは〈家〉としての工房の仕事の意味が籠められていたからである。個人性はむしろ消されていたのだ。しかし、岡倉は、美術史を組み立てるに当って、作家の個人性に注目する。画派の系譜を歴史と考えるかぎり、個人性に注目する必要はなかった。その人［個人］は〈家〉の代表者であるから。画派・画人の系譜にすぎない旧時代の歴史を超えるためには、西洋の美術史［歴史］記述が備えている作品を作家個人の天才性のうちに還元する方法はどうしても必要だったのだろう。

その結果の顕著な成果として、岡倉は、個人の作家によって時代を代表させる時代区分法を試みてさえいる。日本美術史に関していえば、誰もが納得できる歴史全体をみわたした時代区分さえ確立していないころである。

第三は、美はかつては少数の有力者の所有だったが、だんだんとその享受層を拡大していく、そこに歴史があるという考え。これは歴史を民主主義《デモクラシー》の原理でとらえようとする考えであり、もちろんヨーロッパで成熟して江戸時代の後半には日本にも浸透しつつあった考えである。『國華』の序文で「将来ノ美術ハ国民ノ美術ナリ」と宣言し、それよりも早くに欧州視察旅行の帰国演説［「鑑画会に於て」］でも「美術は天地の共有なり」と言っている岡倉は、自分の履歴書にも自身の階級を「平民」と書いたデモクラシー思想の持ち主だった。それは明治の御一新を可能にした「一君万民」と「四民平等」のスローガンと岡倉の内面で響き合っていたものでもある。このデモクラシーの思想があって第四の、歴史は原因と結果の連鎖により発展していくと考える思想が生きてくる。

日本美術史は、歴史は発展するものでありそこには必らず因果関係がみられると考えることによって「歴史体」に説明することができるのである。岡倉は講義のなかで、「美術は孤立のものにあらず、一時期をなすには必らずその前代と相伴うて形をなす」といい、「系統を逐《お》うて進化し、系統を離れて亡ぶ」といっているのはこの方法意識に拠る。

これらの要素が生かされた美術史であることによって、岡倉の日本美術史講義は「本邦最初の体系的美術史」だったのである。

時代区分

この四つの要素を思想とすることができた上で、もう一つの方法論―美術の諸現象を合理的に分類することができ、そのとき、ほんとうの意味での体系的な美術史が誕生する。

この体系を支えるのは時代区分である。岡倉は時代区分の完成のためにいろいろと苦心した。どこでそれぞれの時代を分けるか。これには、明治二二年（一八八九）にやはりヨーロッパの歴史記述の方法を学んで完成した日本史『稿本國史眼』［史学会編］が非常に参考になったはずである。『稿本國史眼』は、いわば、日本の国家公認の「日本史」第一号である。明治一二年（一八七九）明治政府がわざわざイギリスの歴史学者ジョージ・G・ゼルフィ（一八二一～一八九二）に、西洋史学の方法と理論の概説書執筆を依頼し［それをゼルフィに頼みに行ったのは、岡倉とも面識のある末松謙證だった］、その本は“The Science of History”というタイトルで私費出版され一〇〇部が日本にもたらされた。日本史を執筆する任務を帯びた修史館の歴史学者たちは、この本から方法論を学んで『稿本國史眼』和装七巻本を完成させた。それは、岡倉が東京美術学校で日本美術史の講義を始める前年のことだった。岡倉の日本美術史講義録には、二種類の時代区分案が登場する。講義の冒頭にいちど、そして最後に来て、もういちど。

最初に出てくるのはつぎのような区分である。

古代	推古時代		(代表者　鳥仏師)
	天智時代		(不詳)
	天平時代		(其の大作に至りては不詳)
中古	空海時代		(代表者　空海)
	金岡時代		(代表者　金岡)
	源平時代		(代表者　巨勢、定朝)
	鎌倉時代		(代表者　運慶、光長)
近代	足利時代	東山時代	(代表者　雪舟、永徳)
		豊臣時代	
	徳川時代	元禄時代	(代表者　探幽、応挙)
		天明時代	

終りであらためて出しているのが、

- 奈良朝時代
  - 推古帝時期
  - 天智帝時期
  - 天平時期
    - 第一期
    - 第二期
- （平安朝）藤原氏時代
  - 弘仁時期
  - 藤原時期
    - 延喜時期
    - 源平時期
  - 鎌倉時期
    - 第一期
    - 第二期
- 足利氏時代
  - 東山時期
  - 豊臣時期
  - 徳川時期
    - 寛永時期
    - 寛政時期

である。

まず最初の案では、推古、天智［この二つは天皇の名前］、天平［年号で時代を代表］、空海、金岡［作者名を当てはめる］、源平［時代の有力者名］、鎌倉［支配者の所在地名］、足利、徳川［支配者名］と九つの時代に分けているが、古代＝三時代、中古＝四時代、近代＝二時代という振り分けである。古代、中古、近代と大きく時代を三分割はしたが、そこに、どんな時代を配置しどんな命名をするか、まだ手探りという感じがする。時代の名前のつけかたは、それでその時代を象徴させるのだから、とても重要である。その命名に岡倉はとても腐心している。

最初の案では、作者の個人名で時代を表わそうと努力している。推古には止利［鳥］という偉大な仏師がいるのだが、そのあとの天智、天平では作者の名前すら探し出せない。こんにちでは、平安時代初期あるいは前期と呼んでいる時代を「空海時代」と名づけている。これは注目に価する。

空海、弘法大師の仕事といえば書である。かつて小山正太郎の書は芸術ではないという主張に反論した岡倉である。しかし、彼が試みた日本最初の日本美術史のなかでは、書は扱かわれていない。晩年、東京大学で行なった「泰東巧芸史」でも書は論じていない。ボストン美術館のコレクションのなかにも書を蒐《あつ》めようとはしなかった。

美術史にも美術館のコレクションの対象にもしなかったということは、小山にあんなことをいいながら、結局、岡倉は書を芸術と認めようとしなかったのか。

空海を平安時代初期の代表者にしたのは他に適当な人物がいなかったからではなく、やはり空海に偉大な芸術家の姿を見たからだろう。東寺の彫像や東寺という寺院の建築も、空海の仕事といってもいい。空海がこの時代の文化の指導者であった説明は、日本美術史の講義のなかでかなり詳しくしている岡倉である。「空海時代」という命名を、岡倉は第二案では捨てるのだが、それは空海が書の芸術家だからという理由ではあるまい。個人の作者で時代を代表させる方法の不完全さに気づいたからである。

それにしても、岡倉はなぜ書を美術史の対象としなかったのかという疑問はのこりつづける。岡倉は、いつかは書をも扱かった美術史を完成させたいと願ってはいたと思われる。当面、彼の手に余るものだっただけではないか。というのも、帝国博物館の同僚であり、いっしょに日本美術史を書くときのチームの一員となる小杉温邨は、明治二八年（一八九五）『大日本美術史』（大八州学会刊）を書いたが、その第一巻は書の歴史〔「巻之一、書法ノ部」〕なのである。この『大日本美術史』は、巻之一を出したのみで、ついに完結しなかった。

空海時代のつぎは、伝説の画家巨勢金岡《こせのかなおか》の時代と名づけてみたりしていて、第一案の時代区分は生き生きとしている。しかし、整合性に欠けると思ったのか、第二案は、奈良朝、藤原氏〔平安朝〕、足利氏の三期に分け、さらにそれぞれを三つの時期に分け、そのうちの必要なものは前後期に分けるという方法を見せている。全体を三つに分けて与えた名称〔奈良朝、藤原氏、足利氏〕は象徴としての名づけといってもいい、第一案の「古代、中古、近代」に対応しているものである。高橋勇の筆記ノートによると、それぞれに「小乗的、密教的、大乗的」が振り当てられている。象徴的な名づけとはいえ、その時代の大きな傾向・特質を体現していると岡倉は考えていた。足利時代は、足利政権の支配した時代は短いが、足利時代に成熟した芸術［美術］の特質は徳川時代も覆うのである。「古代・中古・近代」は、彼が日本美術史の講義のあとに用意していた西洋美術史の講義の準備のために読んだ文献［たとえば Lübke の History of Art, 1874］などから学んだ概念と方法といえよう。日本美術史にそれを適応したのは、西洋の論理を日本に応用したというよりも、西洋と日本が対応し合う総合的な世界美術史の可能性を考えていたのではないだろうか。それは、もっとのちの時代の彼の行動と思索から思い当ることである。

日本美術史の諸種のテクスト

この日本美術史は、日本最初の体系的日本美術史であるから、岡倉の全集が企てられた最初から、つまり大正一一年日本美術院版以来、全集が計画されるたびに改良の試みの手が加えられて刊行されてきた。しかし、完璧に復元されたものはない。どこかに校訂者の取捨選択が入る。

昭和一九年に刊行された創元社版全集第六巻は、斎藤隆三が念入りに校訂編集した新しい版《テクスト》だったが、彼は、岡倉の日本美術史を完全なものにしようとするあまり、岡倉の史料としてのこされている草稿の「日本美術史」に関する原稿をほとんどすべて取り込んでしまった。その結果、美術学校の講義時より少しあと執筆しようとした帝国博物館で刊行する予定の日本美術史の原稿も全部「日本美術史」一本にまとめてしまうことになった。

これは、確かに岡倉天心の「日本美術史」かもしれないが、時代区分の試みひとつとってもあんなに揺れていた岡倉の日本美術史の思想の変遷は、まったく顧みられない版《テクスト》になってしまった。

その後、一九七五年に高橋勇のノートが復刻されたり（『東京藝術大学美術学部紀要』一〇号、一一号）して、一九八〇年平凡社版全集に収められた「日本美術史」［その後平凡社ライブラリーに再録］が過不足ない版《テクスト》といえるだろう。がしかし、美術学校で三年間に行なったそのあいだの変容、各年度の内容の相異などは読めない。岡倉の講義にできるだけ近いものを復元しようというなら、各年度の三種類の版《テクスト》を作る必要がある。結局平均として岡倉に近いものというなら、全体の文章・弁舌の流れは、大正一一年刊の最初の全集版には捨て難いものがある。

これは、どこまでも学生のノートの再現である。その意味では今後も新しいノートが発見される可能性もあるし、校訂の仕事はまだこれからも新しい試みを続けて行かなければならないだろう。

筆記ノートをみていると、岡倉の講義は黒板に図や表を盛んに書いたり、「カーレー曰く、事実は立体なり、歴史は線なりと」写真［幻燈］をみせたり、ときには本物の作品をもってきてみせたりしている。そういうものを再現するのは不可能に近いが、平凡社版全集で初めて復元された時代区分につけられた折れ線（本書一五二、一五三ページ）など、岡倉の日本美術史のとらえかたを言葉を超えて伝えてくれるところといえよう。

この折れ線表示は、二案ともに出て来ており、こういうとらえかたを岡倉は大切にしていたのである。生徒の写しなので正確さ精密さには疑問がのこるが、もともと大ざっぱな把握の図示である。生徒の筆記によると、その線を引きながら、岡倉はこう説明している。第一案の時代区分表のほうを引用する。

今、線を以て其の興廃を示せば則ち前表の如く、上古より漸次、推古時代に興起し、一直線に進行し、天智を過ぎ天平の盛時をなし、これより下りて空海に昇り、また金岡に上りて、少しく源平に衰え、また鎌倉に興り、足利に東山の盛時をなし、また豊臣の小時代をなし、しかして豊臣に反対せる元禄興り、天明となり、もって今日にいたる。

第二案では、線の動きにそって、もっと長い説明を加えて時代時代の特徴をつかまえている。そしてこう結論づける、「精神鋭くして観念先だつときは興起し、形体を求むるにいたれば必ず衰頽す」と。その「興廃凸凹の度」が折れ線の動きなのである。「最高点に達せしは天平、延喜、鎌倉、東山」。「その間は実に僅少にして、一旦極点に達すればたちまちにして降下す」。岡倉の、日本ではじめて〈日本の美術〉総体の動向をつかまえた、その集約をここに見てとることができる。

講義の始めのところで、「事実は立体であるが、歴史は線である」というカーライル［筆記ノートでは「カーレー」と記されている］の言葉を引用していた岡倉である。このカーライルの引用の意図は、歴史を語り書くことがいかに難しいことか、立体を線でしか表わせないのだから、というところにあったのだが、この時代区分に付せられた線は、その難しい課題と取り組んでみせた岡倉の一つの解答とも読めて興味深い。

それにしても、この岡倉の〈線〉は、早くからなんども全国の古社寺を訪ね、古美術をつぶさに見てきた体験があって書けた線である。

泰西美術史講義

日本美術史の講義にひきつづいて、岡倉は西洋美術史の講義をした。明治二三年、二四年、二五年に行なわれたことが、岡倉の日記『雪泥痕』［明治二三年一一月二五日から二四年二月二三日までの日記］や生徒の筆記ノートからわかる。日本美術史の講義のなかでも、「東洋を先にし、西洋に移り、終りに至りて現今諸家美学の大要を述べんとす」といっている。このいいかたから推して、「東洋」と呼んで日本の美術史を語っているところにもうかがえることだが、日本―東洋―西洋という領域をひとつながりのものとして見ようとする考えが底に敷かれている。

西洋美術史のほうは、岡倉は日本美術史のときのような苦労はいらない。ヨーロッパに先例となる美術史の書物がある。東京藝術大学には、東京美術学校開校時の明治二三年二四年に購入した図書の台帳があって、そこに西洋美術関係の洋書も二十冊ほど数えられる。岡倉が最も参考にしたリュプケの『美術史』二巻［W. Lübke : History of Art, 2 vols., London, 1874］もある。ボサンケによるヘーゲル『美学講義』の英訳［序部分のみ］B. Bosanquet The Introduction to Hegel's Philosophy of Fine Art, London, 1886. も購入されており、これも岡倉は読んだであろう。つまりヘーゲルの『美学』全巻を読んだのではなく、英訳された「序論」の部分を読んだであろうということである。

平凡社版全集（第八巻）で「泰西美術史ノート」と名づけられた、茶色い斑点模様の表紙の洋罫ノートには、びっしりと岡倉の勉強したあとが記録されている。そこには、Henry Balfour : Evolution of Decorative Art, London, 1893［ヘンリ・バルフォー『装飾芸術の展開』ロンドン、（一八九三）］、リュプケ、Andrews : Aryan Religion［アンドリューズ『アーリア人の宗教』］など、いくつも洋書名が記入され、要約メモが書き込まれていて、彼の勉強の跡がしのばれる。
こうした勉強を積んで講義では、まず歴史全体をみわたす時代区分を提示する。

時代区分㈠

- 古代
  - 宗教　万有論
  - 政治　専制
  - 美術
    - 表示的
    - 理想的
    - 調和的
    - （表示的・調和的）―彫刻
- 中世
  - 宗教　唯神論
  - 政治　封建
  - 美術
    - 感情的
    - 統一的
    - （感情的・統一的）―建築
- 近世
  - 宗教　実験派
  - 政治　自由
  - 美術
    - 写生
    - 変化
    - （写生・変化）―絵画

時代区分(二)

- 古代（六千年前より一千七百年前迄）
  - 埃及《エジプト》
  - 中亜細亜《アジア》
    - アッシリヤ
    - バビロニヤ
    - カルデヤ
    - 波斯《ペルシア》
  - 小亜細亜
    - フイニシヤ
    - ジユデヤ《ユダヤ》
  - 希臘《ギリシア》
  - エトラスカ
  - 羅馬《ローマ》
- 中世（一百年より一千五百年即ち千七百年前より）
  - 古基督美術（ビザンチン）
  - 亜拉比亜《アラビヤ》美術（マホメット勢ひを得）
  - ローマネスク
    - 古基督、亜拉比亜の二美術合して古基督美術に勝ちしもの。（マホメツト教より起り亜拉比亜美術を為す。欧羅巴の音楽中にもその影響あり。）

四百年前迄）　ゴシック　古基督、亜拉比亜の二美術合して亜拉比亜美術に勝ちしもの。（尖りて弓形を保ちしもの。）

近世（一千五百年即ち四百年前より今日迄）
- 十五、十六世紀、復古時代（リネイサンス或はルネッサンスと云ふ。以太利《イタリー》の地に広がる。）
- 十七世紀
- 十八世紀
- 十九世紀

ここでも二種類の時代区分がでている。この場合は、時代区分を模索しているのではない。別の角度からの時代の見かたとらえかたを提示しているのである。

時代区分㈠は、古代、中世、近世を宗教、政治体制、美術の三分野から特質づけようとする。その特色づけは宗教というより思想・哲学的特質による。古代思想を代表するのは万有論、中世は唯神論、近世は「実験派」としている。「実験派」というのは実証主義という意味である。こういう時代の大きな特色づけを、岡倉は西洋美術史の勉強から学び、日本の美術史に試みた。それがたとえば、古代＝小乗、中古＝密教、近代＝大乗などに現われている。

美術史の内部の時代区分、特色づけは、リュプケによるところが大きい［森田義之「岡倉天心の

「泰西美術史講義」の検討」（『茨城大学五浦文化研究所報』第九号、一九八二）に、リュプケと岡倉を対照比較して紹介している」。ここでは、日本美術史のときにやったような「興廃」の折れ線グラフは示していない。筆記ノートをみると、古代とくにギリシア、近世一五・一六世紀のルネサンスが詳しいので、逆にこの講述の力の入れ具合から、岡倉が西洋美術史に対してもっていた歴史観が透かしみえる。

岡倉と同時代人である［が、触れ合うことはなかった］ハンリッヒ・ヴェルフリンの著書はもちろん読んでいないから、バロック概念はない。「近世」は世紀で区分するのみで、「ロココ」といった様式概念も手中にしていない。「中世」にビザンティンがないのも、参考にしたリュプケの本がそうなのだ。

数年前のヨーロッパ旅行は、やはり、この講義に生きている。実見した作品を語るところは生き生きしている。

ルーヴルでミロのヴィーナス像を見た記録は遺っていないが、ヴィーナスについて、こんなことを言っている。

ビーナス《ママ》は愛情の神にして、女人最美の極点を表《わ》はしたるものなり。（略）其等ビーナスの像は皆裸体の美人なること知らずんばあるべからず。

蓋《けだ》し比の時代、希臘《ギリシア》国の習慣として、裸体を以て非なる有様と感ぜざりし故に、人民は多く腰に裙《も》を付け、其の上に薄き物を垂《たら》し、以て身体の美を表はすに、競争或は角力の勝利を得たるものはヲ《オ》リンパスの賞を受け、併せて其の形を写生せしめたる等の事ありて、全く体の美を示すを以て最上の風と思へり。然れども其等の風習の極点は遂に沙石を以て身体を磨き、光沢を生じて大理石の如き事を名誉となすに至れり。此等を以て顧みるも、当時代人希臘人の裸体の美を尊びしや明《あきら》かにして、ビーナス神を裸体となせしも全く此等の観念に基づきたるものなり。凡て欧羅巴《ヨーロッパ》美術の裸体は之に原因せり。

第四回内国勧業博覧会が京都で開かれたのは明治二八年(一八九五)四月、この会場に黒田清輝のフランス留学時代の作品「朝妝」が出品され、裸体画問題に発展、「朝妝」の裸婦の下半身に布を被《おお》った。岡倉はそれより四、五年早く、裸体の美的価値とその歴史・淵源について提起しているわけである。明治二二年(一八八九)一月、『国民之友』に掲載された山田美妙の小説の挿絵を渡辺省亭が描いて、裸体画を巡る論が起った。岡倉は、それを意識していたかもしれない。

岡倉は、ミケランジェロが好きだった。いろんなところで引き合いに出している。「泰西美術史」の講義でも、レオナルド・ダ・ヴィンチと二人にたっぷり時間を割いて話したようである。なかでも、ミケランジェロに費した言葉が多い。岡倉は「マイケルアンジェロ」と英語読みの発音をしている。

その絵のことを語って「マイケルアンジェロは兎に角大家なり」といい、彫刻のことを語って「此の人を除きて大家なし」と繰返している。「ダビンチの弟子バザリーの随筆」[ジョルジョ・ヴァザーリの『イタリア彫刻家画家列伝』（日本語訳では『ルネサンス画人伝』などという訳題で刊行されている）のことを指している」を見ると、ダ・ヴィンチは「画の妙は鏡上の影なり」と教えている。鏡に映った実物とほとんど区別できない出来映えが絵の妙味なのだというわけだ。「是れ真の写生主義たるや明かなり」。もっともダ・ヴィンチも自説通りのことをやってない［写生主義一点張りではなかった］と付け加えながら、岡倉はミケランジェロへ議論を向ける。ミケランジェロは、写生主義に背き、「実物の成立ちを験ずる事に力を用ゐ、主として解剖に心を尽し」たといっている。ただ、「解剖的の弊風」が過ぎる［やりすぎになってしまう］と、度を超えた誇張した「凸凹を劇しくする」だけの作品になっていく。ミケランジェロの後継者はそんなふうだと戒めることも忘れない。

ミケランジェロは絵画よりも彫刻のほうがいい。しかし、一点、その絵で「空前絶後の作」というべきものがある。ヴァティカン宮殿［システィーナ礼拝堂］の壁画「創世記」「最後の審判」である。この壁画を語るときは、じっさいに観てきた感動が洩れ出ている叙述で、「洪水の図の如き、見るに堪へぬ程なり。叫声を聞くが如し」といっている。ラファエロと比べて、やっぱりミケランジェロが上だといってるのは、岡倉の本音が出ている。写生を超えるものを、岡倉は美術に求めていた。

「バチカン宮殿を画くときにも必ず製作中は他人の此の中を窺《うかゞ》ふことを許さゞりき」と、ミケランジェロの孤独な闘いを讃えている。この姿は、中国の画家が世塵から離れて階上の画室で筆を揮う姿と彼のなかで重なり合っていたのかもしれない。

「当時の美術家は荒彫より仕上ぐる迄《まで》、敢て他人の手を借りることをなさず、自ら之れを悉《ことごと》くなせり。故に自然気力もあり勢《い》ひもありしなる可《べ》し。然《しか》るに現今、東西洋の彫刻は予め其の雛形を泥土にて作り、之れを石工或は大工に命じて大体の形を作らしめ、彫刻家は唯終りの仕上をなすを以て、其の形に於《おい》て整頓せしや知るべからざれども、其の彫刻物活気に乏しきは自然の勢ひなり。マイケルアンジェロは極めて強壮家にして又豪気の人なりき。歳六〇に至るも尚矍鑠《かくしゃく》として其の業に従事せしと云《う》ふ。前述の如く此の人の荒彫をなすときは、其の周圍に石片飛んで自体を傷《きず》つけんとするの有様ありと雖《いえ》ども、実に愉快の有様思《う》ふべし」といっている。こういう姿に岡倉は芸術家の理想像をみていた。また、一人ですべての制作過程を引きうけてこそ、その作品に「気力」と「勢い」が備わるという考えも岡倉の大切にした考えだった。そこから、美術史を彩るすべての作品を個人の作家の制作に帰してみていく方法意識が支えられている。「泰西美術史」の終りは、やや駆け足で現代のヨーロッパを眺めている。「今日の泰西美術は更に一変化をなさんとするの最中なり。古来東洋より西洋に影響を及ぼしたるは亜拉比亜《アラビア》、印度《インド》、波斯《ペルシア》、支那等なれども、近頃日本のもの之れに影響する最も多し」とジャポニズムの影響を評価し、「仏人ミレー、コローの如きは写生より写意を主唱す。実物より面白味を添ゆべしとなり。インプレッショネッス派の如きは、一見即ち真にして是《ぜ》なりとす。海も空も一見したる侭にて画くべし。細波片雲を画くを要せずと。之れ美術院の風と異なる処なり。前述のルーダンの如きも亦《また》然り」と。「美術院」というのはアカデミーのことである。ルーダンというのはロダンのこと。ロダンは彫刻の印象派だといっている。

そして、「現今欧州にては一般に一種の東洋の思想顕《あら》はれたり。之れ欧州美術上利益あるならん。

東洋に泰西の思想入りしも亦《また》利益あり。互に加味して普遍美術を形成して始めて世界美術と称すべし。特殊の点と一般の風と合したるものが即ち普遍美術なり」と結んでいる。「一種の東洋の思想顕はれたり」というのはジャポニズムやシノワズリー、そして写生より写意を尊ぶ傾向のことを指していっているのであろう。東洋には西洋の文明がどんどん入っていくが相互に文化や文明が交換され学び合い、それぞれの特殊な部分が共通のものに出来ることが大切だ。「普遍美術」という言葉がどのような美術を指しているか判り難いが、東洋と西洋が相互に排他的でないような美のありかたをいうのだろう。そういう美術のありかたが可能となったとき「世界美術」が生まれるのだといっている。まだ題目を称《とな》えただけの空文句にすぎないといえばそれまでだが、三〇歳にもならない若き指導者が、若い明治国家の美術の方向をにらみながら、このような思いを吐露していたのである。

博物館版「日本美術史」の計画

帝国博物館で九鬼隆一総長のお声がかりがあって、館の事業としての「日本美術史」編纂が決められたのは、明治二四年（一八九一）二月二〇日のことだという（『東京国立博物館百年史』一九七三）。

これは、東京美術学校で美術史の講義を始めた翌年であり、講義と帝国博物館の「日本美術史」刊行計画は、同時に進行していったと考えてよい。美術史を完成させることは、明治日本の美術事業の重要な一環だと考えていた岡倉にとって、この帝国博物館版日本美術史刊行計画は大きな比重を占めるものだった。美術学校の講義と博物館での日本美術史の編集は、その意味で岡倉覚三という機関車の活動の両輪として動いていった。

学校の講義で、「完全なる美術史を望むこと倍々《ますます》難し」といい、「然れども余が幾分か知り、幾分か聞き、又幾分か自信する所を諸君に述べんとす。其の大部分よりすれば大過なきを信ずるも、其の一部分に至りては誤謬を免る、こと能《あた》はざらん。諸君之れを諒察し、閑暇を得ば一意美術史の研究に従事し、未だ世に知られざるの大家をも発見し、其他万般美術史の材料を供して、其の大成を期せられんことを望む」といっているように、博物館の同僚と協同で日本美術史を書くことへの期待は大きかったと思われる。その執筆を引き受けてくれる仲間には、岡倉より先輩で考古、古美術、古文献に精通している黒川真頼や小杉温邨もいた。

このとき作られたものと思われる草稿類は「日本美術史編纂綱要」と名づけ平凡社版全集第四巻に収録されている。岡倉は、目次〔それ自体が時代区分である〕、写真目録、予算のメモのほか、奈良時代、天智、天平時代略年表などの草稿をのこしており、黒川真頼が書いた原稿〔天寿国繍帳や天智時代の彫刻、壁画〕、小杉温邨の書いたもの〔推古以前、推古時代、天智時代、絵因果経論など〕に手を加えたりしている。

書名についても、「日本美術史」がいいか、「日本美術略史」がいいか、「日本美術小史」か、といろいろ考えその長所欠点をメモし、「日本美術史按」という書名も考え出し、「博物館出版トシテハ余リ定見ナキニ近シ」と斥けている。結局、「最モ穏《おだや》カナルカ如《が》シ」と評価した「日本美術史要」と「日本美術史綱」のうち「日本美術史綱」を採ったようである。「日本美術史綱目録」と大書して目次を並べたメモがある。

第一章　上代
第二章　推古時代
第三章　天智時代
第四章　天平時代
第五章　弘仁時代
第六章　藤原時代
第七章　鎌倉時代
第八章　足利時代
第九章　豊臣時代
第十章　寛永時代
第十一章　寛政時代
第十二章（別冊）美術年表

支配者［天皇、幕府等］の名前と年号のどちらも使った時代区分で講義の第二案に近い。しかし、天平や藤原をさらに二つの時期に分けていないので、立体を表わす線は、この時代区分からは読み難くなっている。ともかく、天平と藤原は一つの時代としてまとめることができる、しかし徳川時代はとうてい一つにはならない、という主張がここにはでている［目次には別のプランもメモしていて、そこでは「明治初年」まで入っている」。

こうして進められた「日本美術史綱」は、「徳川時代末」までのメモがのこっているが、作業は順調に進まなかったようである。

当初の計画では、上下二巻とし、第一巻は三月に着手、一〇月には刊行、第二巻は翌二五年（一八九二）五月刊という予定。第一巻は、一五〇〇部、経営費から五、七五〇円を支出、第二巻は第一巻の売上金を充当するという計画だったそうである（『東京国立博物館百年史』）。着手してから七カ月で上巻を出してしまおうというのは、あまりにも甘い見通しだったといえよう。

中国旅行　帝国博物館から出版する計画の日本美術史は、岡倉のメモに「日本美術史綱」とあるので、こんごはこの名称で呼ぶことにしたい。この博物館版日本美術史はこれからいろいろな運命を辿り、岡倉の手も離れていくので、岡倉が関わっているあいだのこの本のことをそう呼ぶということである。「日本美術史綱」は、いわば幻の「日本美術史」である。

岡倉は、この「日本美術史綱」の各章のプランを、たとえば、

（八）天智時代

（1）印度古仏像ニ係ル考證

（2）印度希臘古仏像ニ係ル考證

（3）支那ト印度及西域トノ交通

（4）総論
（5）本時代ノ製作品及伝来形様
挿画
写真版五枚
色版二枚

とあるように、近隣の国との交流を日本美術の展開の要因として記述しようとしていた。

そのためには、現地調査が必要だと、岡倉は明治二六年（一八九三）七月、中国［当時は清《シン》国］へ調査旅行に出かけた。東京美術学校は第一回の卒業式［七月一一日］を終えたところだった。出張中の校長代理を今泉雄作に委ねて、七月一五日、新橋を汽車で発ち、翌日神戸から船で、山口へ寄って門司経由、二週間後の二八日、長崎から船で釜山へ向った。

美術学校の生徒だった早崎稉吉《こうきち》に写真撮影の技術を学ばせ、中国語の勉強もさせた［現地では、北京で三輪高三郎（当時二八歳）を通訳として雇っている］から、この旅行は早くから計画されていたのだろう。

釜山港［七月二九日］から仁川へまわって［八月一日］、翌日清に入り、海路を伝って通州に行って北京へ着いたのが、八月九日。ここで長い日を費しているが、護照、つまりヴィザが発行されるのを待っていたのだ。もちろん、そのあいだに琉璃廠だとか明十三陵だとかを精力的にまわっている。

日記がのこっていて、その旅のようすが窺える。和紙を半分に折って綴じた手製風のノートで、全部で四冊、「明治二十六年七月十一日清国出張ノ命［ア］リ」から始まって、一一月三日漢州城内に入って、天長節を祝って一杯やったと書いて終っている。

旅の行程を地図に落しておいた（巻頭地図頁参照）。北京から下って、開封から黄河を上って洛陽、西安、そして蜀に入り成都を訪ね、叙州からは揚子江下りで上海へ着いたのが一一月二八日。釜山を出てちょうど四カ月。宮内省の出張命令書には「往復共四カ月以内ニテ帰朝スヘシ」とあった。

洛陽で龍門石窟を訪ねたときは、「諸仏の《ママ》妙相忽《たちま》チニし《ママ》テ喜歓の声ヲ発セしム」と書き、「碑ニ依ルニ魏唐以来の旧様式唐初魏トスル方好カルへし　洞の裏円光等浮刻妙　残影ニ対スルモ妙言フへカス」と記して、たっぷりノートをとっている。

ノートは、片側のページから日記をつけていって、その反対側から旅行の予定表やメモ、漢詩など書きつけていっている。それがぶつかったところで、新しいノートに代るわけである。

その二冊目に、こんなメモがある。

1　Is China one nation?　［中国は単一民族か?］

a　N and S has great individuality　［北と南はそれぞれ大いに独立している］

（イ）　difference of language　［言語のちがい］

（ロ）　〃　of climate and soil　［気候風土のちがい］
（ハ）　〃　of race?　［種族のちがい？］
（ニ）　〃　manner and customs　［習俗慣習のちがい］
（ホ）　〃　of art?　［芸術のちがい？］
2　China is great when the 2 combines.　［二つが一つになるとき中国は偉大］

これは、旅から帰ってきた報告や講演で、中国には中国という通性はない、南と北はずいぶんちがうと語る、その最初の着想のメモである［岡倉は、こういうメモを、中国旅行とはかぎらない、どんなときでも思いついたり考え込んだりしたメモを、英語で書きつけている。子供のころから英語の世界にいたせいか、論理的なことは英語で考える癖が身についていたのかもしれない］。

帰国後、大日本教育会と東邦協会の共催で帰国報告をしたのを皮切りに［「支那の美術」『大日本教育会雑誌』第一四三号、『東邦協会雑誌』第一三五号、『錦巷雑綴』創刊号その他この講演は多くの新聞雑誌に紹介された］、『國華』第五十四号には「支那南北ノ区別」を執筆、宮内省には帰朝報告［「経歴書」と題して出発の日から帰国までの毎日の泊り先と旅程距離（支那里数）を書き出したもの］や「支那美術品蒐集ニ係ル意見」なども執筆した。

日記では毎日のように「夜中虫害亦眠ルヲ得ス」とか「虫毒ニ触れ終日困臥」とか「前夜臭虫多く満身総テ瘢痕アリ」と書き付けて、旅の生ま生ましさが伝わってくるが、帰国後の講演（「支那の美

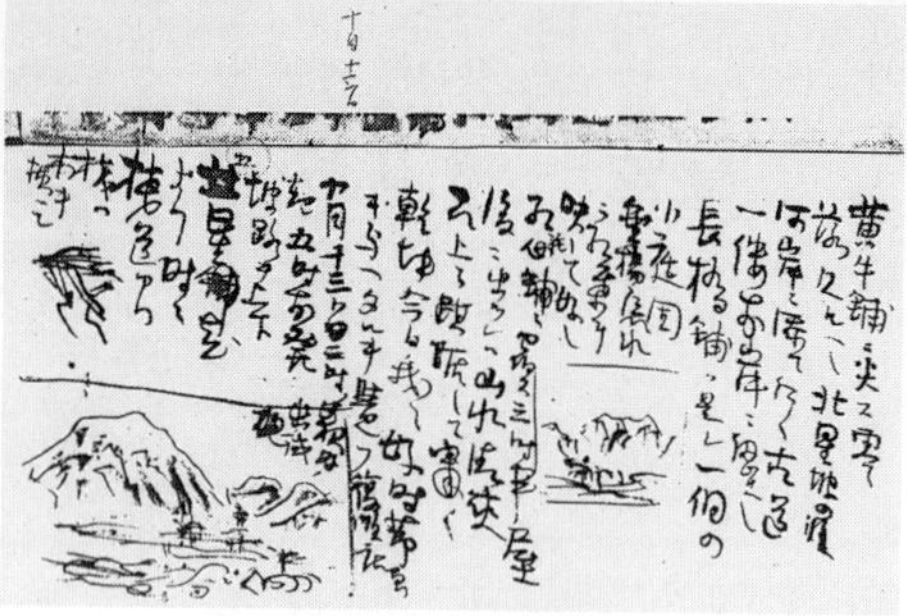

清国旅行日記の一頁

術」）は旅で見、考えたことをまだ「研究が不充分」とことわりながらも、一つの結論へ導いている。その一は、さきにも触れたように、中国は南北それぞれの特質が、風土、文化、政治、言語、人びとの体格容貌の点でも異なっている。ちょうどヨーロッパのゲルマン人種とラテン人種のちがいのようだ、「支那」＝中国という「通性」があると考えてはならない。二つめは、中国の風景や生活様式は日本よりもヨーロッパに近いということも含めて、「支那と西洋との関係」の深さ、あるいは中国が西洋に与えたものの大きさである。これはこれからの課題だ、というようなこと。

三つめが、日本と中国の関係で、こんどの調査の目的であった美術という点からいえば、とくに、「我美術は凡て《すべ》支那から来て居るやう《よ》だ、支那から来ないものはない」ということを確認した。と同時に「支那の影響は受けたにしてもそれを変化する法に依り明《あきらか》に日本の特立を證することが出来る」ことも確信したということである。

この中国旅行は、七年前のヨーロッパ・アメリカ旅行と同様、じっさいに文化を体験し美術の実態を見てきて考えることができたという点で、岡倉のなかに遺したものは大きい。『國華』に発表した二つの中国文化論、「支那古代ノ美術」（『國華』一四号、一八九〇）と旅のあとの「支那南北ノ区別」

（五四号一八九四）を比べてみると、前者が文献の引用だけの産物であるのに対して、後者はその体験に肉付けされた文体になって語られているところがよく判る。たとえば「支那古代ノ美術」は、「今仮リニ其沿革ヲ尋ヌレハ《ば》、唐虞遼漢ニシテ百工ノ迹《あと》ヲ索《もと》ムルニ由ナシ。古ニ称ス、軒猿氏ノ時史皇始メテ画ヲ造ルト」という調子である。「支那南北ノ区別」は、冒頭から「洛水ヲ渡リテ西スレハ《ば》、満地ノ斜陽総テ漢唐ノ影ニアラサ《ざ》ルナシ」と、この眼で見そこで感じたことの記述である。

岡倉が中国旅行からたくさんの収穫をもって帰ってきても、「日本美術史綱」が出来上る気配はなかった。

「日本美術史綱」の運命

明治二八年（一八九五）四月には、「古社寺保存会組織に関する決議案」が貴衆両議院を通過し、五月に内務省に古社寺保存会が設置された。会長は九鬼で、岡倉も委員を命ぜられた［古社寺保存法は明治三〇年（一八九七）六月公布される］。

同じころ、帝国奈良博物館が開館、帝国京都博物館はそれから二年後の明治三〇年（一八九七）五月に開館した。

そのあいだに、岡倉は、明治二三年（一八九〇）宮内省に設置されていた帝室技芸員選択委員にも任命され、東京美術学校の方では、西洋画科と図案科を設置することにした。当初は絵画科に日本画と西洋画の二部を置くという形で、西洋画を担当するよう岡倉に頼まれたのが黒田清輝《せいき》（一八六六〜一九二四）だった。藤島武二（一八六七〜一九四三）、岡田三郎助（一八六九〜一九三九）、久米桂一郎（一八六六〜一九三四）らが黒田によって推薦されて西洋画の教師としてやってきた。和田英作（一八七四

〜一九五九）も助教授に選ばれたがすぐに辞退し、四年次の生徒として入学し翌年西洋画科第一期卒業生となった。

図案科の方は、前年から美術学校の教師となっていた福地復一が主任教授、横山秀麿［大観］と本多祐輔［天城］という美術学校の第一期卒業生が助教授を勤めた。つまり、図案科は、日本伝統の「図案」を勉強する課程だった。

福地復一（一八六二〜一九〇九）は、明治二二年（一八八九）帝国博物館の美術部雇となり、臨時宝物取調局を兼務、二四年（一八九一）には『美術年契』という本を出版している。この本は、絵画、陶芸、七宝、染織、造園など芸術全域をジャンル分けした年表で、この時代の仕事としては先駆的である。岡倉もそんな仕事を評価して美術学校に招き図案科の主任をまかせたのだろう。もちろん、福地は実技は教えないので、その方面は横山秀麿と本多祐輔の仕事だった。だが、福地は翌年図案科の卒業生を送り出す前の四月、依願退職している。菱田春草の卒業制作をめぐる評価の対立以来、福地の反雅邦行動は眼に余るものがあって、教員会議で決議の上、「橋本氏に高村光雲、剣持庶務係を加へた三人が福地氏に迫って辞職勧告をするに至った」、それを福地は岡倉の差し金と恨み、岡倉排斥へと動いたと、横山大観は書いている（『東京朝日新聞』一九二八年九月一五日）。

そのころ、一九〇〇年にパリで開催される万国博への参加の動きが興ってきた。岡倉は、明治二九年（一八九六）一一月、パリ万博のための臨時博覧会事務局の評議員に任命された。翌三〇年（一八九七）三月には、臨時博覧会事務局から出品に関する調査を依頼されている。同じ年、このパリ万博に

「日本美術史」の書物を出品したいから編集にかかってほしいという依頼が、同じ事務局から帝国博物館にあり、博物館が編集体制を再編して受諾したのは九月のことだった。三二年（一八九九）末までに和文原稿と仏訳を完成させることにして、その体裁は、やはり上下二巻の構想だった。

- 上巻……
  - 第一部
    - 緒論
    - 上代
    - 推古
    - 天智
    - 天平
  - 第二部
    - 弘仁
    - 藤原
    - 平氏
- 下巻……第三部
  - 鎌倉
  - 足利
  - 豊臣
  - 徳川
  - 年表

という構成は「日本美術史綱」と大きなちがいはない。編集主任は、もちろん岡倉覚三、事務官執行弘道、調査官福地復一。岡倉は全巻統括監督と同時に第一部の執筆を担当、執行は第二部の担当、福地は第三部の担当だった。上野の修禅院を編輯所に借り、編集作業が始まった。

この編集体制は、発足して半年も経たないうちに崩壊し、岡倉は編集主任の座を降りねばならなくなった。

博物館理事、美術学校校長辞職

帝国博物館総長でありパリ万博のための臨時博覧会事務局副総裁だった九鬼隆一が更迭されたのは、明治三一年（一八九八）三月一六日、翌日、岡倉は、宮内大臣に「東京美術学校長と兼務では成立たず」という理由を付けて帝国博物館理事兼美術部長の辞職願を出した。

理由は形式的なものだから、じっさいのところはどんな理由があったのか判らない。五日後に受理されて理事、美術部長は免官となった。それが三月二二日だった。

その前日、「築地警醒会」を名乗る文書が関係者のあいだに郵送された。そこには、岡倉覚三なる人物は「一種奇怪ナル精神遺伝病」者で、平常は快活な態度をしてるが、異常を来すと残忍になって「獣欲ヲ発シ」「人ノ妻ヲ強姦シ」「継母ニ通ジ」、とても教育者の資格はない。美術学校で教えている内容も「怪物的図画」で、一方、お金持に取入って、楠公の銅像や西郷隆盛像を学校で作らせその収益で私腹を肥やし、教員たちには教場で自分の仕事を好きなようにやらせ、その材料は全部学校のものを使わせ放題、授業は放り出して制作ばかりしているから学生も怠け、卒業生で一人前の者はいない仕末、「此ノ如キ不良ノ人物ヲ美術教育ノ要任ニ当ラシメ幾万ノ国財ヲ費シテ有為ノ青年ヲシテ尽《ことごと》ク魔道ニ陥ラシム」といったことが書き連ねられていた。

この怪文書は出回る前に岡倉はもう読んでいるか知っているかして、福地を批難する発言もしている。この文書だけで、博物館理事や美術学校校長の職を退かねばならないほどの圧力にはならないだろうが、この文書を契機に辞めるところまで追い込む決定的な力を働かせる要因があったにちがいない。

九鬼—岡倉ラインを追放して美術行政の主導権をとろうとする動きが、どの程度組織的なものだったのか。結果は、九鬼—岡倉に代るほどの実力を発揮した指導者は博物館にも美術学校にも出てこなかった。『萬朝報』には伊藤巳代治らの博物館乗っ取りの企てを伝えている［三月二三日］が、岡倉を失脚させる主謀者だったといわれる福地復一も大村西崖も、岡倉の抜けたあとを引き受ける地位には就けていない。そんなところから見ても、この追放運動は、そんなに組織的なものではなかったのだろう。

松本清張はこのあたりの政治的な策謀を解き明そうと手に入るかぎりの史料を使って探っている（『岡倉天心　その内なる敵』新潮社、一九八四年）が、切れ味のいい解決は、この推理小説の名手にもできなかったようだ。

怪文書は、岡倉が「獣欲」の持ち主で継母とまで通じていたと誹謗しているが、なぜか、そのとき岡倉を最も悩ませていた前九鬼隆一男爵夫人星崎波津子との関係は暴いていない。そのころ、岡倉と福井から出てきていた異母姪になる八杉貞とのあいだに男の子が生まれている。明治一八年（一八八九五）七月一日。一雄とは一四歳年下、高麗子とは一一歳ちがう。岡倉にとっては次男だが、三郎と名づけられた。和田家に入籍され、養育は、貞と結婚した早崎稉吉、のちには剣持忠四郎に委ねられ、東大医学部を出て精神科医となった。

波津と岡倉の関係に耐えかねた基子は子供を連れて家を出ていった。岡倉自身は睡眠薬に溺れる日が続いていたと、当時日本に来て岡倉の就職斡旋に期待していたフェノロサの妻メアリーが日記に書いている（村形、前出書下巻）。

三月二六日に校長を降りる辞表を提出、二九日、「校長非職」となった。「日本美術史」をみんなで完成させる夢は潰れ、明治国家の若き指揮官の任務は解かれた。岡倉覚三は満三五歳になったばかりだった。

第三章　彷徨える指導者

1　日本美術院創立

「非職」の前後

「非職」というのは、官吏の地位はそのままで実際の職務を免ぜられることをいう。ということは、岡倉は校長の職は引いたが、文部官僚としての地位は喪っていないわけである。非職の辞令が出た前日の三月二八日に、文部省は岡倉に、一級棒として給与二五〇〇円を支給する辞令を出している。それまでは二級棒だったから、地位と給与は上った。そして翌日「非職」である。

職務を解かれた岡倉は、基子との和解もなり、娘高麗子を連れて、千葉の房総半島へ旅立った。田舎へ引きこもる、とフェノロサの手紙にいっている。

三月一七日、岡倉が帝国博物館美術部長・理事の辞表を提出したとき、博物館の工芸部長だった久保田鼎も辞表を出そうとしたが、岡倉が止めさせたと『讀賣新聞』が報じている［記事掲載は三月二十一日］。

この久保田鼎が、一週間後、福地たちが書いた「築地警醒会」の文書の波紋を慮り、岡倉に、このさい潔く美術学校長の職をも辞したほうがいいと説得したという。久保田は、岡倉が抜け、福地が編集主任に就くパリ万博用の「日本美術史」の編纂統括事務補助の任に当り、高嶺秀夫の後任として美術学校長心得となった。一〇年後の明治四一年（一九〇八）には奈良帝室博物館長に収まる。

久保田が岡倉に校長辞職を勧めた日［三月二十五日］、東京美術学校の教員たちがそれを察知して集まり、翌二六日、連袂辞職の誓約書を作った。

同じ日、岡倉は辞職を決意し、教員諸氏を集め自分は去るが君たちは残れと演説した。

二八日、岡倉は、西園寺公望文部大臣宛辞表を提出、この日以来、教員たちの欠勤が始まり、後任校長となった高嶺秀夫はなんにんかの教授の家を訪ね回ったが、不在とか病気とかいわれて面会を断わられた［三〇日］。

四月に入って文部省の教員への復校工作が続き、六日、橋本雅邦らは辞表を提出。連袂辞職声明書を作成した。作成はしたが公表は時機を見てということになった。

新聞［『讀賣新聞』、『萬朝報』、『時事新報』など］は、連日、この「美術学校騒動」の成り行きを報道した。とくに、讀賣の記者である関如来は、自身帝国博物館の嘱託でもあったから、報道には熱がこもっていた。

連袂辞職が意味するもの

築地警醒会の文書に、美術学校の「教授助教授等ハ各自ノ教場ニ私ノ仕事ヲ携《たずさ》へ来リ地金顔料等悉ク学校ノ材料ヲ使用シテ終日授業ヲ放却シテ」いると非難しているが、これなど、岡倉にいわせれば、これこそが東京美術学校の教育方針なのである。

高村光雲が美術学校の教師を依頼されたとき、岡倉は「多くの生徒に就くことなどが鬱陶《うっとう》しいなら、生徒に接しなくとも好いのです」といわれたと回想している。「あなたがお宅の仕事場でやってゐられることを学校へ来てやって下さい。学校を一つの仕事場と思って……つまり、お宅の仕事場を学校へ移したといふ風に考へて下すって好いのでそれであなたの仕事を生徒が見学すれば好《い》いのです。一々生徒に教へる必要はないので、生徒はあなたの仕事の運びを見てゐれば好いわけで、それが取りも直さず、あなたが生徒を教へることになるのです」

これが、岡倉の美術教育の基本方針であり原像だった。いいかえれば、工房の現場を学校という空間に蘇らせること、徒弟制度の生きかたを近代教育空間に投げこむことだった。

怪文書は、その矛盾を衝き、非難の対象としたわけである。

美術学校の教員たちは、美術学校が抱えているそんな問題が岡倉校長を辞職に追いやっているとは考えていなかったかもしれない。

岡倉先生が辞めるのならわれわれも辞める、という意気と勢いが彼らを唆す。

三四名が辞表を提出したあと、その声明書が公開された。六日の日付で公表は四月一四日だったが

［原文には句読点がないので、それに相当する箇所を一字空けて読み易さを図った］。

謹啓
曩《さき》ニ本員等一同東京美術学校教官辞任ノ表ヲ呈出候ニ就テハ種々本員等ノ行動ヲ非議スルモノ有之趣畢竟《ひっきょう》ハ未タ所思ノ貫徹セザルノ致ス所ト存候　依《よっ》テ一同辞任ノ理由概略左ニ開陳可仕候《かいちんつかまつるべくそうろう》
今回本員等ガ一同辞任ノ理由ト可申《もうすべき》ハ第一岡倉［旧］校長ニ対スル文部省当局者ノ失体ヲ憤慨セシニ基キ候次第ニ有之　自然此間ノ真消息ニ就テハ既ニ御承知ノ事モ可有之ト存候得共固ト今回美術界紛擾《ふんじょう》ノ素因タル正々堂々タル主義ト主義トノ公闘ニハ無之陋劣猥瑣《ろうれつわいさ》人身上ノ攻撃ヲ逞フシテ岡倉旧校長ヲ排擠《はいせき》セントシタル訳ニテ其挙措《きょそ》タル固ヨリ士君子ノ共ニ歯スルヲ耻《はず》ツル所ニ候　左《さ》レバ文部当局者モ攻撃ノ当初ニ於テハ特ニ岡倉旧校長ニ対シ同情ヲ表スルヿ《こと》極メテ深ク如何ナル弁難攻撃アルモ愈黽勉《いよいよべんべん》其職責ヲ尽サレタシト的確ナル言命有之候　然ルモ此命アリテ後未ダ一旬ヲ経過セサルニ当リ俄然岡倉旧校長ニ向ヒ免官ノ内命相達シ候　而シテ其故ハ彼ノ人身攻撃有之到底其職ヲ奉セシムル能ハズト云フニ有之　既ニ後任者ノ内定サヘ終レリトノ事ニ候　此ノ厭《いと》フベキ報ニ接シタル者誰カ寒心致サザルベキ　初メニハ人身攻撃取ルニ足ラザル故ヲ以テ旧校長ヲ慰藉《いしゃ》シ其舌根未ダ乾カザルニ復《また》人身攻撃ノ故ヲ以テ俄然免官ノ内命ヲ下セリ　本員等日夕旧校長ノ恩遇ニ沐《もく》セシ者豈此ノ文部ノ失体ヲ抽手《しゅうしゅ》傍観シテ晏然其職ニ服サレルベク候哉　抑モ岡倉旧校長ト本員等トハ倶《とも》ニ與《とも》ニ至大至重ナル美術教育ノ光栄ト信任トヲ負荷シ拮据励精《きっきょれいせい》其職責ヲ竭セル者ニ有之　特ニ旧校長ハ鋭意美術教育ニ尽瘁《じんすい》セルヿ十年一日ノ如ク初メテ今日ノ階梯《かいてい》ヲ作リタル次第ニテ東京美術学校ハ実ニ旧校長ノ創設ニ係レリト云フモ誣言ニハ無之候　故ニ若シ旧校長及ヒ本員等ノ執ル所ノ方針ニシ

テ到底今日ノ美術教育ニ不可ナリトノ点アラバ宜シク其点ヲ表白シ若シ罪過ノ以テ之ヲ退クルニ足ルモノ有之候ハバ直《ただち》ニ其職ヲ免スルモ誰カ其非ヲ唱フルモノ有之候ベキ　然ルニ顕著ナル功労アルモ未ダ毛頭之ヲ問フノ罪ナキノミナラズ文部当局ト雖《いえど》モ全然美術教育ニ関スル一定ノ主義方針ハ曾テ無之専ラ岡倉旧校長ニ一任シテ之カ施設ヲ講セシメ漸ク実行ノ端緒ヲ開キ未ダ其功果ノ如何ヲ認識スル能ハザル今日ニ当リテ俄然無識ニモ人身攻撃ノ百出セル故ヲ以テ岡倉旧校長ノ職ヲ奪フニ至リテハ文部当局者ハ旧校長カ《が》十年ノ苦心功績ヲ没却シ併セテ美術教育ヲ無視セル者ト断セザル可カラザル始末ニ御坐候　斯ノ如キ当局ノ下ニアル本員等亦焉《いずく》ンゾ其職ヲ守ルコトヲ得ベキヤ　是レ実ニ本員等ガ袂ヲ連子《ね》テ辞職スルノ已《やむ》ヲ得サ《ざ》ルニ至リシ所以ニ御坐候　匆々《そうそう》敬具

明治卅一年四月六日

橋本雅邦　新納忠之介
川端玉章　関　保之介
竹内久一　寺崎広業
石川光明　小堀桂三郎
海野勝珉　海野美盛
山田鬼斎　西郷　規
岡崎雪声　横山秀麿

川崎千虎　　岡部覚弥
川ノ辺一朝　本多祐輔
金井清吉　　桜岡三四郎
向井繁太郎　沼田勇次郎
杉浦瀧次郎　山田敬中
剣持忠四郎　後藤貞行
六角注多良　菱田三男治
下村晴三郎　橋本市蔵
　　　　　　桜井正次
　　　　　　藤本万作
　　　　　　林　美雲

彼らが怒ってるのは文部省当局の役人根性に対してだ。

どういうわけか、ここには高村光雲の名前がない。そして、三三名である。が、高村光雲もまた辞表を提出した一人であり、当初の総勢は三四人であった。

辞職撤回者と貫徹者

いっきょに三四人の教員が辞表を出したのは、突然ストライキに入ったのと同然の圧力を発揮したはずである［横山大観は、自分もそれに参加した一人として、「明治三十年の春、有名な美術学校教職員の総ストライキ」といっている（前出、『東京朝日新聞』）〕。文部省は、ただちに女子師範の校長高嶺秀夫を後任に充《あ》て、辞表組の撤回説得にも動き出した。

四月一五日、これは辞職声明書公表の翌日、当局の慰留工作に応じて一二名の教員が辞表を引っ込め、弁明書を出した。それを受けて、一九日、橋本雅邦以下二三名が、この弱腰日和主義者を難ずる「弁妄」という文書を配布した。「弁妄」を全文引用すると、一二名の名前と弁明書の内容もそのなかに入っている。

東京美術学校職員一同辞表提出ノ一事ハ既ニ社会公衆ノ認識スル所ニシテ文部当局者及ヒ新任校長高嶺秀夫氏が留任勧告頻《しきり》ナリシニモ係《かかわ》ハラズ断然之ヲ拒絶シ其初一念ヲ貫徹セントセシモ亦同ジク社会ノ知悉《ししつ》スル所タリ　然レトモ其総辞職ノ理由如何ニ至リテハ未タ明瞭ナラザリシヲ以テ教職辞任ノ決心アルモノ即チ

橋本雅邦　高村光雲〔以下略、光雲が入って総勢三四名の名前が並んでいる〕ノ三四名ハ本月六日ヲ以テ谷中大泉寺ニ会シ総辞職理由書発表ノ事ヲ決議シタリ　当日高村光雲　山田鬼斎其他諸氏ハ最も有力ナル発議者ニシテ起草委員三名即チ桜岡三四郎　剣持忠四郎　六角注多良ノ三氏ヲ撰ンテ凡テヲ一任シ時機ヲ見テ世間ニ発表スル事トナシタリ　是ニ於テ委員ハ去ル一四日全部委員寺崎広業　横山秀麿　西郷規　新納忠之介ノ四氏と併セテ七名ト相会シ遂ニ当日ヲ以テ之ヲ生徒父兄保証人及ビ社界一般に発表スル事トナシタリ　然ルニ此ノ理由書ノ各所ニ到達スルヤ当初総辞職決議ノ強硬者中ノ最強硬者タリシ高村光雲　岡崎雪声　竹内久一　山田鬼斎　海野美盛ノ五氏ヲ始メ川端玉章石川光明　海野勝珉　川ノ辺一朝　金井清吉　向井繁太郎　藤本万作ノ七氏ハ之カ発表ヲ見シヤ否ヤ己レ自ラ発表ノ発頭人タリシニ係ハラズ翌十五日ノ新聞ヲ以テ左ノ如キ文字ヲ世間ニ公告シタリ

　何人ノ所為ニヤ昨今自分等東京美術学校教職辞任ノ理由ナルモノヲ製シ自分等ノ名儀ヲ以テ該校生徒保証人又ハ各新聞社等へ配布セル者アリ　右ハ自分等ノ意志ニ非ザルノミナラズ自分等既ニ自ラ悟ル所アリ過日来其筋ニ請テ辞表却下ヲ求メ今般聴許ヲ得テ断然留任ニ決セリ　方今蜚語紛々ノ際或ハ生徒及ヒ其父兄ヲ惑ハサンヿヲ恐レ特ニ此ニ告白ス

コレ果シテ何ノ意ニ出テシモノゾ　我々ハ諸氏カ如何ニ自ラ悟ル所アリシカヲ知ラス　又自ラ其筋ニ叩頭《こうとう》シテ辞表却下ヲ出願スルニ至リシヤノ真意ヲ解セズ　然レトモ固《も》ト此ノ理由書ナルモノハ公明正大諸氏カ決議ヲ経テ之ヲ決行スルニ至リシモノニシテ徒ラニ我々ガ専断以テ諸氏ノ名義ヲ濫用シタルニ非ズ　然ルニ之ヲ以テ何人ノ所為《しょい》ニ出テシカト為シ又自分等ノ意志ニアラズト云ヒ公然自己ノ名ヲ署シテ世間ニ告白スルニ至リテハ如何ニ蜚語紛々ノ際ト云フト雖トモ諸氏ハ自己ノ良心ニ問フテ更ニ耻《はづ》ツル所ナキカ　思フニ以上拾《ママ》二名ノ教授助教授諸氏ハ当初一同ノ決議ヲ無視シ我々一同ヲ売《うり》テ恬然顧ミザルモノト謂ハザルベカラズ

右辞職理由書発表ニ関スル次第ヲ明記シ以上十二名ノ諸氏カ豹変ノ甚シキヲ告白シ併セテ今後ノ戒

心ヲ促スヿ然リ

署名は、三四名のうちの翻意を告白した一二名を除く二二名が連記されている。この二二名から、さらに五名が抜け、最後まで辞職を貫いたのは一七名だった。

予備ノ課程　西郷孤月　絵画　助教授
　新納忠之介　彫刻　助教授
　菱田春草　絵画　嘱託教員
日本画科　橋本雅邦　教授
　下村観山　助教授
　寺崎広業　助教授
　小堀桂三郎　助教授
　山田敬中　嘱託教授
図案科　川崎千虎　図案法美術史教授
　横山大観　助教授
美術工芸科　岡部覚弥　彫金　助教授
　桜井正次　鍛金　嘱託教員

桜岡三四郎　鋳金　助教授
六角紫水　漆工　助教授
関保之介　考古学　助教授
後藤貞行　美術解剖彫造手訣　嘱託教員
剣持忠四郎　体操　助教授

美校騒動といわれて世間を騒がした事件も、こうして収束していった。

美校騒動の遠因と近因

『早稲田文学』八号（一八九八年五月）に、明治三一年前半の美術界を振り返って、この美術学校騒動の原因を分析している。といっても『讀賣新聞』に載った「黒白生」の「美術界近年の解剖」を転載しているだけなのだが、それによると、「遠因」は、九鬼―岡倉ラインが美術界に占めている権力に対する不平と反感で、岡倉が副会頭をしている日本絵画協会と校長をしている東京美術学校に対する不満がつのっていたところにある。「近因」は、明治三〇年（一八九七）の秋の絵画協会共進会の審査とパリ万博の出品撰択で、いずれも岡倉の「指揮せし」「青年画家」が多数を占めたところにある。その不満が、九鬼氏が博覧会副総裁を免官になったことを「導火線」として一気に爆発したというのである。尾形月耕、梶田半古、鈴木華邨、水野年方らが末松謙澄を会頭に推し立てて設立した日本画会［明治三〇年十二月］などは、岡倉の「独断的支配」に不満をもって結成された団体だと『報知新聞』などが伝えている［明治三一年三月二六日］。この画家たちは、その後日本美術院が設立されると参加していくのだから、こうした動きは、岡倉が窮地に立ったときそっぽを向いているくらいの力としてしか働いていない。

『早稲田文学』は、つづいて、美術家が「党派を組み、陰謀を企て、排擠を」（『國民』）するなどそもそも問題だ、「今日の美術家の品性徳行上の欠陥」（『太陽』）がそこで露出したとしたら情けない、と論評している。政治と美術とを分け、美術はもっと純粋な精神の世界の営みなのであるから、美術家はそれなりに品性のある行動をすべきだという考えが定着していることを物語る記事である。岡倉は、早くに「美術ノ奨励ヲ論ス」などで、美術家をもっと尊敬をもった扱いをする社会が来ることを要望していたが、そういう社会意識は一定程度出来上りつつあった。それが、岡倉たちの行動を批難する形で現われた言説のなかに認められるとは、皮肉な話ではある。

酒と芸術

岡倉は、ことあるごとに生徒たちや教員と大酒を煽り、高歌放吟し女郎屋へ走ったが、酒が呑めなかった自分は、そのせいで岡倉から疎まれ喧嘩をするはめになった、という回想を大村西崖がしているが、こうした狼藉振りが芸術家の特権であり芸術家になるための条件のように考える風習は、近代が培ったものである。そうした行動と、『早稲田文学』がとりあげている目に余る「品性」の問題とは、かんたんに短絡する。

もちろん、ストライキを打つという行動自体、美術家の「品性」に関わるという当時の常識が底にある。それが、怪文書に指摘された「女」の問題、公私の区別がつかないような行動と重なって増幅している。酒を呑み女を求め放吟するのは、どこまでも芸術に生きる人間の個の内面の要求であり、それが個の内部にとどまるうちは、「品性」の問題にはならない。「品性」は社会的な価値である。そして、この個の内面的な行為は人間がいやおうなく社会的な存在であるかぎり、かんたんに逆転する。じつは、芸術作品というのは、この逆転関係の均衡の上に成立するものなのだ。

芸術家の個の内面に発見された価値を、絵画なら絵画という場面に、一つの共同性・社会性をもった画面へと変換したものが〈作品〉なのである。

酒を呷り高歌放吟し侃々諤々《かんかんがくがく》の議論をして女郎屋に走る行為は、そのとき、一つの作品の誕生の経過を体験する行為と重なっている。それは形にならない作品を、言葉にならない詩句の感動をひたすら追い求めていくのに似て、底まで辿りついてまた浮上し、また底へ向う。

酒と女を抜いて、岡倉覚三の生活はありえなかった。

芸術家の品性と作品の品位

酒を呑みほし女を求めるのがどこまでも内面の問題として処理されているかぎり、「品性」の問題にはならないのだが、作品には作品としての「品性」がある。岡倉は、それを「品位」と呼んで、批評の基準の一つとして挙げてさえいた。「品位」を「気格」といいかえてみると、個人の「品性」と作品の「気格」は同次元において論じる必要性がないかのようにみえる。しかし、芸術家の品性・品位は、個人の内面に処理されているかぎり問題にしなくていいとしても、作品の品位・気格はつねに人の眼に晒されている。そういう品位をみつめられている作品を制作するのは、品位を内面の個的な問題として隠していてもかまわない一人の人間・芸術家である。だが、芸術作品は、不思議でかつ不気味な生きものである。作者の人柄や個性を作者はその作品に塗り込もうなどとまったく考えてもいないのに、その作品は、作者の人柄や個性、つまり品性をちゃんと表出している。

岡倉はそのことをじゅうぶん承知して「品位」といっている。自分の言葉がブーメランのように自分へ向ってきたのが、明治三一年春の岡倉覚三であった。

日本美術院創立

黒田清輝が東京美術学校の教授に任ぜられるのは、辞職［結果としては免職］組が引いていったのちの明治三一年（一八九八）四月である。同時に、荒木寛畝（一八三一〜一九一五）が、橋本雅邦の後任として教授になった。

同じ年の六月、高村光雲らと辞表を撤回した岡崎雪声が依願退職している。いちど留任したのは、鋳造の主任として制作にかかっていた西郷隆盛像を片づけるためで、その処置が済むと再び辞表を出したのである［西郷隆盛像が銅像となって完成して、除幕式が行なわれたのは、その年の一二月一八日だった。この像は、木造原型を高村光雲が制作し、岡崎雪声が銅像に鋳る過程を手がけたのである］。

そして七月、創立宣言をした日本美術院の建物を新築する土地に、岡崎雪声が自分の所有地を無償で提供している。それが、谷中初音町である。横山大観は、岡崎雪声を「岡倉先生に殉じてやめた人」の一人に数えている（前出『大観画談』）。同じ敷地に、木村武山、西郷孤月、下村観山、寺崎広業、菱田春草、横山大観らが住んで、八軒屋と呼ばれた。

はじめのころは私立の美術学校をつくろうという動きもあったようだが、辞職騒ぎから四カ月と経たない七月一日、橋本雅邦を主幹に評議員長岡倉覚三、評議員・橋本雅邦、岡崎雪声、六角紫水、寺崎広業、西郷孤月、横山大観、岡部覚弥、菱田春草、剣持忠四郎（幹事）という陣容で設立宣言を発した。名誉賛助会員には、二条基弘、近衛篤麿、谷干城、川上操六、徳富蘇峰、志賀重昂、田口卯吉といった名士著名人のほか、フェノロサ、ブリンクリー、設立資金に一万円を送ってきたビゲローら四十余名が並んで、七日には芝紅葉館で開院披露式を開催、「日本美術院創設の旨趣」を列席者に配布した。この「旨趣」は一〇月に創刊された日本美術院の機関誌『日本美術』一号に掲載された。

日本の美術を大成させるために、「偏倚」しない［偏向性のない］、「羈束」のない［拘束しない］美術制作と研究をする同志の集まりとし、その事業は、「絵画彫刻を首とし、建築装飾より以て彫金鍛金鋳金漆工窯工刺繡写真彫版等、諸般の美術工芸に関する図案及び其実技を包有」するといっている。そして、施設は、「研究部、製《ママ》作部、展覧部」の三つを立てるとしている。

現実にすぐ着手できないことも謳《うた》い上げている。宣言とはそんなものだとすましてはいけないのかもしれない。「偏倚」しないとは、どういうつもりでいっているのか。その路線は、東京美術学校の延長で、日本美術協会［守旧派と呼ばれた日本画家の団体］や明治美術会［工部美術学校以来の洋画家たちの集まり］をも排除する方向をとっていたことはいうまでもない。開設記念の第一回日本絵画協会絵画共進会では白馬会［黒田清輝らが新たに組織した洋画家集団］と共催したから、「偏倚」の垣根はとりはずしている、などとはいえたものではない。

この「旨趣」の文言に光を当てて、そこに新生日本美術院の理想を読んで岡倉やそれに「殉じて」

美術学校を辞職した画家たちの心意気を単純に讃えているわけにはいかない。こういう「旨趣」が謳い上げた方向と現実との落差を、これからの岡倉は歩いて行かねばならない。

この「旨趣」は、塩田力蔵が筆を執った。美術学校の事務手伝いのようなことをしていた塩田は、岡倉の書生でもあった。日本美術院発足の機会に筆を揮い、『日本美術』の編集に携わるようになる。のちには、『陶磁工芸の研究』（アルス、一九二七）、『東洋絵具考』（アトリエ社、一九三七）、『説瓷新註支那陶磁』（許之衡著の邦訳、第一書房、一九四一）、『陶磁用語辞典』（雄山閣、一九四七）などの著述をのこした。

日本美術院は、明治三一年（一八九八）誕生して明治四〇年にはほとんど活動はできなくなっていたが、その一〇年、さまざまな起伏を経験するなかから、下村観山、横山大観、菱田春草といった若い画家が成育していった。菱田春草は、この日本美術院の一〇年の歴史とともに生きて死んでいったといっていいほどである。その初期日本美術院は画家だけでなく、塩田のような民間研究者も育てていた。

始動する日本美術院

八月に岡崎雪声の所有地、谷中初音町で始まった工事は一〇月に完成し、新築の日本美術院で、第五回日本絵画協会展覧会が開かれた。日本美術院の第一回展と銘打って開けなかったところに、日本美術院がいかに性急に準備されたかを物語っている。美術院正会員の若い画家たちだけでは展覧会を開く力がなかったことと、この若い画家たちを社会に認知させる場を設定するために、日本絵画協会を活用する必要があったといいかえてもいい。

その企図は成功し、この展覧会で銀賞を得た横山大観の「屈原」は、この青年画家を「日本画新派の勇」へと持ち上げる道を開いた。

一方で「怪物画」だとか「お化け絵の本家本元」（綱島梁川「東京美術院派評判記」）とかいわれながら、そういわれることが、新時代を拓く新しい絵画として注目されたのである。大観は、いっきょにその新派の先頭を走ることになる。

綱島梁川は、日本美術院開設後三年目の明治三四年（一九〇一）、こんなふうに言っている。「今までの日本絵に慣れた眼から見ると、お化絵に違いない。しかし予輩は此のお化絵に尠《すくな》からぬ趣味を感じてゐる。未来の新様式が或《あるい》はこのお化絵の中から飛び出すかも知れぬ」、「今の邦画壇は、極めて切にお化絵を要してゐる。二十世紀といふ意味の多い舞台になって、相変らずの紋切形の狩野や四条でもなからう」（『梁川文集』日高有隣堂、一九〇五）

絵の内容――主題や技法についてはほとんどなにもいっていないのだが、その印象から、新時代の絵を予感している。梁川のこの予感は的中した。

大観「屈原」をめぐって

「屈原」は、楚の国の重臣でありながら同僚の讒言《ざんげん》によって追放され、その楚が敵の手に陥《おち》たのを聞いて悲憤のあまり汨羅《べきら》の淵に身を投げた中国古代の伝説的な人物であり、その姿に官界を逐われた岡倉を重ねた絵として知られている。髪が乱れ、物想いに沈みながら、水の淵へと歩を進める屈原の右手には、純潔を象徴する蘭が握られている。その顔は、岡倉覚三を彷彿させる。屈原の背後に、二羽の鳥がいる。一羽は、屈原のすぐ後に羽ばたいている燕雀、もう一羽は草叢《くさむら》の陰で様子をうかがうように身を潜めている鴆《ちん》。どちらも眼つきがいかにも陰険邪悪で、燕雀は福地復一、鴆は大村西崖だというのが一般の評判である（細野正信「前期日本美術院」前出『日本美術院百年史』二巻上）。

横山大観「屈原」（厳島神社蔵）

この作品について、高山樗牛は「屈原を自《みず》から解釈され其解釈に適当なる筆法で描かれた」と褒め、尾崎紅葉は「アー云ふ顔付に描くといふことは無い。彼《あ》の顔で想像すれば、屈原は大人物でない」と不満を洩した（『日本美術』第二号）。その後も、たとえば梁川が、画面は狂気を帯びているが、歴史的な真実が描かれていないから、これは歴史画とはいえない（「横山大観子作「屈原」を評す」『梁川文集』）というような概念をもてあそぶ議論から出ていない。樗牛も「適当なる筆法」といってその「筆法」をさらに分析はしない［後に「歴史画題論」（『太陽』第四巻二〇号、一八九八年一〇月号）で「屈原」を論じているが、主題の文学的解釈に終始するだけだった］が、その点ではフェノロサの批評は論証的かつ説得力がある。

「この展覧会［第五回日本絵画協会展］の二つの偉大な作品が、日本の絵画、外国のものに関わらず、すべての伝統から抜け出て、圧倒的な力とかつてない独創的な手法で、東洋の主題［複数］を実現してみせている。一つが「屈原」であり、私はもうこれを五回か六回観に行き、そのたびに感動に打たれて涙を抑えることができなかった。（中略）幽霊を隠れ家から呼び出すように自然の力を召喚し、その不吉な呪文で大きな絹の画布を包み込むために、大観は新しい手法《テクニック》を発明しなければならなかった、それは、透明な灰色《グレイ》の地に粘りのある白を混ぜ合わすという手法で、これによって油彩画が持つ力に匹敵するものを得ている」[The Japan Weekly Mail, 1898. 11. 12]。

絵の印象を技術の分析で裏付ける説得力は、この時点では当時の日本の批評家にはかなわないところがある。この論理力で、フェノロサは鑑画会も図画取調掛も領導していったのだろう。

しかし、フェノロサの英文批評が日本語に翻訳紹介されると、妙に美文調でその論理が骨抜きになっている（『日本美術』第三号）。結局、綱島梁川や高山樗牛のような受けとめかたのなかで、大観ら日本美術院の画家は、その新派としての評価を得ていったのである。

評価は得ていった、とはいうものの、それに併行して作品が売れたわけではない。日本美術院の経営は、日増しに酷しくなっていく。絵画共進会を地方へ巡回させたり、日本美術院の活動を全国規模に広げていこうとするが、財政の逼迫は改善されない。

もともと〈絵画〉は、世の東西を問わず、権力の保護に与《あずか》ってきた。岡倉はそんな世界に当時庇護の外にある領域［工芸など］と方法を採用し、明治の美術を作ろうとした。その試みに敗れ、再び〈絵画〉を中心に新時代の美術を編成しようとしたのが日本美術院である。その〈絵画〉が、当時の知識人の趣味から逸脱したのも無理はない。評価を得ても売れないところに、その落差が読める。

各地へ巡回展

一一月一五日、日本絵画協会第五回絵画共進会が終ると、すぐに、仙台、五城館で巡回展を開催した［一二日から三〇日まで］。

ついで、盛岡展［一二月五日～一三日］。秋田展［一一月六日～一一日］、大曲展、横手展とつづき、翌明治三二年二月には横浜展を開く予定だったが、会場の都合が悪く中止になった。

東北地方への巡回展に、岡倉は同行し、地方の有力者と会い、仙台や秋田では講演会を開いたりしている。

横浜が中止になったすぐあと博多へ飛び［二月六日］、福岡展の準備に従事、『福岡日々新聞』の記者にインタヴューを受け、「九州博物館の必要」を打《ぶ》ち、博多商工会議所の招待会、福岡県会議事堂などで講演している。福岡展は二月一一日から一八日まで開催、その機会に太宰府や聖福寺など古社寺を訪ね、そこから広島へ出て、広島展［二月二一日～三月三日］の下準備をした。

二月二五日には、谷中の日本美術院内で川村清雄油絵展を開催。川村は、明治四年（一八七一）渡米、六年（一八七三）にパリへ行き、七年からヴェネツィアへ渡り、油絵の勉強をした。明治一四年（一八八一）帰国後、画学校を開き、明治美術会に属していた。

画宝会という会も結成され、その主催で第一回橋本雅邦翁絵画展覧会が開かれたのもそのころ［三月一一日から一七日、上野、梅川楼にて］だった。

巡回展は、さらに、大阪で［四月一日から五月二〇日］、同時に横浜展が五月一一日から一七日まで開かれ、六月には日光展が開かれている。巡回展といっても、一人の作者の同一の作品が巡回するのではない。出品作はそのつど異なっている。だから大阪と横浜の開催時期が重なることもありうる。ここでは、展示された作品を売ることが大きな目標だった。

四月には、日本美術院同好会が設置され、作品の頒布が目論まれている。『日本美術』という月刊機関誌は、明治三一年一〇月創刊されたが、ほかに図案雑誌と称して『美術工芸ひ、なかた』も三二年一月第一号を出している。

島崎藤村の第三詩集『夏草』が刊行されたのは、明治三二年一二月（春陽堂）だったが、この詩集の挿画を、下村観山、菱田春草、横山大観、山田敬中、西郷孤月、寺崎広業らが担当した。

挿画といえば、下村観山が高山樗牛の『釈迦』（博文館）の挿画を描いたのが、明治三三年一月、横山大観は、『世界歴史譚第二編　孔子』（博文館）を明治三三年二月、観山も、饗庭《あえば》篁村『曲亭馬琴』（博文館）を同じ月に、菱田春草は遅塚麗水『山田長政』（博文館、四月）、大観が野口珂北『水戸烈公』（博文館、五月）と、博文館のシリーズものの挿画を頼まれたのだった。

ともかく、日本美術院の活動を拡めるために、あらゆる手段を講じ精力的に動いていた明治三一年三二年だった。岡倉は、頼まれれば、地方の講演はいわずもがな、横浜陶画協会春季品評会などにも出かけ演説している［明治三二年］。

歴史画論争

明治三二年一月一日、『讀賣新聞』は、年頭を飾る行事として、「懸賞東洋歴史画題」というのを公募した。歴史画のタイトルを募集するというのである。岡倉と橋本雅邦の二人が審査員に選ばれた。「歴史画」というのは、何年もまえから岡倉が明治の美術家たちに真剣に取組むべき課題だ［たとえば「第三回内国勧業博覧会第二部審査報告」一八九〇年〕と主張してきたことで、それが日本美術院の開設とともにジャーナリズムに取り上げられるにまで普及したわけである。この「歴史画」の普及と明治三〇年代の日本のナショナリズムの生育とは無関係ではない。だから「歴史画」というテーマは、日本画・洋画の境を越えて当時の美術家たちに試みられた。

彼らがなににつけ目標とし鏡としてみていた西洋美術、とくにフランスでは、すでに印象派の時代が終り、ポスト印象主義の動きが表面化していたころである。いいかえれば、絵画は文学的要素や宗教的要素をその画面から追放して、いかに絵画として純化し独立していけるかが、ヨーロッパの画家たちを捉えていた共通の課題だった時代である。彫刻も同様に、彫刻としての要素のみで成立しうる表現を追求していた。

しかし、ヨーロッパで勉強して帰ってきたばかりの新派と目される黒田清輝にしても、日本では最新の西洋美術思潮の体現者と見られていても、彼の師は一世代旧い印象派以前の画風を備えたラファエル・コランであり、黒田もコランから学んだ知識と技術で身を固めていた。印象派以降の動きを当然眼にし耳にしていただろうが、自分の問題にはならなかった。そこで、日本に帰ってくるとやはり、「昔語り」のような歴史画を描いた。「昔語り」は、明治二九年（一八九六）の第一回白馬会に画稿を出品し、年月をかけて第三回展に完成品を展示した力作である。

油絵による歴史画は、黒田が先鞭をつけたわけではない。兵藤真楯「古代応募兵図」、佐久間文吾「和気清麿奏神教図」をはじめ、原田直次郎「騎龍観音」、本多錦吉郎「羽衣天女」など明治二三年

黒田清輝「昔語り」（下絵）
（東京文化財研究所蔵）

（一八九〇）前後には油絵で競って歴史画が描かれた。高橋由一の「楠正行如意輪堂にて和歌を残すの図」は明治二五年（一八九二）完成である。山本芳翠の連作「十二支」もその年だ。芳翠はそれに続いて「浦島図」をつくる。

日本画家たちは、もちろん、もっと早くから「歴史画」は試みている。新聞『日本』が歴史画、歴史彫刻の懸賞募集をしたのが明治二二年（一八八九）。そのとき【明治二三年（一八九〇）三月二八日受賞者発表】は竹内久一「神武天皇像」、山田鬼斎「護良親王像」などの彫刻が賞を得たが、絵画では、鈴木松年の二曲一双屏風「日本武尊《やまとたけるのみこと》・素戔嗚尊《すさのおのみこと》」（明治二二年）は、明治国家主義抬頭の気運に応じた、「日本」の起源の神話を図像化してみせた作品だった。

ところが、日本美術院開設を記念する明治三一年一〇月の第五回日本絵画協会絵画共進会では、銀牌を得た四点、尾形月耕「江戸の花」、下村観山「闍維」、寺崎広業「後赤壁」、横山大観「屈原」は、月耕を除いていずれも、中国【広業と大観】、インド【観山】と日本主義ナショナリズムを直接画題としていない歴史画だった。三人ともども岡倉の直系というべき弟子で、ここに、岡倉の息吹きを感じる。いいかえれば、明治三〇年代の岡倉のナショナリズム、〈日本〉とはなにかへの問いの具体的な答とその像が、ここに現出されている。岡倉の考えていた「歴史画」とはそういう姿だったといってもいい。

しかし、岡倉の外では、もっと「日本」は別の答を要求していた。それへの答えかたが、先の油絵画家たちの「歴史画」によく現われている。

讀賣新聞の「懸賞東洋歴史画題」も底にはその流れが動いていて、岡倉はその審査員を引き受けることによって、少しづつ、そのナショナリズムの形を変えていくことになる。

一方、この讀賣の企画に呼応するような「歴史画論争」も、高山樗牛や坪内逍遙、綱島梁川らのあいだで、のべ一年ほどかけて論戦が交された［じっさいに論争が交換されたのは明治三二年一〇月から三三年四月］。これは、「歴史画」をどう定義するかの議論に終始して、ついにその域を超えることができなかった。樗牛の「歴史画題」（『太陽』明治三一年一〇月号）は、大観の「屈原」を議論の材料としているにもかかわらず、大観自身にも、その他歴史画を描こうとしている画家たちにも、示唆も方向も与えてない論戦を繰り返した。

そのあいだに、讀賣の懸賞には三九五点の応募があり、外山正一［東大教授、『新体詩抄』明治一五年（一八八二）刊の編著者の一人、また明治二三年「日本絵画の未来」という演説を明治美術会でして森鷗外や林忠正と論争があった］の「建速須佐之男命《たけはやのすさのおのみこと》が所命給《よきしたま》へる国《くに》を知《し》らずして御妣《おんはは》の国根之《くにねの》堅洲国《かたすくに》に罷《まか》らむと欲《ほっ》して哭《な》き給《たま》ふ状《さま》」が一等を得た。受賞者には、日本美術院の画家がその画題を描いて作品を贈呈することになっていたが、橋本雅邦は、「須佐之男命……」をついに作れなかった。その画題作が紹介されるはずの第七回日本絵画協会共進会・第二回日本美術院展［明治三二年（一八九九）一〇月」に、雅邦は山水画を一二点出品し、そのうちの「水墨山水」を贈呈作にした。

樗牛は大観の「屈原」を契機に「歴史画題論」を始めたが、逍遙、梁川を捲き込んだ歴史画論争は「屈原」など追いやってしまった議論に終った。「屈原」は、その出展当時は賛否両論、新聞や雑誌に賑いをみせ、それをどのように受けとめていくかからこそ、「歴史画」のみならず、これからの日本の絵画のありかたを考える材料や栄養が採り出せるはずだった。

岡倉が、美術学校の講義の冒頭で、「歴史なるものは吾人の体中に存し、活動しつつあるものなり」といって、歴史の重要さを若い画家の卵たちに訴え、内国勧業博覧会の報告で、「将来ニ発達スベキモノ極メテ多シト雖《いえ》ドモ、先ヅ重要ナルモノハ歴史画及ビ浮世画是レナリ」と書いたとき、その「歴史画」は、絵画・美術のありかたの必然性として考えられていた。しかし、画家たちが「歴史画」を盛んに描くようになったころから、「歴史画」すなわち、「歴史」を「絵画」の「体中に存し活動」せしめる絵画は、それを描く画家とその画家を取り囲む情勢、国家情勢との関係意識のなかで考えられるようになっていた。

それを、おそらくは、絵描きとしての直観から、あるいは、彼の体内に蠢いている絵師根性から、橋本雅邦は無意識のうちに看取し、外山正一にもらった画題をこなせなかったのかもしれない。

朦朧体

明治三三年（一九〇〇）四月の、日本美術院展覧会としては三回目になる第八回日本絵画協会共進会は、第七回同様、上野公園旧博覧会第五号館で開かれた。つまり、谷中の新築日本美術院で開かれたのは、第一回だけだった。

第一回の評判を読んで、入場者や応募作の増加を見込んだのだろうが、その読み通り、二回目の日本美術院展覧会すなわち第七回日本絵画協会共進会［明治三三年一〇月一五日～一一月二〇日］は、出品点数八〇〇を超え、出品者は四六三名を数え、入場者は二五、〇〇〇人［一日六七六人］を下らなかった。懸賞歴史画題による作品が併陳された展覧会である。

ところが、その半年後の第八回は、出品点数応募者数はそれほど減っていないが、入場者は半減したという。新聞、雑誌が「朦朧体《もうろうたい》」と書き立てたのが原因らしい。

朦朧体というのは、日本画の伝統のようになっている線描を使わない絵の様式のことを指していわれだした。没線描法ともいい、横山大観や菱田春草の絵にその没線描法が目立ってきて、西洋画のものまねになっていると非難する批評も出た。この「朦朧体」という言葉を、日本美術院の若い画家たちに使ったのは大村西崖で、無名子という筆名を用いて『東京日日新聞』［明治三三年（一九〇〇）四月一〇日～二〇日］に書いた展評である。大村西崖というと福地復一とともに岡倉・日本美術院の仇敵とみなされるのがつねであるが、この新聞評で最初は、西崖は「朦朧体」という言葉をそんなに悪意をこめていない。「名をつければ縹緲体《ひょうびょうたい》とか朦朧体とかいひたいやうな作ぶりだけれども、西洋画の所謂《いわゆる》全体の色の根調といふものをやらうとして居る所と「イムプレッション」の或一面の現《あらわ》されて居る所とは感心する」が最初に出てくる例である。まだどっちとも選びかねている「縹緲」「朦朧」が、「その朦朧体のまた一種ひねくれたのが横山大観の「瀑布」の図などであらう」といい、「美術院展覧会の中の朦朧体の最も甚しい画は、観山の「雲海」」…と同じ短い文のなかで「朦朧体」へ傾斜し、回を追うごとに［七回分載］「朦朧体」呼ばわりを弄んでいくようになる。

それに応じるかのように、他の誌紙の記者たちも「朦朧体」を、「美術院一派の十八番《おはこ》たる雑種画《あいのこ》」（『東京朝日新聞』）とか「この怪物画風」（『時事新報』）と同じ意味で使いはじめた。同じころ讀賣の記者は、「朦朧体などといふ批評の見えるも、必竟《ひっきょう》急進主義より起った欠点を非難したのであらう」と分析している。

東京美術学校を飛び出て日本美術院を創った画家たちの絵は、西洋画と日本画を合体・折衷させようとしているというのが、全体の観測であった。そのため、そんな半端なことをやるのなら、いっそ「洋画」に徹したほうがいいという中村不折の日本画罵倒論［「画界罵倒録」］も登場した。日本美術院の若い画家の仕事を新しい時代開拓への冒険とみ、好意を寄せる批評家、たとえば長谷川天渓なども将来への期待を賭けて評価をしてはいるが、現在の出来映えを高く買っているわけではなかった。

「日本画なる者が漸《ようや》く勃興して茲《ここ》に十年を出《い》でず。進歩の踏なき強《あなが》ちに責むべからず」とか「而《しか》して美術院一派が、未だ東京美術学校を出でざりし時代の進取的絵画と昨年谷中に於て開設せる同派の展覧会に於て陳列せられたる絵画とを比較せよ。所謂怪物の面影を去りて而も稍《やや》穏当に感情と精神を現はし、且つ陰影の法をも盛んに利用したるにあらずや」とか天渓が書けば、『時事新報』の匿名記者が「長谷川氏に一言せん。氏が美術院一派を以て、和洋画派融合の途次にある者と云ふは、少しくかれにかぶれたる気味にや。同院の作家のなす処は、甚《はなは》だしく奇を衒《てら》ひ、濃淡も何とやらん細工を凝《こら》し、色彩を施すにも、油絵が顔料をもりあげたらん様に塗抹すれど、こは筋違《すじちがい》のこね合せにて、」と

横山大観「夏日四題」

貶す、といったようすだった。明快に評価ができないもどかしさを、「朦朧体」という一語は、霧を晴らすように掻っ掠って流行語にしたといえよう。

朦朧体の始まり

「朦朧体」は、第八回日本絵画協会共進会に出品した作品で突然出現したわけではない。

その半年前の第七回日本絵画協会共進会に出品した大観の「夏日四題、朝（暁色）、昼（日午）、夕（黄昏）、夜（淡月）」など、「夏日の空気が赫々たる太陽の光線に触れて変移する模様を発現せる者にして、従来の日本画にハ稀に見る所なり。（略）日本画に於て此種画題を選んで而も一目の下に四種の別を立てむとするハ容易の業に非ず、而して大観氏ハ能く此難事に当って遂に其目的に近く成功せり。徒に古法を墨守する者よ顧みる所あれ」（幻象堂主人『讀賣新聞』明治三二年（一八九九）一一月五日）といわせている。綱島梁川も同じ『讀賣新聞』で先の匿名の批評を補足するかのように、「洋画をそのままに踏襲《まね》ないで、それで空気の色や、物の高低の調子や、陰影の変化や、などいふ細かな部分、デリケード《ママ》・シェードまでをも描き得る、即ち洋画以外に洋画と同様の効果を収め得る、新たな一体式を創《(はじ)》めやうといふ企図《くわだて》が、あり〱と読まれる」と書いている「もっとも、そのあとにすぐ括弧つきで、「(果してこの意気ごみ通りに行くかどうかは諸作者の今後の腕前ひとつであるが)」と留保を添えなければいられない」。

空気を描く方法はないか、と岡倉からいわれて菱田春草と二人で紙や絹を濡らしてひろがらないうちにとめる工夫をした、という横山大観の回想(「横山大観氏に物を訊く座談会」『文藝春秋』一九三三年四月号)は、朦朧体の始まりとして有名になった逸話である。しかし、いつごろ、岡倉がそんな話をしたかわからない。春草と大観の二人の手柄にしてしまうのも問題がある。同じ第七回の共進会に出品した下村観山の絵にもその効果を認めている梁川の発言もある。

岡倉が、光や空気を描くという外光派の技法を日本画に生かせないかと考えたのは、明治二九年か三〇年ころ、黒田清輝が繰り返し「空気」のことを説いていたので、岡倉はそれを借用した、大観の第二回日本絵画協会共進会［明治三〇年(一八九七)］に出品した「四季の雨」にそれが実現されているという説もある(細野正信「前期日本美術院」前出『日本美術院百年史』三巻上、一九九〇)。西洋の絵の技法を日本画にどのようにとり入れるかについては、早くからフェノロサにも教わっていたし、岡倉の美術の近代化の基本方針でもあるから、東京美術学校校長時代から「空気」や「光」のことを言っていたことはじゅうぶん考えられる。

むしろ、朦朧体の誕生にとって重要なのは、空気を描いたり、雨脚の線を描かず雨を表現したりというときに、大観や春草、観山らが用いた技法は、光琳や宗達から学べという岡倉の示唆が生きている。さきに引用した綱島梁川の第七回日本絵画協会評（『讀賣新聞』明治三一年一一月二〇日）で、彼は、「或ハ評して、今度の作ハ光琳を覘《ねら》ったのだと言ふものもある」と指摘している。梁川は光琳などから学ぶということは信じられなかったらしく、そのあとこう続けている。「明治の今日に光琳を祖述して抱一、其一などの二の舞をやるやうな愚ハ、美術的良心の周密な美術院諸子の敢てせぬところでハあるまいか」。

ところが、岡倉は光琳の研究を勧めていたのである。

「岡倉覚三氏の談片」　日本美術院の立ち上りを飾る第五回日本絵画協会共進会にさいし、『國民新聞』の記者が岡倉にインタヴューした記事が、同紙［明治三一年一一月九日］に掲載されている。平凡社全集には収録されなかったが、この時期の岡倉の美術・絵画についての考えかたが簡潔に出ているので全文採録する。文体にも岡倉の生まの声が載せられているようで珍らしい、たいていは活字にされると語りの文体から遠くなっているのだが［その後『日本美術院百年史』二巻上に収録された。引用文の「記者」「岡倉」は、読み易さを考えて、木下が付けた］。

（記者）大層今度は揃っとる様ですナ　それから締ってる様ぢゃありませんか。化物も余程少なくなりましたと思ひますが

（岡倉）左様です　一体過渡の時代にあるもの丶一時時勢の反動でとんでもない方へ飛んで行くのは

下村観山「闍維」(横浜美術館蔵)

免れがたい事で私共の方では確かに其の傾があったのです　ケレドモそれが我々の取るべき自然の順路だと思ひましたから無理にとめ様ともしませんでしたが今度あたりは大部落着いて来た様です、デ我々今日の立場は在来の方則に則ってそれを尚一層開発して行く事、秩序を重んじて突飛なものを作らない事、それからエクスプレッションを写し出す事、此三ツが青年画家の三綱領の様です、之れに抵触しない限りは外来のものも参考に取って行かふと思ひます

(記者)観山の「闍維」、大観の「屈原」は如何ですか、

(岡倉)兎も角も、一大傑作でしょう　下村君のは矢張り前の綱領から割り出して法隆寺壁画抔《など》にある色線の筆法を尚一層開発してそれに遠近を加へ光線を添へ併せて情趣をも写し出そうとしたのです　涅槃とか金棺出現とか云ふのは是れ迄随分ありふれて居ますが闍維は故人にも書いたのが少ないです　ダガ釈迦に対する崇高の念を高からしむるには涅槃よりも金棺出現よりも闍維の方が勝って居ると思ふ、それが下村君が筆を下した主点でしょう

（記者）「闍維」は私も左様思ひました　個物に想は表はれて居なくて画幅以外に金泥以外に何処か高い処に何かゞあってそれがあの画を支配して居る様に思ひますから彼れに対しては私共でさへ評をすると云ふ考へよりも一足先きに一種崇高な考が起って来ます…

（岡倉）左様油を掛てはいけません、「屈原」もですな是れまで顔色憔悴して澤畔に行吟して居るのとか又は世人皆汚れり我独り清めりと云ふ様なのは書いた人もありますが全体屈原と云ふ人は一方には国を憂へて非常に憤懣して居ると同時に一方には一種の哲学観を以て之を抑へて居た人である　即ち其の一身の中には確かにコンフリクティングエレメントが存して居ったに違いない　其のコンフリクティングエレメントを描き出さうとしたのが即ち横山君の主眼だったんでしょう

寺崎広業「後赤壁」

（記者）けれどもそれを描き出すに四圍の風とか草とか鳥とか落葉とか云ふものを借らなければ写し出せなかったと云ふのは何様《どう》云ふもんでしょう　矢張り日本画の不備でしょうか

（岡倉）ハ、、、、左様言ったもんぢゃありません　私はマア成効《ママ》した作だらふと思って居るです　風雨惨憺たる中に孤独の人物を描きたる実に無限の意義が含まれて居ますから…然し其の人の性格と云ふものを写し出すのは頗《すこぶ》る難事であ

りませう　寺崎君の「後赤壁」の如きも第一蘇東坡と云ふ人は何様《どう》云ふ人であるかそれから黄泥坡を過ぐる時には何様であったらう歟《か》又其の二客と云ふは何様云ふ風な人であったらう歟と云ふ事に就《つい》て余程苦心したそうです　「春怨」なぞも怨と云ふ事を写すためには随分骨も折りましたらう

（記者）然し或る一方から云へば成程キャラクタアは写し出されて居りますがエキスプレッションなぞが不自然だとも云へますが、

（岡倉）それが美学上の問題なんです　私は想を離れて技術なしだと思ひます　別々に考へるのが誤まりぢゃありますまいか

（記者）光琳が余程消化されてる様に思ひますが、

（岡倉）それも矢張り諸家の目下苦心の点です　光琳と云ふ人はアノ時代の線に重《おもき》を置く画風に反抗して起って種々の工夫をこらし古土佐の趣味を改めて解釈し最初は不思議な方面に出でましたが又徐々に中庸《ちゅうよう》に帰って来て兎に角一つの画格を拵《こさ》へ出《いで》たのです　けれども不幸にして此画風は其後に有力の継承家なく光琳派の人々は師道以外に一歩も踏み出す事をしなかったからツイあれぎりで御仕舞《おしまい》になりましたが、光琳の本意は決してあればかりではなかったらうと思ふのです　それで美術院の人々は尚一層あれを発達させ様と思ってかゝった人があったので下村君の「春暁」の桜などがそう其《その》積りでして菱田君の樹が矢張之と同じ目的で以って梁楷の筆意を取ったのです

（記者）大観の「帰牧」は何様でしょう
（岡倉）能く御気がつかれました　あんな処へ掛けてありますがあれは余程能く出来て居ります……

「想を離れて技術なし」

『國民新聞』の記者の質問に、岡倉はまず、いまは「過渡」期だと答えている。こういう言いかたをして、彼自身のなかにある解決しないこと、若い画家たちをどういう方向に連れていくべきか、もちろんそれを明確に語ることが自分自身どう生きるべきかの方向を示すことでもあるのだが、それへの迷いを、この「過渡」期にあると言うことで掩《おお》い隠している。そう言い切って、美術院の若い画家たちには、いっそう断固たる指示振りをできる。お前たちは過渡期を生きているのだぞ、闘え、乗り切れ、と。

そこで「三綱領」のようなものが出てくる。この「三綱領」は「一日一善」といった戒めと同じで、具体的な指針は示していない。一日に一つ「善」を行なうといったところで、どういう行為を「善」と判断すべきか、「善」とはなにかは不問に付してあるように、「在来の方則に則って」という「在来の方則」も多種多様である、「エクプレッション」などと横文字でいうといっそうその具体性はぼやけている。

観山の「闍維」と大観の「屈原」、広業の「後赤壁」についての説明は、つねづね若い画家たちに語っていることを再現しているようだ。こういう言葉を手引に日本美術院の画家たちの作品を観れば、いちばん彼らの制作意図を理解できる鑑賞の方法が得られることは確かだ。そして、それを要約すれば、「想を離れて技術なし」ということになる。

技術を軽視しているわけではない。しかし、「想」のことを考慮しない技術、「想」を生かさない技術は無意味だ――これは、岡倉の一貫して主張するところである。

「琳派」の発見

観山の「春暁」や春草の「寒林」に琳派［当時は「琳派」という呼びかたはなかったが］の研究の跡を指摘している批評は少ない。さきに引用した綱島梁川、そして、『國民新聞』の記者のほかには、『讀賣新聞』に一〇月二六日から一一月一七日にかけて一三回の連載で「谷中美術院観画批評」を書いている林田春潮［号は無色斎主人］がいた［新聞がこんなに長い展評を連載すること自体に、明治時代と現代の文化との、〈美術〉が占めている役割の差をみつめ直しておく必要があるだろう。美術専門の展覧会場もなかった時代であるが、かえって、新聞や雑誌は多くの紙面を割き、熱心に批評した。それを読みまた会場へ行って印象や意見を投書する読者もおり、それを新聞はとりあげて掲載してもいる。美術館が圧倒的に増えて、テレヴィもあれば新聞の数もページ数も増えたなかで、現代のジャーナリズムが期待する〈美術〉の比重の小ささはどこに起因しているのだろうか。鑑賞者も受け身になるばかりの現代の情況と比較すると、岡倉の時代は、〈美術〉が世界を動かす力を人びとがもっと信じていたことはまちがいない］。

綱島梁川の言葉振り［「明治の今日に光琳を祖述するやうな愚」］からも察せられるように、宗達や光琳の現代的意義は、当時あまり考えられていなかった。しかし、岡倉は、それを重要な課題と考えていた。というより、おそらく、彼の発言の経緯を辿っていくと、日本美術院を興すころ、そのことに気づいた。東京美術学校を分期制にしたときは、第一期、古代巨勢派と土佐派、第二期、室町と江戸前期［足利時代の唐絵］、第三期が江戸後期の諸派［円山四条派］としていて、宗達や光琳を立ててはいなかった［もっとも、宗達や光琳を教えられる教師もみつからなかったが］。

美術学校で講義した日本美術史では、光琳を、美術における日本的なものとはなにかを考えるときに出してきている。足利時代には明から宋元を規範にしていたなかで絵を描いた狩野正信や元信に認められるものと似た「日本性質」が、徳川時代の宗達と光琳にあるといういいかたをしている。美術史講義の別のところでは、土佐派を一変したのが「光琳の一派」であるといい、それは「あたかも狩野派における一蝶」といっていいと讃えている。さらに、「この人［光琳］にいたりて模様に対する考大いに面白く、画と模様との区別をなくせしこと、非常の大事業なりというべし」といっている。美術の「日本性質」というのは、「画と模様との区別をなくせし」ところにあると岡倉は考えていた。

「光琳のごときも、もし狩野派なかりせばかのごときを得ず」というとき、時代の大きな流れ、主流に抗して自立する画家の姿と生きかたをそこに認めている。時代の主流に抗って自分を輝かす生きかたは、岡倉にとって芸術家の理想像だった。

その意味で、狩野派から破門され流罪を負いながらも復活した英一蝶は、岡倉の愛した画家の一人である。明治三〇年（一八九七）から翌年（一八九八）へかけて発行されたフランク・ブリンクリー編『日本』［JAPAN, Described and Illustrated by the Japanese. Written by Eminent Japanese Authorities and Scholors, Edited by Captain F. Brinkley of Tokyo, Japan, published by J. B. Miller,

Boston, 1897-98.］というA3判、綴織《つづれおり》装幀全一〇巻の豪華な日本紹介の各巻末に、コロタイプ印刷による色刷一点をつけて日本の絵画を古代から近世まで［もちろん英文で］紹介した文章を、岡倉は書いている。その一〇人の画家のうちの一人に、英一蝶を選んでおり、光琳についてはその一蝶の記事のなかで触れているだけであった。

光琳は、岡倉の内部で一つの重要な位置を占めてきた画家だった。それが、近代化の成就を目指す明治の新しい絵画の大切な指針という位置を獲得したのは、おそらく、日本美術院開設と機を一にしている。いいかえれば、東京美術学校から日本美術院へ、衣を脱ぎ替えた〈新日本画〉の、そのいままでにない新しい要素を、光琳が寄与したということである。

日本美術院の画家たちの絵を指して、「是れ殆んど純然たる洋画なり」（『日本』明治三一年一一月五日）といわれ、朦朧体と呼ばれているなかで、その「日本性質」を保証してくれるものも、この光琳であった。

絵画における「琳派」への関心は、その後現代にいたるまで、一つの根強い底流となって画家に刺激を与えていく。そういう現代美術における琳派への関心、もっと言えば、行く先を見失った美術に指針と示唆を与えてくれるカンフル剤としての琳派の再評価、その濫觴は、明治三一年の岡倉覚三にあったといっても過言ではない。とはいうものの、岡倉は光琳を勉強せよと言っていて、宗達と光琳をひとくくりにした「琳派」という概念は持たなかった。逆にいうと、まだ論理としては煮詰っていないが、宗達と光琳をいっしょにしないまなざしを持っていたということである。この岡倉の未熟ではあるが示唆的な言説から、宗達と光琳をいっしょにして「琳派」とまとめていいのかという問いを突き返される。

光琳評価の変化

この岡倉の光琳評価は、彼のなかで微妙に変化していく。明治三五年（一九〇二）に書いた"The Ideals of the East"［邦訳『東洋の理想』として普及している英文著作。発行は一九〇三年一月か二月］のなかでは、「唯一傑出し深い意義を有しているのが宗達と光琳の一派である。彼らの先駆者《パイオニア》光悦と光甫は、頽廃しほとんど滅亡していた土佐派の瓦礫を採り出し、足利の巨匠たちの力強い思想《コンセプション》のなかへ浸そうと試みた。時代の本能に忠実に、彼らは豊かな色彩表現を実現した。彼らが成し就げたのは、それまでの色彩画家とちがい、色彩を線としてではなくマッスとして処理したことだった。そして、単純な筆遣いで最大の効果をあげる手法を開発した。宗達は、純粋なほどに足利時代の精神の最上のものを見せたが、光琳は、その豊かな円熟の果ての、形式主義と気取りに堕《お》ちている。光琳の伝記に、彼が絵を描くときはいつも金襴緞子の座蒲団に坐り、「創作にかかるあいだは、大名のような気持でいなければならぬ」といっていたという、哀れを誘う話がある。この時代にさえ、階級差別の影が芸術家の心に忍びこみ始めていたことを示す逸話である」と書いている。

また、それから八年後、「泰東巧芸史」の講義では、「光琳は光悦を凌駕するものにあらず。乾山《けんざん》は光琳よりも偉大なるもののごとし」と記録《ノート》させている。

かつて、「美術教育の施設に就きて」を草したとき［明治三〇年（一八九七）］、「我絵画を直に模様として用ひ来るが如きは寧《むし》ろ我特色ならずや」といい、「我美術上に在《あっ》ては欧人の如く純正美術（Pure Art）又は高等美術（High Art）と工業美術（Industrial Art）（一に装飾美術（Decorative Art）又は応用美術（Applied Art）と云ふ）の間に人為的の区別を付けざるなり」といった岡倉である。そのときは、この「日本的特質」を光琳に実現成就されていると考えていた岡倉だが、晩年は、宗達から光悦へと遡行していったようだ。

絵画研究会

日本美術院創立の趣旨に掲げられていた、三つの活動部門、その筆頭にあった研究会が動き出したのは、明治三二年（一八九九）一〇月から。開設から一年後だった。

「旨趣」で謳われていた研究会は、科目に分かれていて、絵画、彫刻、図案、建築、装飾、鋳金、彫金、鍛金、漆工、窯業、刺繍、彫版、写真といった実技系と、美学、美術史、歴史学、考古学、美術応用解剖学、遠近画法、応用化学、外国語の理論系が提示されており、一六歳以上の男子に応募資格があり登籍料金一〇円と、『日本美術』誌に募集要項が出ている。明治三二年（一八九九）二月号から、院外研究員の募集も始めた。東京から遠い者のために、在京研究員と地方研究員に分け、地方研究員は毎月二回作品を持ってくれば担任教授の添削指導が仰げるという、美術学校という実技系の学校の通信教育を先駆けていたのである。

これらに、どのくらいの人数の研究員［学生］が集まったのか、記録がのこっていない。

岡倉が、のちに The Ideals of the East というタイトルでロンドンから出版する内容は、日本美術院で、ミス・マクロードとミス・ハイドに講義したものが元になっているというのが通説だが、この講義は、研究会の科目の一つ、「美術史」に該当していたものだろう。会員は「満十六歳以上の男子にして「別に女子部を設くることあるべし」と規定に記されている。

ジョゼフィン・マクロードは「老嬢」などと岡倉一雄に書かれているが、インドへすでに行った経験を持ちヴィヴェカーナンダの教えを受け、美術史の勉強をしに岡倉のところへ来ていたという［岡倉のインド行を実現させる一つの契機を作る人である］。

ハイドという人は、日本絵画協会共進会に作品を出している数少ないアメリカ人で、第九回［明治三三年秋］から一一回［明治三四年秋］までの三回つづけて名前を連ねている。第一〇回は、「ヘーレン・ハイド」と「ジョゼフィン・ハイド」と二人のハイドが名を連ねている。二人は姉妹だったらしい。岡倉の美術史講義を受けたのは、ヘレンかジョセフィンか。二人そろってだったのか。ジョセフィン・ハイドは、明治三四年（一九〇一）の第六回日本美術院展［第一一回・日本絵画協会共進会］の紹介を、"The Studio", vol. 25, No. 108（一九〇二年三月）に寄せている。ハイドの名前は、九回以前にも一二回［明治三五年春］以降にも出てこないから、明治三三年（一九〇〇）秋になる前から三五年（一九〇二）春過ぎのあいだ彼女［たち］は日本にいて、岡倉は美術史の講義をしたのだろう。

ついでながら、日本絵画協会・日本美術院共進会に出品していたアメリカ人の一人にフランシス・ガードナー・カーティスもいる。第七回［明治三二年秋］から出展して、次の八回、それから飛んで一三回［明治三五年秋］に出品しているが、彼は、ボストンのイザベラ・ガードナーの従兄弟であり、岡倉一雄の記憶によると岡倉家とは家族ぐるみのつきあいであったという。明治三一年すでに日本にいて、三三年五月、いったんアメリカに帰った。「米国ボストンの金持の当主で東京ではお浜といふ妾《めかけ》と共に根岸の安場男［爵］の邸を借り裕《ゆた》かに暮してゐた」（『父天心を繞る人々』）。その邸で日本画を描いていたのだろう。のち、岡倉がボストン美術館のために働くようになると、彼もボストン美術館中国日本部に勤務する。

研究会は、絵画研究会が最も熱心に継続された。『日本美術院百年史』は、その活動を三種二期に分類している。

第一期は、明治三二年一〇月から三三年一一月まで。毎月二五日に、美術院正員副員、日本絵画協会の有志が集まり、前以て出された課題の作品を持ちより、相互に批評し合った。締括りに雅邦と岡倉が指導したり総括したりした。第九回で第一期は終り、翌月から互評会と改称、会員を拡大した。同時に、研究会規定を定めた第二期の研究会が、第三土曜午後一時から開かれ、合評のあと投票により一等から三等までを選んだ。互評会は明治三三年（一九〇〇）一一月の第一回から明治三六年（一九〇三）三月まで延べ二三回、ほとんど毎月欠かさず開かれた。第二期の研究会は、明治三三年一二月から三六年七月まで、二四回開かれた。

岡倉は、これらの会に勤勉に出席し熱心に批評し指導した。高橋太華や塩田力蔵はこの研究会に同席して議論を筆記し、その要約を『日本美術』誌上に採録した。岡倉の発言も貴重な資料だが、雅邦をはじめ画家たちが一作一作に投げかけるコメントは、短かく要約されているにもかかわらず、あるいはそのせいかもしれないが、そのやりとりは、画家たちがどんなことを考えて絵を描いていたかを伝えてくれる。

絵画互評会抜粋

一例を引用してみよう。明治三三年一二月九日、第一回の互評会の記録である。『艶麗』という課題だった。出席者は、岡倉と雅邦を加えて二一名。画家たちは出された「課題」を受けて想を練り作品を仕上げてタイトルをつけ、みんなの前に並べる。そんななかから上原古年《うえはらこねん》の「藤下半身美人の図」の互評振りを覗いてみる。上原古年（一八七七～一九四〇）は横山大観より一〇歳年少。梶田半古と松本楓湖に師事、明治三〇年（一八九七）の第三回日本絵画協会共進会で三等褒賞を得たのを皮切りに受賞を重ね、日本美術院の活動に参加した。師匠の松本楓湖は、創立時の正員だった。古年と同門の今村紫紅や速水御舟、梶田半古の塾にいた前田青邨、小林古径ら、再興日本美術院の中核となる画家たちの先触れ役を果したといっていい。古年が提出した絵は、縦に長い画面の中央やや右より細く障子が開いて着物姿の美人が袖を唇《くち》元に寄せうつむきかげんに障子の外を覗《うかが》っている。

上原古年「藤下半身美人の図」
[『日本美術』26号（明治34年1月）には「深春」と題して掲載]

その障子の、ということは画面の右上から藤の花と葉が枝垂れ落ち、枝の一本は花も葉もつけず画面上方左下へと斜めに横切っている。美人はそれを傘のように受けてポーズをとっていることになる。画面左辺や、下方にも藤の葉が数本みえる。

この絵を囲んでの合評会。まず、作者が一言自作についていうのを慣例としていたらしい。［ ］内は、木下のコメント。合評者は原本では岡倉以外は号しか記されていないが、姓も入れた。

自評　女の顔の半分なるが如く、題意にも亦半分より合ふ能はず、藤花など殊に拙悪なり。［「艶麗」という題の半分位しか表現できなかったと謙遜している。藤の花が下手だというのは技術のことをいっているのではなく、やはり、どれだけ題意を体しているかという点で「拙悪」だというのだろう］

山脇荷声　着想実に面白し。

水野年方　面白けれども、何となく物足らぬ心地す。

岡田梅村　同感。

寺崎広業　少しく題意に遠きか。前の藤の見ゆる為めか、人物を今少し表はしたき様なり。［藤の花が画面を占めすぎていて、女の姿態が小さすぎるという批判をしている］

尾竹国観　人物に比して障子大き過ぎたり、顔も今少しくハッキリとありたし。［寺崎広業と同じことをいっている］

竹内芦風　藤の花は不要なるべし。人物のみにて可ならん。［これが最も極端な批判である］

高橋広湖　最も面白く拝見す。

西郷孤月　艶の字を重く取り過ぎたる歟《か》。［この意見は、作者当人の弁解を逆手にとっている］
川合玉堂　奇麗にして面白けれども、障子を余り明瞭に描きたるは、却《かえっ》てよろしからざるが如し。
又障子の中を赤くしたるは其意を得ず。［障子の桟まできっちり描いたことを批判している］
尾竹竹坡　意匠奇抜にして、技倆も亦見るべき傑作なれども、遠近法に如何しき所ある歟。［意匠、
つまり絵の着想、構図は意表をついて秀れている、それを絵にする腕前もある。しかし、遠近法は
どうか、というのだが、ここでなぜ遠近法が問題にならなければならないか、よく判らない。藤の
花＝前景、障子＝中景、美人＝後景の奥行きのことをいっているのかもしれない］
橋本雅邦　意匠は真に面白けれども、題意には適合せざる歟。［こういう場所で、雅邦は、つっこ
んだ議論はしなかったようである。絵画研究会での雅邦発言は総体に短くまとめられている。じっ
さいにはもっと喋っていたかもしれないが、要約すると短くなってしまう内容だったのか。狩野芳
崖はよく喋って自説を吹き込んだようだが、雅邦は口下手だったのかもしれない］
岡倉　照応するものなきが為めに、締《し》まらざるが如くに見ゆれども、古年君近来の傑作なるべし。
故《ことさら》に位置を中央に取りて、美人の半身を障子の間に描きたる、奇想奇思、思ひ切たる作といふべ
し。而して此大胆なる思構《ママ》を表はすに細心の筆を以てす、最も多とすべし。藤花の位置、障子の遠
近の如き微瑕何ぞ言ふに足らん、唯題意に於ては、猶近きこと能はざる歟。［他の出席者は高い評
価を与えなかったのに、岡倉はすごく評価している。若い画家たちは啞然としたにちがいない。こ
の落差を受けとめ、岡倉の発言から彼らはなんらかの示唆を得ていったのだ］

上原古年の絵を指して、「照応するものなきが為めに、締まらざるが如く見ゆれども」といっているのは、この絵の構成のことに触れたのである。要約記事ではじゅうぶん出ていないが、「何となく物足らぬ」（年方）とか「遠近法に如何」（竹坡）に少し嗅ぎとれるように、全員、この絵を平板すぎると批評したようだ。しかし、そこを岡倉は褒めた。

岡倉の批評振り

「奇想奇思、思ひ切たる作といふべし」は、雅邦の「意匠は真に面白けれども」を言い直して支持している。それにつけ加えて、その奇抜な意匠、「大胆なる思構」が「細心の筆」づかいで描かれていると絶賛している。「藤花の位置、障子の遠近」のような「微瑕」［ちょっと不味《まず》いところ、未熟な部分］は問題にならないくらいだ、と褒めつづける。ここにも、技術よりも意匠、構想、作品を支える思想を重視する岡倉の批評態度が出ている。

この古年の、どちらかといえば平面的な構成と装飾性に、ここでは指摘していないが、岡倉が光琳につながるものを見つけて若い古年［当時二三歳］の精進振りを喜んでいたのである。

締め括りに、課題の題意には「近きこと能はざる」と、題意が生きていないと言ったのは、雅邦の弁を繰り返している。岡倉は、雅邦の言ったことは決して否定しないし、たとえそれが自分の考えとちがっていても、雅邦を支持した。

雅邦の絵画観

橋本雅邦に、岡倉は若い画家の絶対の師匠として仰ぐ位置を与えつづけた。菱田春草はそういう教えの構造を真面目に生きた。「水鏡」を制作したころ［明治三〇年（一八九七）秋］、春草はまだ美術学校の学生だったが、「日本画で言へで《ママ》［ば］線は必要なんだ。之れを除けば日本画は西洋画に取られて了《しま》ふ」といい、美術学校の「第二期の画をやるつもり、即ち純粋の日本画をやる」（『早稲田文学』七巻五号、明治三一年二月号）と宣言している。第二期というのは、橋本雅邦の教室である。

春草がそんな考えを腹に決めていかに熱心に勉強したかは、たとえば、彼の卒業制作「寡婦と孤児」（明治二八年）が、その構図、嬰児を抱く女の姿態、女の顔の作りかたなど、前年につくられた雅邦の「三井寺図」から学んだことをよく見せているところからも納得させられる。

その雅邦の絵画談が、『名家談叢』一一号に載っている。談話筆記である。そこで彼は「画工」という言葉を使っている。すでに岡倉によって公然と、「現世の名家」（『太陽』第一巻第三号、明治二八年三月号）と呼ばれていても、「画家」という呼称は彼の体質になじまなかったのだろう。

「画は決して新古の区別のあるべきものではございませぬ」と、「古画」と「新画」を区別しない見方を勧めているが、一方で、「今外国画と日本画と競争するには、日本画は形状を次にして意味を先きにしなければなりませぬ」と、「日本画」の新しいありかたを力説している。ある意味で彼は、東京美術学校の絵画科主任教授の席を与えられて、この矛盾を生き抜いてきたのだ

橋本雅邦「三井寺図」

ろう。それを、彼は、「何でも自分を無心にして、其向ったものに力を籠めて書く《ママ》やうにしなければなりませぬ」とか、「画工には禅味がなければなりませぬ。禅味がなければ筆を執って紙に向ふまでは非常に良い意匠がありますけれども、偖《さて》筆を執って紙に向ふと前に考へた意匠の如く書けなくなります。あの念を去って、筆を持って居ない心持になるやうに覚れぬ以上は、真の画工にはなれませぬ」というような言いかたで克服していたのだろう。

学生たちにもそういうふうに語っていたのだろう。『大観画談』に、雅邦の教えた古画の模写法というのが出てくる。まず筆は執らず、一週間くらい古画を見つめ、「古画がすっかり脳裡に入ってしまってから、これを初めて写す」というのである。「画工は余程胆力がなければなりませぬ」「例へば生徒を仕立てるには、画の法を教へるにも何んにも及ばない、唯力を植込みさへすれば宜《よろ》しい。さうして画は其人々《ひとびと》が自ら書出すのでなければ、真の画は出来ない」といってるところと共通する。

「技術によってやる人と、美術によってやる人と」があるが、技術にのみよっている者は年老いてから体力の衰えとともにいい仕事は出来なくなる、「美術者の方は、年を取るに随って経験を積み思想が高尚になるから、若い時よりも高尚なものが出来るやうになります」「これを語っているとき、雅邦すでに六一歳、還暦の祝いはすませていた」といい、「画の善悪は筆に在るものでなくして、其心持にある」、そういう「世の中にならなければなりませぬ」と、岡倉と同じ主張を力説している。

春草は、あれだけ線が第一だといっておきながら、一年後には没線画に取組む。いわば明治三一年（一八九八）から三二年（一八九八）にかけて転向を経験したわけだが、そんな愛弟子の苦闘を雅邦はそうっと見つめていたのだろうか。

「新思想の絵画」

岡倉は、日本美術院の活動を、「吾会の主義が新思想の絵画を社会に紹介し様《よう》と言ふのであります」（『國民新聞』明治三二年一〇月二八日）と公言している。「新思想の絵画」というのは、〈絵画の新思想〉ではない。「新思想」すなわち明治という新時代を担い、新時代のありかたを体現した絵画という意味である。つまり、ここでは「絵画」という概念はすでに既定のものとして考えられている。その上に求められる新思想である。

日本美術院が事実上消滅を迎える明治三六年（一九〇三）、その三月の第一三回絵画互評会から岡倉の発言を拾ってみる。

其品位の俗なると否とは、材料の故にも非ず、又実景に近き故にも非ず。凡そ品位や美の観念を与ふるは、物を離れ、普遍性を脱して、個相を理想化する所にあり。想化の力高ければ自ら品位あり。何にても想化力あるを要す。

想化力、理想化する力といういいかたが新しい。概念的な描写でなく個のもつ〈理想〉の姿を描き出すことという意味である。個に内在する生きた「普遍」を描き出すことというのである。これは、画家にとってはなかなかの難題である。しかし、絵の品位はその想化力によって獲得されるのだという。

水の描きかたについての発言がある。

中島醴泉《れいせん》の水の描きかたが新味があると多くの出席者が褒めたのを受けて、岡倉はこう言っている、「醴泉氏の斬新は問題ならんか。其水に映る等《など》は、日本画にこそ新しけれ、外国にては新奇にあらず。之を日本画に調和するは可なるも、以て真正の新法とは謂ふべからず」。

この発言の趣旨をさらに具体的に語っているのが、同年七月の第二四回絵画研究会の席上である。『波浪』という課題であった。

水と風との活動は古来描き易からず、是れ其固体よりも捕捉し難きが故なり。欧州にても前世紀の初めに英《イギリス》のトルノル［ターナー］より成功して、ラスキンの激賞する所となりたり。（略）海上の作品は独り欧州に於ける発達の近世紀にあるのみならず、東洋にても亦均しく晩かりき。想ふに東洋画に於て波浪の図を見得るは殆ど古からざる様なり。支那は大陸の国なれば江河の外は多く知るに由なく、其潮汐さへも川潮のみなり。併し水の作品は唐代以来に苦心家ありき。道家の説よりして龍虎の画あり。其龍と共に水の作も亦行はれたり。宋時代ともなれば水の苦心家更に多く、殊に龍画の水の工夫を多しとす。下りて楊月澗などの作に見るも、其水の性や活動あり。而して東洋の水は線条の方面より来れるが故に、中には一筆にて丈をなすものあり。彼の馬麟なども線描の方にて、雪舟、雪村等も亦線描の水たり。つまり一種の形式となれり。元より明代に入るに、顔輝風の波は縄の如く、其次は又模様となり、次いでは更に光琳等の風《ふう》となり、次は狩野の固まりたる波、次は浮世絵の索麵《そうめん》或は岩石の如き波となる。故に濃淡や色の研究は何れも不足なり。彼の写生派たる応挙、呉春等も亦線描の方なりし故、仮令《たとえ》線なき波を描くとも、其水は猶《な》ほ発達せざりき。後来は線条の水以外に、濃淡や色の研究を重んずべし。併し純然たる洋画となりては特色を失ふ故、動けば線の妙あるを要とす。今日の作も色の濃淡に妙なるは却って線描に遠し。日本画は理想を基ゐとして来れるもの故、無意味の写生にては不足なり。独り景のみにて、情なくんば不可なりとす。

（塩田力蔵筆記）

六年後に東京大学で行なった「泰東巧芸史」の一コマにしたい内容である。しかもこれは、画家たちの制作方針として語られているのである。その指し示しているところは、まだ誰にも実現しえていない。橋本雅邦には出来ない教えかたである。ここでは「想」の代りに「情」といっている。確かに見えないものを語っているという点では、岡倉自身も探しているのだ。

出奔

研究会や互評会にはきちんと出席し、地方の巡回展のためには準備交渉に出張し、展覧会が始まれば始まるで再び出かけ、それぞれの出品振りを点検し、地方の有力者と交流することを怠らなかった岡倉であるが、内心は、おそらく、他人《ひと》にはいえない煩悶と悔恨に苛《さいな》まれていたにちがいない。星崎波津子とのあいだのことが、最大の要因であったと推測される。

明治三四年（一九〇一）四月一三日の「第五回絵画研究会」にはちゃんと出席し、「実際を逃るゝは可なるも、実際を失ふは不可なり」などと発言している［ここでは余談になるが、この発言につづけて、岡倉は「光琳等の古画を見よ。桜は桜らしきに非ずや」と光琳を引き合いに出している］。その一週間後の四月一九日、橋本雅邦と剣持忠四郎に手紙を送って出奔した。

「御老体に今更御心労相かけ」とても心苦しいけれども、「浮世の事柄唯々厭《ただただいと》やに相成此上《このうえ》ハ行雲流水《ぎょううんりゅうすい》を逐《お》ひ世外の月を看度」と書き出す雅邦宛四月一九日付の手紙がある。一八日にも二人は会っているのだが、そのときは口に出せなかった。引き取められるのは判っていたから。だから、こうして突然出て行きます。「年来耐へ〳〵来り候へ共此両三日ニ到りてハ世の中つく〳〵いやに相成申候」、「決して行跡御捜索被下間敷《くだされまじく》」と念を押し、「些々タル一家の私事より世の事業ヲ捨テ候ハ如何ニモ狭量ニ有之」、自分の愚かさはよく判っている、他人に笑われるのは覚悟の上、院の後の事をくれぐれもよろしく、と書いている。

剣持にも手紙を書いて、委細は雅邦翁に手紙を出して置いたから後を頼む、と認めた。

しかし、岡倉はどこへ逃げていたのか、すぐ見つかって連れ戻され、この家出は失敗に終った。五月七日付剣持に出した手紙には、そんな事件を起したことはいっさい匂わない地方巡回展の事務処理を指示する文章を連ねている。

この時期、日本美術院の財政状態は逼迫して、運営もままならなかったといわれている。そういえば、さきほどの雅邦宛の家出の置手紙の追伸にも、「小生去り候上ハ院の事務員ハ御見込ヲ以て無遠慮《えんりょなく》御任免被下度《くだされたく》候　高瀬典曠の如きも此際会計主任ヲ解職相成度候」などと書いているから、院の事務経営も乱れていたのだろう。

しかし、展覧会の出品者、点数、入場者数をみているかぎり、そんなに危機的でもない。

とりあえず、日本絵画協会共進会の出品者数、出品数、入場者数をひと眺めしてみよう。

出品者・点数、入場者数の推移

明治三一年（一八九八）一〇月一五日〜一一月二〇日、第五回日本絵画協会絵画共進会［第一回日本美術院展］於谷中日本美術院、出品者数、入場者数不明。出品八〇〇余点。

明治三二年（一八九九）一〇月一五日〜一一月二〇日、第七回［第二回］展、於上野旧博覧会五号館、出品者数四六三名、出品八三四点、入場者二五、〇〇〇名。

明治三三年（一九〇〇）四月一日〜三〇日、第八回［第三回］展、於上野、五号館、出品者四三八名、出品八二五点、入場者一二、八八一名。

明治三三年（一九〇〇）一〇月二五日〜一二月八日、第九回［第四回］展、於上野、五号館、出品者六五四名、出品一、二六二点、入場者不明。

明治三四年（一九〇一）三月二日〜三一日、第一〇回［第五回］展、於上野、五号館、出品者四六六名、出品九八三点、入場者一四、三八九名。

明治三四年（一九〇一）一〇月一二日〜一二月九日、第一一回［第六回］展、於上野、五号館、出品者五一八名、出品一、一一四点、入場者一八、八八六名。

明治三五年（一九〇二）三月二日〜二九日、第一二回［第七回］展、於上野、五号館、出品者四九六名、出品九四六点、入場者一六、二一二名。

明治三五年（一九〇二）一〇月一日〜一一月三〇日、第一三回［第八回］展、於谷中、日本美術院、出品者五一〇名、出品八九一点、入場者六、五五九名。

明治三六年（一九〇三）四月一一日～五月七日、第一四回［第九回］展、於上野、五号館、出品者九七名、出品一六九点、入場者六、二〇六名。

明治三六年（一九〇三）一〇月一〇日～一一月一五日、第一五回［第一〇回］展、於谷中、日本美術院、出品者八七名、出品二五〇点、入場者数不明。

展覧会の数字から眺めていると、急に下降しはじめるのは明治三五年秋の入場者数にその徴候が出、明治三六年は、出品者も入場者も惨憺たるものとなった。その意味では、明治三四年の段階では、院の構成員たちに驕《おご》りや腐敗があったとしても、「基礎も相立《あいたち》若い先生方も益《ますま》ス盛名ヲ負ハれ候ニ付此先大《このさきおおい》ニ安心」（前出雅邦宛四月一九日書簡）とみえていた。

2　インド旅行

インドへ

岡倉が、ジョセフィン・マクロード、堀至徳とインドへ向ったのは、明治三四年一二月。四月の家出騒ぎ以来、どこか遠くへ行きたいという願いを、こういう形で実現したといってもいいだろう。

年末にコロンボに着、明治三五年（一九〇二）元旦、マドラスに着いた。インドの南端である。そこから汽車でカルカッタへ行き、郊外のハウラーにあるベルル寺にいるヴィヴェカーナンダと会った。ヴィヴェカーナンダと会うことはあらかじめ日本を発つ前から手筈をしていたことで、同行した仏教徒青年堀至徳の母親に、出発前岡倉が出した手紙が一通あり、そこで、インドではヴィヴェカーナンダの世話になること、ヴィヴェカーナンダは「同国一流の学者」であることなど認めて、母親を安心させようとしている。

堀は、ともかく仏教発祥の地インドへ行って研鑽を積みたいという気持だけで、インド行きを決めたようで、旅費も工面して、岡倉らと同行した。岡倉は、内務省に所属する国宝保存会からの派遣という手続きをとっていた［堀至徳は、身体はあまり壮健でなかったようで、カルカッタに着いてすぐに腹痛を起し、岡倉に看病してもらっている。そして、岡倉が帰国したあともインドに残った堀は、明治三六年（一九〇三）一一月二四日、その地で命を終えた。破傷風に罹ったという。日本を発って二年後のことだった］。

カルカッタでは、ヴィヴェカーナンダのもとで布教活動とサンスクリット研究に従事していたニヴェディタ［本名マーガレット・ノーブルというイギリス女性］を紹介された。オリー・ブル夫人という女性とも知りあった。ニヴェディタは、その後の岡倉のインドにおける行動に大きな影響を持つことになる。

ヴィヴェカーナンダの案内でブッダガヤを訪ね、あるいは彼の弟子の案内で、グワーリオール、アジャンタ、エローラ、ボンベイ、ジャイプル、デリーからラホールへとインドの石窟遺跡等を巡っている。当地へ着いた一月から四月ごろは、こうしてインド北部を旅する日が多かった。

インド滞在は一年におよぶのだが、後半はタゴールとの交流などのエピソードは伝えられているが「四月一九日、ラビンドラナート・タゴール（一八六一〜一九四一）の甥スレンドラナートの案内で、堀至徳、織田得能らと連れ立ちブッダガヤへ再び仏跡を訪ねて二八日にカルカッタへ戻ったのが、最後のインド国内の旅の記録である」、ほとんどこのベンガル地方を離れることはなかった。つまり、タゴール家に居候《いそうろう》しつづけた。

インドでの活動

岡倉がインドへ行った名目は、インド古美術の調査だったが、インドで行なったこととして、四種挙げることができる。


一つは、インド古跡芸術文化の調査。

二つめは、東洋宗教会議の計画。

三つめ、最初の英文著書“The Ideals of the East”の出版。

四つめが、のちに『東洋の覚醒』という邦訳のタイトルをつけられた英文草稿を遺したこと。

インド美術観

帰国後、新聞記者に語った談話が、『國民新聞』（一九〇二年一一月五日）や『日本』（一九〇二年一一月三日）に載ったり、史学会の例会で報告講演をしている（『史学雑誌』第十四編第一号、一九〇三年一月）。しかし、一〇年前の清国旅行のときのように筆を執ってはいない。

談話や講演を読むと、インド文化と日本との関係を強調し、同時に日本を中心にして中国とインドの関係を考えようとする傾向が強くなっていることが判る。

「亜細亜古代の美術が殆ど一の織物の如くなって日本ハ支那を經《けい》とし印度を緯《ゐ》として織り出した有様がある。仏在世以後、阿育王《あそかわう》並に月氏族のカニシカ王時代のものハ不思議にも、漢魏六朝、延いてハ古代朝鮮並びに我推古朝に至る迄の日本美術と性質を同じくした事である」とか、「印度の仏教第二期に於ける西暦四世紀より八世紀に跨《また》がっては印度の美術が支那より延いて我朝に及ぼして居る、同国のアジャンタの壁画は我が法隆寺金堂の壁画とテクニックを同じうして居る。同国のエロラの石彫の如きは支那洛陽龍門山の仏像、又は我が薬師寺の三尊仏と様式を同じうする、是等ハ其当時、印度人が夥《おびただ》しく支那に伝道の為めに入りし事、又陳那《ちんな》三蔵、真諦《しんたい》三蔵、玄奘《げんじよう》三蔵其他が求法のために印度に入って其様式を伝へた結果にもある」、また「西暦十二世紀頃、モハメダンが印度に闖入して（略）此時に於て最も驚くべきは支那現代の様式が印度に逆輸入した事である。（略）此モハメダン朝は取《とり》も直さず元朝の祖先と血脈を同じくする蒙古人にして僕の携帯して帰った比頃の古画の如きは著るしく元末の特色を現はしたものである」とか、記者に書かせている（「印度美術談」『都新聞』一九〇三年一月二日）。

東洋宗教会議

ヴィヴェカーナンダは、シカゴ万国博覧会のさい開催された世界宗教会議に出席して名を馳せた人物であった。それをこんどは日本で開こうではないかという話が、岡倉とのあいだに盛り上がったことは想像に難くない。

インドに着いてすぐ織田得能（一八六〇～一九一一）に手紙を送っており、織田は、一月二二日日本を発ち三月一八日カルカッタに入っている。そして、三人で東洋宗教会議の計画を論議した。

織田は浅草宗恩寺の住職をしていたが、明治二二年（一八八九）シャムへ行き南方仏教の研究もしていた。明治三一年（一八九八）九月、巣鴨監獄で仏教教誨師を免職させキリスト教の牧師を採用しようとしたとき反対した仏教側の騒動に加担し、真宗大谷派の僧籍を剝奪された。それから織田は、生涯をかけて『仏教大辞典』の編纂に取り組んでいた。

織田と岡倉がどんなふうにして知り合い、どんなふうにして東洋宗教会議の開催を企画していったのか、記録はのこっていない。織田は五月一日にはもう日本へ向っている。日本仏教界ではアウトサイダーのような存在の織田に、この会議を主導する任は不向きだったことは確かだ。

そこへ、七月九日、ヴィヴェカーナンダが亡くなり、この会議の見通しは暗くなった。それでも岡倉は開催の夢は捨てず、帰国後京都市長に会ったり工作を試みたが、ついに計画は育たなかった。『萬朝報』や“The Japan Times”には、岡倉の計画を悪しざまに罵しる記事が出たり、いろいろ取りざたされたが、岡倉にしてみれば、さまざまな宗旨や宗派に分裂しているいろいろな宗教の根源にあるものを問い合い語り合えるような場を設定してみたかったのだろう。それが、かつて岡倉自身が考えていたような「普遍美術」「世界美術」と比べられる「普遍宗教」への灯をかざすことができるとはいわないにしても、ともかく「一つ」のところで考え合える場は、彼の夢だった。

最初の英文著書

これまでにも英文で書いたものが印刷されており〔“The HŌ-Ō-Den”などパンフレットとはいえ一冊の体裁を成してはいるが〕、まとまった内容と分量を持った本としては、岡倉にとって、"The Ideals of the East with special reference to the art of Japan", John Murray, London, 1903が最初の著書である。クロス装、四六版、本文二四四ページ。葡萄茶《えびちゃ》色のクロスに朱のインクで枠を囲った中に同じ色の花模様をあしらい、書名と著者名が印字されている。著者名は、表紙も背も扉も、KAKASU OKAKURAとなっている。背は金文字である。本文は厚手の紙を使っているので二四四ページと扉、目次、ニヴェディタの序文二一ページ、巻末広告四ページと表紙を加えると三センチの厚さがある。

この本を岡倉はインド滞在中に書き上げ、ニヴェディタに托し、日本へ帰ったあと明治三六年（一九〇三）二月ごろ、ロンドンのジョン・マレー社から出版された。

多くの伝記や研究書がこれは日本で書かれていて、それにインドで加筆し、とくに巻頭のThe Range of Ideals［諸理想の範囲］と巻末のThe Vista［通景—追憶と展望］はインドで新たに書下したと推測している。息子の一雄は、「過去一ケ年の間に執筆した英文『東洋の理想』の一篇を、倫《ロン》敦《ドン》の書肆ジョン・ムレーで発行すべき下交渉が、ミス・マクラードの手を通じてなされてゐた」と書き、清見陸郎が塩田力蔵から聞いた話では、「インドへ発途する少しく前かた、天心はしきりと英文の草稿を作りつゝ、『書きたいことは頭に一杯だが、さて筆を執って見るとなかなか思ふやうに現はせない』といふ意味の歎声を翁［塩田力蔵］に洩らしたといふ」。それが『東洋の理想』の初稿——少なくともその一部分」かという。

岡倉自身は成立事情について、ほとんど公言していない。ただ一つ、都新聞記者は英文著書刊行の話を聞いて、こうまとめている。

東洋美術ハ此《かく》の如きものにして印度に入って研究するにハ決して他邦に入った感じが起らない、其他、風俗日用品などに於ても我仏教的美術にハ離るべからざる関係を以て居る《ママ》。美術以外にも調査を遂《と》げたら面白い結果が沢山あるであらうから這《こん》な事に就いて小冊子を倫敦《ろんどん》で目下発刊しつゝあり謹んで外国の意見を問うて見やうと思って来年一二月中にハ到着する考である。

もう一つ。大正二年（一九一三）、この本を翻訳刊行したいという小池素康［雑誌『研精美術』の主幹］の申し出に対する返書にこういっている。

拝啓　拙著泰東理想論翻訳の儀ニ就テハ同書は十余年前印度旅行中匆々《そうそう》起草セシモノにて十分校正ヲ経スして上木候モノニ有之（表題の小生姓名迄ニモ誤植有之候）不本意の箇所不少《すくなからず》御座候ニ付再版の際改訂致度考ニ候　是迄他ニモ翻訳申込の向きモ有之候へ共一切御断リ候次第ニ有之候間右御印行御見合被下度比段御原稿相添御回答迄　匆々　五月十七日　岡倉覚三

「御原稿」とあるのは、もう訳稿が出ていたのか。とにかく、岡倉は、この著書は旅行中に慌だしく書いたもので不満の多い本だからこのままでは再刊したくないと思っていた。インドから帰ったばかりのころは、もう少し期待しているところもある発言だが、一〇年後には、この自著は見たくもないという感じである。六角紫水のこんな思い出もある。

「先生の英文著《ママ》である有名な“The Ideas《ママ》 of First《ママ》”の論文を印度の客舎でお書きになって、それを英国へ送られたのであった。『多分英国では、印度をして自覚せしめる様なこの文章の出版は許すまい』との御懸念はあった様であるが、ともかく、英国の書店に送られた処、ロンドンのジョン・マレー書店より先づ五〇〇部を出版すると言ふ通知が来、英国の比較的自由なるに先生も驚いて居られた。所がそれが大変評判となって、更に千部の再版を許可されたい故、『若し校正、訂正の個所あらば、此の機会に直されたい』と申込んで来たが、先生は一向にお直しになる様子もなく、無雑作にそのまゝ再版を御許可になった。同著述は、後年迄、幾度となく再版され、その都度、都度、原稿料を、先生の手元に確実に送ってくるのに、先生は『日本人なら、知らん顔をしてゐるんだが、英国人はさすが紳士道を重んずるね』と言って居られた事を記憶して居る。」（「岡倉天心先生の想出」『美之國』第十二巻第三号、一九三六年三月）

　これは昭和一〇年代の回想であるから、まったく信じてしまっていいとはいえない回想の類の一つである。とはいえ、紫水の創作というにはかえって思いつきで語られない内容を伝えている。そういう留保をつけながらも、「印度をして自覚せしめる」云々の岡倉の言葉などに注意しておきたい。『東洋の覚醒』と後世の人が勝手に付けた英文草稿にこう言っているのならよく判るが、岡倉は、“The Ideals of the East”を「印度をして自覚せしめる」目的を持って書いていたということを当人が洩らしていると紫水は回想している。

再版のさいに、ジョン・マレー社が訂正があればと申し出ているのに放置しておいたというのも、この本に対する岡倉自身の愛着度を示してくれる。日本で出版などしてほしくないという大正二年の小杉宛の書簡内容を裏書きする態度であると同時に、再刊するなら改訂しなきゃいかんが、その気にもならないという態度が隠れている。

The Ideals of the East この本は、これまで『東洋の理想』と訳され出版されてきた［最初の邦訳の試み、三章の途中までを『現代之美術』第二巻二号（一九二九年五月）に載せた若月松之助訳は「東方の理想」とし、岩波文庫が『東邦の理想』村岡博訳（一九四三）である］。その訳語のせいもあると思われるが、「理想」を単数と理解した「東洋の理想」論がほとんどこれまでの議論を支配してきた。「理想」を単数とすることによって、冒頭の Asia is one.［アジアは一つ］の句が輝きを増し、「東洋の理想は一である」という想念と大東共栄圏の思想が合体してきたのだった。

岡倉自身は、小杉編集子宛の手紙で「泰東理想論」という訳語を当てており、「論」という一字が付き、「東洋の」の「の」が抜けることによって「理想」の単数性は弱まっている。この Ideal という英語にどこまでヘーゲルの「イデアール」概念が反映しているかは判読し難いが、ほとんど無自覚のうちに岡倉が当時のヘーゲル主義と進化思想に塗れた術語［英語］を使っているとすると、この

Idealにヘーゲルが「美学講義」で使っていた意味合いを汲んで理解するのがいいかもしれない。

岡倉はボサンケのヘーゲル美学序論の英訳に目は通していたはずだし、本著の第一章、“The Range of Ideals” の range もボサンケ版の英訳ヘーゲルに登場する。そんなことを考慮に入れると、『東洋の理想態』とでも訳した方が原著の書名に近い訳になっているといえよう。このタイトルには、副題 with special reference to the art of Japan［とくに日本の美術に関して］がついていて、日本の美術が東洋の理想態の一つだという意味を響かせている。

いずれにせよ、この書名は、東方世界の諸理想、複数の理想を指している。決して、アジアの理想の代表としての日本を指してはいない。複数の「理想」は、インドと中国と日本の三つの理想形態を指していると読んでいる論者もいるが、それはやはり、「理想」という概念を固定化したい気持に逸った解釈であろう。さもないと、第一章の“The Range of Ideals”の range［領域］は、インドと中国と日本の理想の領域しか語らないことになってしまう。この章で、岡倉は「アジア」と呼びうる領域に出入りするあらゆる「理想」に眼を配ろうとしていることを見定めておきたい。「アラブの騎士道、ペルシアの詩、中国の倫理、インドの思想、これらすべてが、一つのアジア的なる平和を語っている」のである。

「日本はアジア文明の博物館」

しかし、こうしたアジア文化の盛衰を経た歴史遺産を、「その秘蔵の実例によって系統的に研究できるのは、日本だけである」といい、「かくして、日本はアジア文明の博物館」であると岡倉はつづけていく。日本がアジア文明の博物館であるという言説は、後述するように、彼の〈美術史〉への姿勢を考えれば、岡倉の立っていた時点において、アジアの美術史［文明史］を構築する［美術史として記述する］ことができるのは、いま日本だけだといおうとしたと理解したい。だが、彼がそのように言い切ったとき、たしかに、日本はアジア諸文明の頂点に立つ位置を権力として獲得しているという表明と受けとられることも避けることができない。岡倉は、それを裏付ける発言を、インドから帰国した直後の『日本』新聞の記者へのインタヴューでしてさえいる——「印度では非常に我邦人を歓迎しますが其理由は東洋の盟主であると尊奉してゐるので」。

英文著書“The Ideals of the East”に、その台詞と見合う考えが、「東洋世界の多くが降伏した嵐を凌いだ日本」というような表現で見出せる。

こういう考え、日本を東洋の盟主とするような考えが「アジアは一つ」と安直に結びつけられて、昭和一〇年代から大東亜戦争へかけての「天心」讃仰の風潮に活用された。しかし、日本を東洋の盟主と自負する発言は、明治三〇年代前半以前の岡倉には見つけ難い。『國華』発刊のさいの、岡倉と九鬼の文章を比べてみるだけでもそれがよく判る。“The Ideals of the East”では天皇に対する言及も出てきて、それを日本語に訳すとき、その訳語の選びかた次第で意味合いがちがってくる、例えば、「明治時代」の章の冒頭、“The Meiji period begins formally with accession in 1868 of the present Emperor, under whose august direction a new ordeal, unlike any in the annals of our country, has had to be faced.”というところ、「明治時代は、形式的には一八六八年の現在の天皇の即位と共に始まり、その威厳ある指導の下、わが国の歴史上かつてなかった新しい試練に直面した」など「現在の天皇」を「今上天皇」と訳すだけでその思想と主義の相違が明らかになる。英文で岡倉は the present Emperor と書いていて、「現在の天皇」とも「今上天皇」とも書いていない。どちらかの訳語に沿って読むことによって、岡倉の思想を読みまちがう場合もでてくる。しかし、『國華』のように日本語で書いていると、その点ははっきりしていて、いわば九鬼がつねに一字空白を置いて姿勢と呼吸を正し「今上天皇陛下」と書いているのに対し、そのころの岡倉は、形式に沿って一字は空けるが「現在の天皇」という姿勢である。

岡倉の英文を見ていても、Majesty〔陛下〕などという語を使っていなくて、the present Emperor は「現在の天皇」のニュアンスに近い。別のところでも、「ミカドの神々しい光背」the transfigured halo of Mikado と、「天皇」を英語で話す人々の文脈のなかに置きかえている。その意味では、「天皇」に対する発言のときの姿勢は明治二〇年代からそんなに変化していないといえる。

しかし、「日本」という国家の位置づけは大きく変った。それはなにに起因しているのか。おそらく、イギリスの植民地と化しているインドを訪れたことが、大きな契機になっているだろう。祖国が他の国の支配下にある姿に、岡倉は誰よりも心を痛め、ひるがえって〈日本〉のありかたをあらためて考えた。その考えの結実が、“The Ideals of the East”のなかの「明治時代」の章に表出されている。

もう一つの要因は、東京美術学校を逐われて日本美術院を創設しその運営に苦労していく過程で醸成されていった、いいかえれば国家の役人としての指導者から一私人という立場での指導者に転換したところにある。文部省の官吏であり宮内省にも籍を置いて行政の舵を取り笛を吹いていたときは、すぐ背後に「日本」のナショナルな権威が聳えていたのだが、そうしてナショナルな権威を背にしていることによって、岡倉は、自分のなかのナショナリズムをわざわざ検証しなおす必要性を感じていなかった。その意味で、彼は自由と自立を愛し尊重する人間だった。横山大観がくりかえし「先生の民衆的立場」などというのは、岡倉のこんな面をも指しているにちがいない。岡倉の奔放さ天才肌というのもいろんな人が指摘する彼の特質だが、それは国家政府に保証されている立場が逆に可能にしたものといえる。ナショナルな権威に支えられていることによって、ナショナリズムから自由でいられたのが、東京美術学校と帝国博物館時代の岡倉だった。

ところが、官を離れてみると、その私立の一制度にすぎない日本美術院の活動には背後に保証してくれるものはなにもいない。経済的な意味でもそうだが、思想的にも支えてくれるものはなくなったのである。

「新思想の絵画」の思想的支柱としての〈日本〉を、そのときの岡倉はやみくもに必要としていたはずであり、言辞としての「東洋の盟主日本」は呪文のように彼の内部に住みついた。

Asia is one.［アジアは一つ］という“The Ideals of the East”の冒頭の一句は、そういう彼の心情の変化と呼応して発せられた。

「アジアは一つ」　この一句が、岡倉天心を有名にしたのだが、岡倉自身は、この言葉を一回きり、しかも英語でしか書いていない。いいかえれば日本語で「アジアは一つ」とか

「亜細亜ハ一な里」［一九四二年五浦の旧宅の庭に大観の揮毫によって建てられた碑の文字］とかはいちども言わなかったということである。

　この一句は、イギリス政府の監視下に生活せざるをえないインドの人びと、それを憂いているインドの知識人へ、連帯の挨拶として発した言葉である。のちに、アメリカへ行ってからも、英語ででもこの一句は発することはなかった。

　Asia is one. のあと「ヒマラヤ山脈は、孔子の共同主義を旗印とする中国とヴェーダの個人主義を旗印とするインドという二つの大文明を際立たせるためにのみ聳えているにすぎない。この雪の障壁でさえアジアの民族の共通の遺産たる〈究極〉と〈普遍〉への愛の拡がりを一瞬といえども邪魔することはない」と詩的な比喩に彩られた文章がつづき、これまでも多くの研究家がこの文章の解読に心をくだいてきた。この一句の謎が解ければ、岡倉天心の思想は解けるとばかりに取り組まれてきた。しかし、この一句が岡倉天心の思想の核心であるという考えは、昭和一〇年代に岡倉をあげつらった人びとが打ち出したことである。岡倉自身の数少ない証言も、そうでないことを

五浦の庭に建つ「亞細亞ハ一な里」碑

示しているのに。「アジアは一つ」が称揚宣布された「大東亜戦争」の時代が終ったとき、こういう言葉を発した岡倉天心を遠ざけ忘れ去ろうとする時期があった。だが、あの一句は一部軍国主義者、国粋主義者によって侵略戦争のために利用され悪用されたのであって、岡倉天心の本意ではないという声とともに、再び岡倉を論じ［「アジアは一つ」と言った近代日本美術文化の推進者として］賞揚しようとする動きが現われた。「帝国主義者岡倉天心」は排除されたが、「アジアは一つ」の意義は護られてきた。再び論じられる岡倉は、やはり「アジアは一つ」の岡倉天心なのだった。

Asia is one. と岡倉がここで書くとき、その発言を支えていたのは、ヴィヴェカーナンダがよく口にしていた「アドヴァイタ［不二一元］論 Adwaita idea」である。岡倉はこのアドヴァイタという語に註をつけて説明している、「アドヴァイタという語は、二ではないという状態を意味し、偉大なインドの教義に使われている名称である。存在するものはすべて、外見は多様であるけれども、本当のところは一つであるというのである。したがって、あらゆる真理は、一つの特殊のなかに見出すことができ、宇宙総体はすべての細部に宿らねばならない。つまり、一切はひとしなみに貴重な存在となる」と。「アジアは一つ」の肉付けにこれ以上の言葉は不要といえよう。現実に、政治的に、あるいは地理的にアジアは一つかどうかは、まったく議論にならない場で、岡倉はこの一句を発していた。

岡倉は、ヴィヴェカーナンダの教説をどこまで読み込んでいたかはよく判らないが、この「アドヴァイタ」という言葉は、いたく気に入ったようである。概念としては、彼が愛していた老荘の思想とも調和する、逆説的で詩的で、箴言的な言葉である。

「東洋の覚醒」という表題を持つもう一つの英文著述が知られている。平凡社版全集でもこのタイトルで収録されているが、岡倉は、このタイトルの原稿はのこしていない。

もう一つの英文草稿

インドで書かれたとみられる英文ノートは、昭和一三年（一九三八）、孫の岡倉古志郎が形見の書籍・ノート類のなかから見つけたもので、最初からタイトルもなにもついていない。縦三三センチ、横二〇・五センチメートルの大判横罫ノートに、ペン書き、見開きの右ページに岡倉が英文を綴り、その語句をニヴェディタが添削している。ニヴェディタと断定したのは、そのノートの筆跡がニヴェディタ全集に収録されている原稿の写真にみえる筆跡と酷似しているからである。

ニヴェディタの添削には二種類あって、一つは岡倉の英語を消し別の語に書き変えている場合。もう一つは下線を引き、欄外や左ページに別の案を書いている場合とである。その提案を岡倉がまたもとに戻している箇所もある。

原文のⅢ章は、途中から筆蹟が変る。岡倉でもニヴェディタのでもない。誰かが口述筆記したらしい。それに岡倉が手を加え、ニヴェディタが添削している。しかし、最後の章は岡倉が書いてニヴェディタの書き込みはない。ほかに、Ⅳ Cancelled と記されたニヴェディタの文章の紙片が挿み込まれていたり、そのタイトルを考えたメモか、Asia is One./Om ! to the Spirit of Asia/The Spirit. などが書かれて線を引いて消され、We are one. だけがのこされている紙片も挿まっていた。

発見された当初、昭和一三年七月、河出書房から『理想の再建』というタイトルが付けられて出版

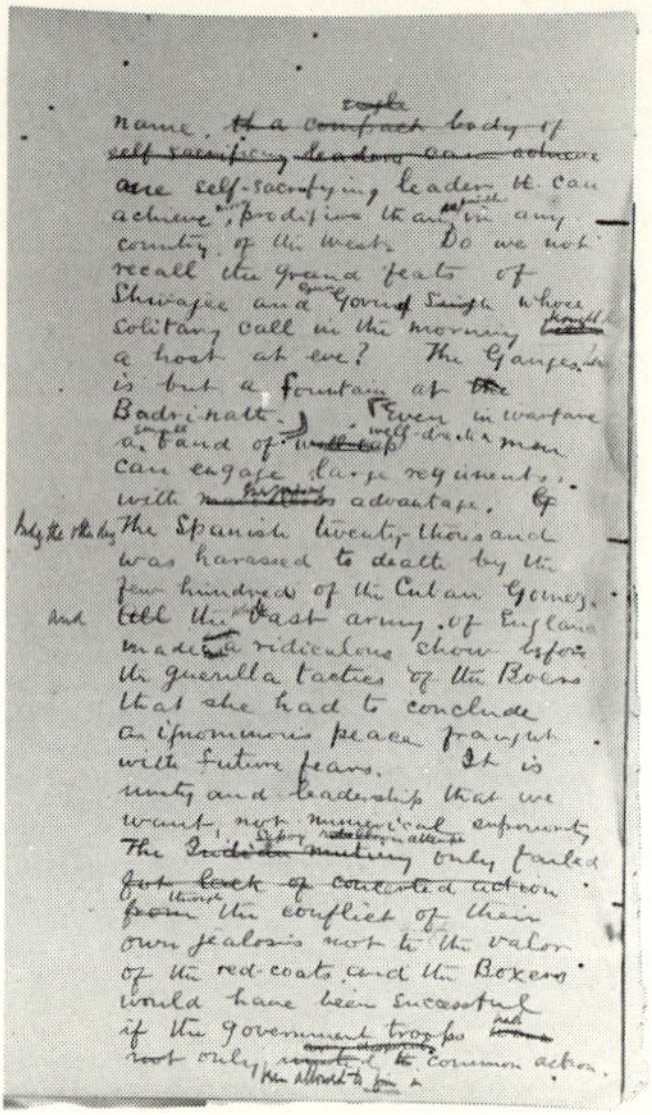
name. compact body of self-sacrificing leaders can achieve prodigies than in any country of the West. Do we not recall the grand feats of Shivajee and Guru Govind Singh whose solitary call in the morning brought a host at eve? The Ganges is but a fountain at the Badrinath. Even in warfare a small band of well-drilled men can engage large regiments with enormous advantage. Of the Spanish twenty thousand was harassed to death by the few hundreds of the Cuban Gomez, and the vast army of England made a ridiculous show before the guerilla tactics of the Boers that she had to conclude an ignominious peace fraught with future fears. It is unity and leadership that we want, not numerical superiority. The Sepoy mutiny only failed from lack of concerted action from the conflict of their own jealousies not to the valor of the red-coats and the Boxers would have been successful if the government troops had not only joined to common action.

英文未刊草稿の一頁

された。その翌年一〇月、六藝社から『岡倉天心全集』が企画され、その第三巻に、浅野晃訳「東洋の覚醒」と題して収録された。その翌年、昭和一五年（一九四〇）六月、浅野の序文と註釈付きで、その英文版が出版された。発行所は聖文閣。聖文閣と六藝社は発行者は同じ福田久造だった。

浅野は、この英文版に"The Awakening of the East by Okakura-Kakuzo"とタイトルを付けたが、これは浅野の創作である。こうして、岡倉天心は、"The Ideals of the East", 1903. のほかにアメリカで出版した"The Awakening of Japan", The Century Co., N. Y. 1905. "The Book of Tea", Fox Duffield, N. Y. 1906. にこの"The Awakening of the East"を加えて四種の英文著作を書いたということが定説化し、「天心の英文四部作」などと通称されるようになった。

だが、"The Awakening of the East"という本も「東洋の覚醒」という本も、岡倉覚三は遺していない。そういうタイトルを与えられて後世流布した英文ノートのことを、これからは「英文未刊草稿」と呼ぶことにしたい。岡倉の存命中に公刊されもしなかったし、"The Ideals of the East"への態度から推察しても、この本を出版したいと生前の岡倉は考えなかっただろうから、「英文四部作」

などといういいかたもしないほうがいい。

岡倉覚三という人物の思想と生きた軌跡を彼の生きた考えかたにできるだけ近くにそえるように考えてみたいとするとき、昭和一〇年代につくられた岡倉像は、よく気をつけて剝がしていかなければならない。

この英文未刊草稿を、息子の岡倉一雄は、『日本の理想《ママ》』〔"The Awakening of Japan"のこと〕の第一案だったかもしれないと記しているが、これも昭和一〇年代の勝手な推測である。この草稿について本人はいっさい言葉をのこしていない。そういうノートが、彼の著述と思索のなかでどういう位置づけを持つかは、それを読む者一人一人の判断に委ねられているとしかいえない。

ラビンドラナート・タゴールの甥で岡倉の近くにいたスレンドラナートが回想していて、「終日次の本に取り組んでいた、そのテーマはAwakening of Asiaだった」と記しているが、たしかにこの英文未刊草稿の内容は、インドの実情に憤りを持ってアジアの自立を獲得しようという呼びかけの文章である。

Brothers and Sisters of Asia!〔アジアの兄弟姉妹たちよ!〕の呼びかけで始まるこの草稿は、岡倉がインドにいて、そこに入りこむことによって一気に逸る気持を書きつけたことが伝わってくる。そういう意味では旅の記念品かもしれないが、岡倉の思想の営みのなかで大きな位置を占めてはいない文章群である。

アジア古代への思慕

"The Ideals of the East"と英文未刊草稿は、ほとんど同じ時期に、同じ情況のなかで書かれているから共通点は多い。しかし、"The Ideals of the East"の方は、あとで、岡倉の美術史観を考えるときに、もういちど取り上げねばならない、アジアにおける美術のありかたへの思索が渦巻いている。

岡倉は、この本をまとめることによって、美術の歴史の考えかたへ一つの展望を持つことができた。それは、インドという土地で、その風土の現実を呼吸しその歴史に肌で触れたことによって獲得できたものだった。

それは、アジア古代文化への喪失感、とでもいえばいいか。アジア文化はすでに遠く喪われて取り戻すことができないことを眼のあたりにした実感からくるある感慨と自覚である。

岡倉の英語は比喩と逆接的反語を駆使して踊っているので、日本語に移してしまうとよけいにその奥に沈んでいる影のようなメッセージを汲み取り難いが、過激な思い切りのいい表現ほど、その背後に深い喪失感を隠している。たとえば、

アジアの質素な生活は、ヨーロッパが蒸気と電気によってこんにち際立せる鋭い対比を決して恥じる心配はいらない。

といい、

あの時間を喰い尽す蒸気機関車の凶暴な喜びを全く知らないのは本当だが、しかしアジアは、巡礼と遊行僧によるはるかに深い旅の文化をまだ持っている。

というとき、この文化はもうない、そして取り戻すこともできない、という気持に駆られてこんな言い振りをしているのである。冒頭の「アジアは一つ」もそんな反語として決して一つになり切れない実感を語っていると読むべきかもしれない。「日本はアジア文明の博物館である」という一句もそうである。この一句は次のような文章を引き連れてくる――「いや博物館以上である。なぜならこの民族の並はずれた天分が、過去の諸理想のあらゆる局面に住むことへと導き、あの生けるアドヴァイタの精神において新しきものを古いものを喪失することなく歓迎しようとするからである」。アドヴァイタの精神において新しきものが、古いものを喪わないままに受け容れられるということは、古いものが新しいもののうちに変容しないでは不可能である。とすれば、「博物館以上である」ということは、古いものをそのままに陳列する博物館ではないということなので、岡倉は、包み隠しながらも、その喪失感を洩らしてしまっている。その喪失の感慨を記録できるのは、岡倉にとって、〈美術史を書くこと〉なのである。

インドへ来て、最も確実に得たものはこの古代文化の喪失ということだったかもしれない。この喪失感は、それ以前の岡倉にはないものだった。そしてそれを、岡倉は、喪われたものへの思慕という姿勢で語りつづける。そういう姿勢を保つかぎり、その喪われたものは、まだ取り戻し得るという約束を捨てないでいてくれる。岡倉の英語の文体は、希望と絶望のあいだを揺れ、その振り幅が大きいほど詩的な躍動感を帯びている。

英文未刊草稿は、そんな絶望が逆に岡倉を唆かした文章で、政治的な姿勢をとっているが、なんら現実的な方策は提示されていない。呼びかけている対象が「アジアの兄弟姉妹たちよ」とある分、具体的であり政治性を帯びて読まれるのだが、その文体が解き放っているものは、あの一〇代のころに謳った漢詩「弑君奪國気何豪《きみをしいしくにをうばうきなんぞごうなる》」「老孔卑言蔽天下《ろうこうのひげんてんかをおおい》　無数迂人喧四野《むすうのうじんしやにかまびすし》」といった詩句の響きである。

漢詩のこと

英文未刊草稿は、漢詩を謳うのと同じ表出意識で綴られたものである。したがって、このインド滞在期、岡倉は一篇の漢詩ものこさなかった。

若年のころ、『三匝堂詩草』をまとめ、その後も、東京大学を卒業して東京美術学校の校長になるころまで作詩したものを「痩吟《そうぎん》詩草」と題してまとめ［これは原本は所在不明で大正一一年版天心全集に収録されているだけであるが］、その間、アメリカからヨーロッパへ旅行したときも、感興が湧けば漢詩を書き留めた。もちろん、明治二六年の清国旅行は、漢詩の故郷《ふるさと》の地へ入ったのであるから詩情と詩意識は彼を盛んに刺激し、作詩した。いうなれば、旅をすると、岡倉は、その地が東洋であろうと西洋であろうと、感興を漢詩という形で書き記したのだった。

ところが、インドでは、漢詩を綴ろうという気持が興らなかったらしい。インド体験は、彼に漢詩の奔出路を封じた。代りに、英文未刊草稿の一篇を成さしめた。

漢詩の奔出を封じ込められたということは、しかし、もう少し深い意味がある。ここで、もういちど、彼の漢詩を時代に沿って見直しておこう。『三匝堂詩草』の時代はすでにじゅうぶん引用したので、その章を参照してもらいたい。まず、「痩吟詩草」から一首。

花下髑髏《（かかのどくろ）》

一路腥風咽暮笳《（いちろのせいふうぼかにむせぶ）》
白娥黄葉散殘霞《（はくがこうようざんかにちる）》
可憐金粉三生夢《（あわれむべしきんぷんさんしょうのゆめ）》
無奈垂楊數點鴉《（いかんともするなしすいようすうてんのからす）》
剩井難留古容黛《（のこれるいどもとどめがたしいにしえのかんばせ）》
零紅空想舊繁華《（れいこうむなしくおもうむかしのはんが）》
簪人埋盡千金骨《（かんざしのひとうずめつくすせんきんのほね）》
定是當年鋤下花《（さだめてこれそのとしのじょかのはな）》

昔の美人もいまは墓の下にある無常感を謳った幻想詩だが、墓に咲く花に美人の蘇りをみている。その点にも、この期の岡倉にとって〈古代《いにしえ》〉は彼のなかに生きている、少なくとも蘇りうるものとして感じとられている。

アメリカへ着いて、西海岸から東海岸へ大陸を渡り、「赤峡」［ロッキー山脈か］を過ぎるときの感慨も、その地に埋もれる過ぎ去った生命のはなやぎを想う。明治十九年の日記に記された漢詩である。

赤峡ヲ過き《ぎ》て

一絲鐵路破雲來《いっしのてつろくもをやぶってきたり》
萬疊翠屛傍水開《ばんじょうのすいへいみずをかたわらにしてひらく》
阿爾漢巖聞雪落《アルハンかんはゆきのおちるをきき》
虎狼羅洞見雲回《コロラドはくものめぐるをみる》
斷崖草瘦牛羊死《だんがいのくさやせてぎゅうようしし》
古木風高鷲鳥哀《こぼくのかぜたかくしてしちようかなし》
赤印度人何處去《レッドインディアンいずこへかさり》
黄昏沙漠起塵埃《たそがれのさばくにじんあいおこる》

アメリカ西部の風景を漢詩にしたものは珍しいだろう。旧式の漢詩家には作れない新味溢れる詩なのだが、詩人は〈過去《いにしえ》〉をその身の傍に抱いている。

中国へ行けば至るところ〈古代《いにしえ》〉が大地の下に埋もれていたから、謳う詩はどれも惜昔無常の感を湛えている。「易水《えきすい》」は『太陽』第二号（明治二七年六月）に掲載されたが、その試作が清国を旅した

ときにつけていた日記にのこされている。岡倉の作詩過程が覗けるのでそちらを引用する。［下段は、上段の詩句の変更案である］

易水

白楊蕭索暮天黄（はくようしようさくとしてぼてんはきなり）
雁影蘆花易水荒（がんえいろかえきすいあれる）
誰識秋風無遠近（だれかしるしゆうふうにえんきんなしと）
亦追落葉入咸陽（またらくようをおつてかんようにはいる）

暮天一作戦斜陽又作暮雲荒（ぼてんいつにつくるしやようおののくまたつくるぼうんあれる）
雁影蘆花又作壮士歌殘（そうしのうたのこり）　荒一作黄又長（ながし）
識又作意（おもう）　無遠近又作千里客
亦又作又　追一作吹（ふく）　入一作満（みつ）

秦の始皇帝刺殺の命を帯びた荆軻《けいか》が送ってきてくれた太子丹《たん》と別れ一首詠んだ名所、易水に立った感動を謳っている。ここでも、昔の出来事は彼の胸のうちに蘇って、いわば過去とともに生きている。岡倉にとって、漢詩は、過去、古代と現在をつなぐ通路を作ってくれるものだった。インドではその通路を喪ったのである。

一年の留守

インド滞在は一年に渡った。そのあいだに一冊の本と一冊分の草稿をものすほどに、その旅は、岡倉の日本の生活とはまったく異なった空気を提供した。英文未刊草稿は、旅先で誌す詩の系譜に属すとさきに書いたが、もう一方の、岡倉覚三の思想の展開という面から見れば、若いころに雑誌や新聞に筆名を使って書いた「帝国議会に蟠まる一種の勢力」（『日本人』第三四号、一八八九年一一月）や「二種類の集会」（『日本』一八九一年一一月二一日）と同列に置いてもいい文章である。しかし、こういう文章を一気に書き、書き捨てることでなにかを脱ぎ捨てることはできただろう。それはなによりも現在と古代［過去］の通路を断つ作業になってしまったが。

日本へ帰れば、また日本美術院と家族と、波津が待っている。しかし、波津は、彼の不在中に病院へ収容されていた。

彼が帰国したのは明治三五年（一九〇二）一一月［一〇月三〇日神戸上陸、東洋宗教会議の工作もあり京都に滞在して、新橋駅へ降りたのは一一月二一日］とほとんどその年も終ろうとしていた。

岡倉がインドで約束してきたもう一つの件がある。それは、ティペラというイギリスの保護下にある小王国の宮殿を装飾する仕事で、横山大観と菱田春草を送り出した。明治三六年一月一〇日、二人はもうインドへ向っている。

大観・春草のインド旅行

大観の回想によると、港に着くと待っていたのはティペラ王国の使者ではなく、イギリスの官権だった。イギリスの許可が出なくて、宮殿装飾の仕事はふいになり、三年は滞在するつもりでいたのだが、諦めて帰国することにした。ついでなら欧州をまわって帰ろうと話し合い切符まで買ったが、日露の国交が険悪なのが当地の新聞にも出ていて、やはり日本が心配になって、切符を払い戻して帰国した。同じ年の七月だった。

その一〇月の第一五回日本絵画協会共進会が日本美術院の第一〇回目に当り、それが最後の展覧会となった。横山大観は、二点出品し、その内の一つが「釈迦父に逢ふ」という作で、インド旅行の成果を披露した。菱田春草は四点出品しているが、「鹿」「夕陽」「風・雨」「月夜」と、インドへ行った成果は出していない。不在になった一四回共進会には、春草は「月下雁」を置いていったが、大観は出品しなかった。

五浦に土地購入

その明治三六年、岡倉は茨城県の北の端、五浦《いづら》海岸に面したところに土地を購入した。

第一五回の共進会が終ったあと、絵画研究会と互評会を統合して、毎月二〇日に作品を持ち寄って批評し合う「二十日会」を持つことにした。

二十日会

二十日会の席上で喋ったことを、塩田力蔵が筆記して『日本美術』（五十九、六十号、一九〇四年一二月、〇五年一月）に掲載している。「美術家の覚悟」と題された二篇である。

そこでは、岡倉は激しく憤懣を吐き散らしていて、「今や実に日本在来の画かき気質、即ち所謂画家の品位なるものなきなり」「内に表現すべきの活精神を蔵せざるを如何せん」「彼の芳崖や雅邦の如きは、雪舟、雪村の古に帰れるものにて、明治今日の絵画は此両翁のある故なり、画家よ、自ら起ちて古人たれ。（略）彼の西洋にても、リネーサンス以来は古精神を見るべきに非ずや。殊に我が光琳等の印象派なども西洋に先だてり。（略）若し徳川時代を追うて他意なくんば、明治の日本画も永く廃止に帰すべきなり」と書かせている。

ルネサンスは、岡倉にとっていつも西洋芸術の頂点であり、“The Ideals of the East”の明治の章では、明治時代の美術をルネサンスと比較しているほどである。内と外、日本の若い画家たちに向って語るときと英語で外国人に語るときとでは、まるで基準がちがう。インドへ発つ前に“The Studio”というロンドンで刊行されている雑誌に書いた（Vol. 25, No. 108, 1902. 3）Notes on Contemporary Japanese Art［「現代日本美術覚書」］という文章も、明治三七年（一九〇四）四月、アメリカへ行きニューヨークで、大観、春草の作品展を開いたときのカタログに寄せた“The Bijutsuin or the New Old School of Japanese Art”［「美術院、日本美術の新しい古派」］という短文も、いずれも英語で書いているのだが、そこでは日本美術院の活動を、明治という新時代のなかで、〈古〉を活して新しい流派を形成していると［“The Ideals of the East”では「芸術表現の第三のベルト」と名付けるほどに］、明るい展開を記述している岡倉である。

「美術家の覚悟」と英文で書かれているところと、どちらに岡倉の本音を読むべきか。むしろ、この分裂している岡倉覚三を素直に見なければならないだろう。〈現在〉と〈古代〉をつなぐ路を断たれたという深い自覚は、〈教育〉と〈保存〉という美術の二つの局面を〈一つ〉の仕事として一人の人間が統覚し遂行することの困難と矛盾を自覚したということである。彼はこの分裂のあいだを彷徨ってきたのだった。

第四章　異邦人の旅

1　ボストン生活と英文著作

アメリカへ出港

岡倉が、横山大観、菱田春草、六角紫水の三人を連れて横浜港を出たのは、明治三七年（一九〇四）二月一〇日。岡倉はインドから帰ってきて、一年ちょっとしか経っていない。大観、春草にしてみれば帰国から半年である。なにかに急《せ》かれるように、岡倉は日本を離れようとする。

二月二三日、アメリカ西部のシアトルに着き、三月二日、ニューヨークに入った。

ボストン美術館に勤務

ビゲローが、岡倉をボストン美術館に斡旋する紹介状を、中国日本部長のチャルフィンに書いたのは三月八日。ついで一六日、理事で評議員でもあるクーリッジにも紹介状を送っている。ビゲロー自身、ボストン美術館の理事であったから、これは有力な推薦だったはずで、岡倉は三月二三日、三人の弟子をニューヨークに置いたまま、ボストンへ向い、二五日には美術館が所蔵している日本絵画の目録を作成する作業に入っている。その年の一二月下旬には、三、六四二点の絵画の目録を完成させることになる。

四月に入ってボストン美術館館長エドワード・ロビンソンと会見し、二一日、同美術館エキスパートという肩書をもらった。岡倉は、すぐに、漆工芸品の整理と修理のために、六角紫水を推薦した。

ボストン美術館中国日本部のコレクションは、かつてフェノロサが日本での収集品を売り、それを整理するはずだった。しかし、フェノロサはその仕事をやり遂げないまま、美術館を辞め、所蔵品は放置状態になっていた。

こうして、岡倉のボストン生活が始まった。

ボストンと日本を往復する生活といいかえたほうがいい。最晩年亡くなる年の大正二年（一九一三）まで、この往還の生活パターンが繰返される。

岡倉のボストン滞在はその一〇年間、五回におよぶ。

第一回、明治三七年（一九〇四）三月から明治三八年三月まで。ちょうど一年間。

第二回、明治三八年（一九〇五）一〇月から明治三九年（一九〇六）四月まで。六カ月間の滞在。

第三回、明治四〇年（一九〇七）一一月から明治四一年（一九〇八）四月まで。五カ月間。このときは、四月にヨーロッパを経由して、ロンドン、パリ、ベルリンを廻り、シベリア鉄道で帰国した。六月、パリのルーヴル美術館でフェノロサと偶然に会ったのはこの旅のときである。フェノロサはその年の九月、ロンドンで亡くなる。

第四回、明治四三年（一九一〇）一〇月から明治四四年（一九一一）八月まで。一〇カ月間の滞在。このときもボストン美術館から出張という形で、滞在中に一月一七日から二月二三日までロンドン、パリに出かけている。

日本にいるあいだの明治四五年（一九一二）五月五日から六月七日、清国へ出かけているのは、ボストン美術館のための美術品買付の旅である。

第五回、大正元年（一九一二）一一月から三月まで。四カ月間だが、二月末病気が悪化して休暇願を出しての帰国だった。また一一月初めボストンに着くまでに、八月に横浜を出港しインドを再訪している。これはボストン美術館からの依頼でインドで美術品を探す目的の旅だった。

ニューヨークの大観・春草展

最初の渡米だった明治三七年（一九〇四）四月、ニューヨークのセンチュリー・アソシエイションで、横山大観、菱田春草作品展が開かれた。そのカタログに、岡倉は、"The Bijutsuin or the New Old School of Japanese Art"［美術院、日本美術の新しい古派］という短文を寄稿し、また自から小品を制作して出品した。

オペラ歌手であり、明治三六年（一九〇三）、インドから帰ったばかりの岡倉と、オリー・ブル［Ole Bull］未亡人を介して知り合っていたエンマとアイナ・サースビー［Emma & Ina Thursby］姉妹が、岡倉たちのニューヨーク滞在中の世話を焼いてくれた。もちろん、ジョン・ラファージも働いてくれただろう。作品は大いに売れて、その売り上げを日本美術院へ送ったものだと、横山大観は回想している。

展覧会は、そのあと一一月にボストンの隣町、ハーヴァード大学のあるケンブリッジの、そのオリー・ブル邸で、観山、紫水の作品も加え［岡倉も小品を出し］て開かれ、また、翌三八年（一九〇五）一月、ニューヨークのアート・クラブでも開いている。

大観と春草が、アメリカを離れたのは、同年四月。イギリス、フランス、ドイツ、イタリアを廻って、八月日本に帰った。

The Awakening of Japan

ボストンで働いている岡倉のところへ、ちょうどセント・ルイスで開かれている万国博覧会の芸術・科学会議で講演をしてほしいという依頼があった。予定されていたルーヴル美術館の館長が来れなくなった代役に、という急な依頼だった。ラファージの慫慂《しょうよう》だったと伝えられている。

九月二四日、岡倉は、"Modern Problem in Painting"［絵画における近代の問題］という題の下、講演をした。そのために準備したノート、［講演草稿］がのこっている。二年後に刊行される"Congress of Art and Science, Universal Exposition, St. Louis, 1904," vol. III, Boston & New York, 1906. に全文が収録された。

この講演を行なったころ、『日本の覚醒』あるいは『日本の目覚め』という邦訳題名で知られる"The Awakening of Japan"の原稿は印刷にかかっていた。六月にギルダー夫人への手紙で草稿がほとんど出来たので、目を通して添削していただけると嬉しいと書き、そのあとギルダーと原稿の件でやりとりして、八月一五日付のギルダー宛には、センチュリー社が出版の決定を知らせてきたという報告をしている。

“The Awakening of Japan”を岡倉が、いつごろどこで書いたか。インドで書き始めたという説〔岡倉一雄〕や、五浦で、〔つまりインドから帰ってきて〕着手したという説〔飛田周山《ひだしゅうざん》、日本美術院の若い画家、五浦へ岡倉を案内した］、インドで書いた英文未刊草稿が“The Awakening of Japan”の第一章だったという説もある［これも一雄説］。一雄は、「天心はボストン美術館博物館の自室に引き籠って、孜々《しし》営々《えいえい》と蒐集してある東洋芸術品の分類解説に余念なかった傍ら、第二の英文著書である『日本の覚醒』の脱稿を急いでゐた。この書は嘗て印度滞留の砌《みぎ》り稿を起したもので、その初稿は『東洋の覚醒』と題してあった。併し、発刊当時が恰《あたか》も日露戦役最中であったので、東洋一般の覚醒を唱はんよりは寧《むし》ろ日本一国のそれを詳説するに如かずと、或る部分を削り、或る部分は補足してゐる」（『父天心』）と書いている。本書の始めにも触れたが、一雄は、もちろん息子であるから、岡倉の身近なところにいつもいることができ、そんな話を誰にも聴けなかった位置で書くことができる。と同時に、真偽の不明瞭な事柄を思い込みで断定して書いていることも、多々ありそうだ。この一節など、その最好例で、『東洋の覚醒』という書名と、岡倉覚三自身そのノートに書き記してもいない“The Awakening of the East”というタイトルを創作したのを、一人浅野晃の罪に帰するわけにはいかない。この英文未刊草稿のタイトルは、たぶん、まず“The Awakening of Japan”（1904）という著書があって、そこから、内容上の部分的な重なり［日本の近代化への目覚めの歴史とインドを中心とするアジアの現状の克服への呼びかけのためにふりかえる歴史記述」、執筆時期の近さなどから、考え出されたといえよう。昭和一〇年代に、こうして岡倉覚三本人のあずかり知らない著書が一冊創られた。

その成立

“The Awakening of Japan”を書こうと岡倉が思い立った原因［遠因］の一つに、ギルダー夫妻との約束がある。

明治一九年（一八八六）末、初めてアメリカを訪れた岡倉は、クリスマスをギルダー一家のディナーに招かれて過した。ギルダー夫人にヨーロッパから出した手紙［一八八七年七月二八日付］に、「ギルダー氏に約束しましたのになにも書かなかったことをお許しいただかねばなりません」と書いている。ギルダー氏は、センチュリー社の『センチュリー・マガジン』の編集長だったから、その雑誌になにか書くという約束だったかもしれない。いずれにしても、そのときは岡倉は原稿を書けなかった。それから二〇年、再びアメリカ東部を訪ねることになったとき、この約束を果すのは、なによりのギルダー夫妻へのお土産となるだろう。

結局、それは四六判二二五ページの単行本となる分量になったが、こういう事情を背景におくと、この本は、アメリカに向う船、伊予丸の客室のなかでも執筆されていたという推測もできる。しかし、船のなかでも完成はしなかった。先にも引用したギルダー夫人に添削を願う六月一六日付の手紙に「私の本の原稿《マニュスクリプト》はほとんど出来上りました」とある。渡米前の娘の高麗子への手紙［一二月九日付］に「来一月略《（ほぼ）》著述ヲ了《（おわ）》り」とあるから、飛田周山の回想通り五浦で書いていて書き上げるつもりでいたのかもしれないが、それは終らなかった。結構長いあいだ彼はこの小著述に取り組んでいたことになる。

この本が、太平洋上の船のなかでも書かれていたという考えを支える有力な材料は、もちろん、その本の内容にある。岡倉は、この本のことを端的に「黄禍論《こうか》についての原稿《ペイパー》」〔同年五月一二日付ギルダー夫人書簡〕と呼んでいるように、日露戦争を契機に欧米で勢力を持ちつつあった黄禍論〔白色人種《コーカソイド》の文化としての先進性と優位性が黄色人種《モンゴロイド》の抬頭によって危機に晒されているという人種差別論〕を批判することが、この"The Awakening of Japan"を執筆しようとする大きなモティーフだった。

アメリカへ出港する二月一〇日は、ロシアに宣戦布告をした日であった。仁川沖でロシアの軍艦を二隻撃破したのは、その前日の二月九日であり、御前会議でロシアとの交渉を打切り軍事行動に出ることを決議したのは二月四日であるから、開戦が予想外のことだったわけではない。それでも、出港直前の伊予丸には、首相伊藤博文がやってきて一席打っていった〔その船には伊藤博文の娘婿《むこ》である末松謙澄が乗船していたからである〕。

伊予丸では、太平洋の上で、仁川戦捷《せんしょう》祝賀会が開かれ、末松と共に岡倉も演説した。

そのときの演説要旨が「皇国のため」と題して船内で配布された。「東洋の風雲漸く急にして、我国民は正ニ千載一遇の時ニ会せり」と始まる「岡倉氏演説大意」は、岡倉がこんなことを言ったと記録している。

思ふに現今の如き国家死活の大問題ニ逢着しては我国民が身をすて家を顧みず一片の丹心敢て邦家の為に尽くさんとするの熱情決心ニ至りては即ち一ならん。されども尚忘るべからざるは其赤誠の溢るる余り、往々にして偏狂に失し広き世界の民たるに反する思想之為に出て《ママ》ざる事是なり。吾人は今や一躍して世界の一等国ニ位せんとするの希望なきニあらず。是ニ於てか吾人益々此国家の面目を維持するの決心を養ひ、常に大国民ニ恥ぢざる態度を保たざる可からず。而して其道他なし。

勇気！　一層の勇気！　不断の勇気！

L'audace ! Encore L'audace ! Toujour L'audace !

世界に強国の名を知らしめたとき、忘れてはならないのは、われらは「世界の民」であるということだ、といっている。これこそ、"The Awakening of Japan"の底に流れる平和へ願いと響き合うテーマである。

日露戦争が始まったこと、そのことがこの本の成立、完成のモティーフと深く関わっていく。

日本の近代化過程の考えかた

"The Awakening of Japan"は、一〇章から成っていて、I、The Night of Asia［アジアの夜］、II、The Chrysalis［蛹］、III、Buddhism and Confucianism［仏教と儒教］、IV、The Voice from Within［内からの声］、V、The White Disaster［白禍］、VI、The Cabinet and the Boudoir［幕閣と大奥］、VII、The Transition［過渡期］、VIII、Restoration and

Reformation［復古と革新］、IX、The Reincarnation［再生］、X、Japan and Peace［日本と平和］という項目である。

「I、アジアの夜」は、アジアという拡がりのなかへ日本をまず置いて考えてみようとしている。「II」以降、江戸時代から「IX」の明治時代まで、歴史の時間にそって、日本の近代化がどのように進んでいったかを書き進めている。日本について予備知識のない西洋人に、そして断片的な先入見で思い込みを持っているだろう人たちに、江戸時代という社会のありかたを要領よく説いている。「III」はその社会を成立たせている宗教と信条、その社会的働き。「IV」は、明治維新はペリーの来航よりもずっと前から、徳川社会のなかに浸透していた思想の活動によって準備されていたこと。その要因として、山鹿素行らの古学派、中江藤樹、熊沢蕃山らの陽明学派、本居宣長、村田春海らの文献学派を挙げ大塩平八郎や頼山陽を紹介している。

ここで、一八世紀初期からの日本の文化を、岡倉は「日本のルネサンス」と呼び、この考えはいろんなところで使っている。比喩として使っているというより、そういう歴史観を岡倉は持っていた。日本やアジアの出来事、思想のありかたを、ヨーロッパの人に紹介するのに、彼らのよく知っている事象や人物を引き合いに出して譬えてみるというのは、岡倉が英文著述でよく用いることである。この“The Awakening of the Japan”でも、家康をクロムウェルやリシュリューになぞらえたり、能を一六世紀の日本のオペラといってみたりしている。しかし、一八世紀初期からの日本文化を「日本のルネサンス」というときは、もっと考えを籠めてこの比喩を使っているようだ。

つまり、岡倉は、日本の近代化を、「復古」として考えていたということである。もちろん、明治維新は大政奉還であり、王政復古なのだが、そうしてスローガンふうに口先で唱える以上に、一二世紀以来途絶えていた「ミカド」による親政の再生という政治体制の復古を、一二世紀以前の文化の復古と重ね合わせ、〈日本の古代〉の再生を、明治は実現する［しているというより〈する〉］のだと考えようとしていたのである。

「Ⅴ」は一九世紀後半の西欧列強の東アジアへの進出を素描し、もういちど筆はアジア全体へ拡がる。そして「Ⅵ」で、黒船来航以後の幕府の対応、外交策と大奥の役割を描き、「Ⅶ」の「過渡期」は、佐幕派、尊攘派、公武合体派の動きを整理、「Ⅷ」の「復古と革新」そして「Ⅸ」と、明治に入ってきてからの新しい動きに触れる。

「Ⅸ」の英文タイトルは、reincarnationで、「霊魂再来」「再び肉体を与えること」「輪廻」といった意味を含み、「Ⅷ」の復古restorationとちがう意味合いを岡倉は持たそうとしている。その言葉を自分の同時代に――それも、自分が指導者として働いてきた時代に冠せようとしている。

「アジアは一つ」は「Ⅱ」から「Ⅸ」への歴史を、「Ⅰ」と「Ⅹ」の章が序《はじめ》と結《むすび》として挟んでいる。とりもどせない“The Ideals of the East”でもやっていた構成である。

「Ⅰ」では、アジアは、一三世紀以来長い夜が続いていた、というのだが、その夜はモンゴルの中国征服、インドへの波及とともに始まる。それ以前のアジアは「輝いていた」。「仏教は、キリスト教時代の初期に中国や極東にもたらされ、『ヴェーダ』と孔子の理想を一つの織物のうちに結びつけ、アジアの統一をもたらした」と書いている。“The Ideals of the East”の主張を繰返しているのだが、“Asia is one.”とはいわない。その代りに「われわれは、いまなお、アジアをわれわれの霊感《インスピレーション》の真の源泉とみなしている」といっている。「アジアは一つ」という状態は過去の遺産としているのである。さらにこうも書いている「モンゴルのアジア征服によって、仏教の国《ブッダランド》はばらばらに引き裂かれ、再び統一することは決してないのだ。アジアの諸国は、いまや、なんとお互いに知り合うことの少ないことか！」

アジアは、たしかに、一つといえた古代を持ってはいた。しかし、いまや、それはとりもどせないと岡倉がインドで得た確信の上に、この本は綴られている。じつは、“The Ideals of the East”に書かれる“Asia is one.”も、その上で読まれねばなるまい。

そのとき、“The Ideals of the East”の最後の一句、「内からの勝利か、あるいは外からの大いなる死か、Victory from within, or a mighty death without.」は、その文体がまっすぐに運んでくる扇動的な叫びというより、もう少し現実をみつめながらの独白の言葉という意味を帯びてくる。「内からの勝利」というのは、もはや「理想」としてのアジア文化の建設でも、古代アジア文化の再現でもない。この一句のすぐ前に書いているような「新しい花々が芽吹いて大地をおおう」、そういう再生を願いつづけていくことである。いいかえれば、それは、後もどりの利かない現状のすべてを呑み込んで立ち、新たな開拓を願う姿勢である。

「アジアはこの上もなく精神的である。Asia is nothing if not spiritual.」という言葉が“The

Awakening of Japan" の「Ⅲ」にある。だからこそ「アジアは霊感《インスピレーション》の真の源泉」なのだが、これらの言葉は、岡倉のなかでは、次の「新しいものを受け容れながら古いものを保存させる日本民族のあの頑固な粘り強さ that obstinate tenacity which makes the Japanese race preserve the old while it welcomes the new.」という同じ本の「Ⅱ」章にある言葉と支え合っている。

新しいものを受け容れながら、頑固に古いものを大事にしていくことが「内からの勝利」だった。喪われた統一体としての古代アジアへの憧憬は、この粘り強さのなかにこそ生きつづけるのだった。

「一つ」の典拠

岡倉が Asia is one. というとき、「アドヴァイタ」に先行して彼にこの発語を促がす思想がある。老荘の思想である。彼が老子や荘子を愛読、熟読していたことは、とくに後年、道服のような衣裳《コスチューム》をしているところからも察せられるし、彼の発言の典拠をひとつひとつ、老子や荘子に求めてみることもできる。

そのひとつの例を、ここで確認しておこう。『老子』のなかの第十四章、これは、「アジアは一つ」というときの「一つ」の言葉が含む意味を解いてくれるし、その「一つ」はアジアのみならず、「東」と「西」、つまり「世界は一つ」だという定言にも変容しうること、そして、彼の「古代アジア」への憧憬、起源として一つである〈古代〉という考えの出自も解き明してくれる典拠である。

それはこんな一節である。

視之不見《これをみようとしてみえず》、名曰夷《なづけていいという》、聴之不聞《これをきかんとしてきこえず》、名曰希《なづけてきという》、搏之不得《これをとらえんとしてえず》、名曰微《なづけてびという》、此三者《このみっつのもの》、不可致詰《きつをいたすべからず》、
故混而為一《ゆえにこんじていちとなる》、其上不皦《そのうえはきょうならず》、其下不昧《そのしたはまいならず》、縄縄不可名《じょうじょうとしてなづくべからず》、復帰於無物《またものなきにかえる》、是謂無状之状《これをすがたなきのすがた》、

無象之象《かたちなきのかたちという》、是謂惚恍《これをこつこうという》、迎之不見其首《これをむかえてそのはじめをみず》、隨之不見其後《これにしたがってそのうしろをみず》、執古之道《いにしえのみちをとって》、以御今之有《もっていまのうをぎょす》、
能知古始《よくいにしえのはじめをしる》、是謂道紀《これをみちのきという）》、

「夷」とは、「平らかなもの」、つまり、よく視ようとしても見えなくて、まるで平板で特徴がないという意味である。よく聴こうとしても聞えないものは「希」といい、つかまえようがないもの、それを「微」と名づけよう。この「夷」なるもの「希」なるもの「微」なるものは、それ以上突き詰めようがなく、混り合って「一つ」である。

上にあって輝いている［皦である］わけでもなく、下にあっても暗い［昧である］ものではない。連綿として名状しがたく、何物でもないところへ帰っていく。これは状《すがた》のない状《すがた》、象《かたち》のない象《かたち》というしかなく、はっきりとはしないそれらしきもの［惚恍］というしかない。前に出ても先頭を確かめられないし、あとに随《つ》いていっても後姿は見えない。「古《いにしえ》」の道を執《と》っていくしか、「今の有《う》［存在］」を知る［御す］ことはできないのである。よく、古代の始めを知ること、これが道の基《もとい》であり要《かなめ》［紀］である。

岡倉は、このような変容、みずから変化することを愛した。そのように生きようとした。この「古始《いにしえのはじめ》」は、決して固定していない、それは「生命の霊《スピリット・オヴ・ライフ》」であり「生命そのもの」である。「あらゆるものに行き渡り、その居るところに従って新しい形態をとり、しかもその窮極の形は決して見えない」ものである。——この「生命の霊」から「窮極の形は決して見えない」の語句は、“The Awakening of Japan”のⅣ「内からの声」の章で、岡倉が龍について説明するとき選んだ言葉であ

る。頑固に古いものを大切にしながら新しく変容する生きかたの原形をここにみることができる。喪われているが故にいまここに生きている。すっかり変ったようにみえるが、なにも変っていないのだ。「一つ」「不二」とは、バラバラになっても不可分であるような、そんな存在「ありかた」へのまなざしである。いいかえれば、彼の「不二一元論」は、老荘の思想の上に建てられている。

「いつ戦争は終るのか」　Ⅹ章は、「日本と平和」と題され、日本や中国、インドのアジア民族がいかに戦争を好まないかを例に挙げて説き、日本が戦争した場合でもそれは決してヨーロッパ列強が見せてきたような拡大主義ではなく、やむを得ず武器を取らなければならないから取っただけなのだといい、日清日露の戦争もそう分析する。そして、「いつになったら戦争は終るのか」といい、「病院と魚雷、キリスト教宣教師と帝国主義、平和の保証のための膨大な軍備——というヨーロッパが見せる奇妙な組み合わせ」「こんな矛盾は東洋の古代文明には存在しなかった。日本の王政復古の理想でもなかったし、改革の目的でもなかった」といって結ぼうとする。英語で西洋人に向って語っているのだが、その筆先は、日本の内部の人間に向いてしまって、また取り戻せない古代アジア文明への嘆きをつぶやく。

最初の英文著書“The Ideals of the East”と“The Awakening of Japan”のちがうところは、最初は、英語で書くときと日本語で語り書くときとでは異なっていた対象のとりかたが、“The Awakening of Japan”を書いていくうち、だんだん一つになっていったことである。つまり、“The Ideals of the East”では、英語を理解する西洋人へ向って、いわば外向きのポーズ「文体」に終始していたのが、"The Awakening of Japan"では、声が自分の内部へこもるようになっていった、ということである。そこでは、もう、結びを"Victory from within, or a mighty death without."などいう構えた語句で括ろうなどという発想は出て来ない。

セント・ルイス万博での講演

"The Awakening of Japan"は芸術論ではなかったけれども、これを書き切ることによって、彼の芸術論は基盤を堅固にすることができた。岡倉は、芸術・美術をつねに人間の活動総体のなかに位置づけようとしてきた。そのまなざしが確かに出来てこそ、逆に、芸術を芸術として観、扱うことができる。そういうことをいうのは容易いが、作品の鑑賞や歴史の記述にその考えを活かしていくのはなまやさしいことではない。が、岡倉は、ようやく、"The Awakening of Japan"を書き終えて、そういう視点と方法を自分のものに出来たようである。

もちろん、岡倉は、これまで「芸術」とくに「美術」「絵画」「彫刻」に関してたくさんのことを語り書いてきた。日本美術史の講義もしたし、日本絵画の歴史を一〇点の図版に代表させて語ってみたこともある。美術学校の生徒たちとも集まれば美術の話をし、日本美術院の研究会では何百回となく、何千回といってもいい、絵を見て議論してきた。

しかし、それらは、一言でいうと、その場に特定された対象へ向って、特定の例を対象にしながらの議論だった。セント・ルイス万博での講演は、「絵画」を芸術論として語る位相を獲得している。普遍的に「絵画」を語る位相である。

いいかえれば、それは、"The Ideals of the East"が用意している方向と「美術家の覚悟」が差し示す方向の背反を一つにできる視点を獲得したことでもある。

そうなると、絵画を批評するのにその要素を「品位」「意匠」「技術」「学識」などと分類する手続きは要らない。彼は、この「絵画における近代の問題」と題された講演では、「絵画」と「近代」の関わりを、「個人」「人間」と「自然」の関係に置きかえて論じて行こうとしている。なぜなら、絵画と社会自体との関係は、芸術は人間の「自由の領域」の問題であり、社会は「慣習の領域」の問題に属すことを抑えれば、問題はその「自由」について考えることに絞られる、そして「自由」の問題とはほかでもない「個人」「人間」と「自然」との関係の問題なのだ、ということを岡倉はここで気づいたのである。

リアリズム論

「リアリズム」について、こう言い切る。「人びとは、リアリズムを近代絵画の勲章だと主張するのが常です。芸術には厳密な意味でリアリズムはありえません。なぜなら、芸術は自然を通しての一つの示唆であり、自然そのものの再現ではないからです」——この文句は、岡倉がこれまでしょっちゅう言ってきたことと変らない、ついでフランス印象派に触れ、右の説を強化するためにこう言う、「リアリズムの最後の言葉を語ったと言われるフランス印象主義者の作品のなかにも大量の伝統的慣習がのこっていることは認めざるを得ません。最上の作品には人は頭を垂れるのみなのですが、それは太陽の光を描いている絵画の力のためではなく、戸外で絵を描く技法を通して表現しえた新しい詩情の故にそうなのです」。

こういって、次の一言を付け加える、「色彩分割の考えなら現代の印象派よりずっと早くに、もうすでにティティアンに見られます——私のこの考えは間違っていますか？」

この比喩も、岡倉のよく使う方法なのだが、一つの現象を全く別の時代や情況の現象と比較し同列に置くこの方法《やりかた》は、一見新鮮な発見を呼ぶが常套化すると鮮度は落ちる。岡倉は、しかしアメリカでこの比喩を盛んに使って、日本の古い文化を宣揚していたようで、彼が「日本にはエミール・ゾラが二百年前にあったなどと曰《いう》ふて、西鶴如きものとゾラを比較して喜んでゐる」といささか辟易気味に伝えている記事が『平民新聞』（金子喜一「ボストン便り」一九〇四年一二月一〇日）に載ったりしている。

しかし、岡倉は、この比較を通して、たんに「古き日本を紹介せんと」（金子）しているだけでなく、美術を普遍的にとらえる方法、——「世界市民」の共有芸術、「普遍美術」「世界美術」を概念化できる方法を探っていたのである。

リアリズムについて、岡倉の結論は、「リアリズムを近代絵画の特質とすることはできないのです。あらゆる時代、あらゆる国の絵画が、自然に忠実であろうとしなかったものがあるでしょうか。芸術家と自然の関係は、芸術が誕生したときから定められていました。」「彼［芸術家］の本能は、いつも彼が自分の周りにあるものを見たことを見たとおりに、考えたとおりに記録しようとしてきました。象徴的に見える古代様式の絵画も、その時代にとっては高度な再現と受け取られていたことを忘れてはなりませぬ。」

リアリズム、——実在的であること、写実的であることは、自然に忠実であること、自然に忠実に再現すること、と岡倉は考えている。というより、そういうふうに考えを持って行こうとしている。

そうすることによって、ヨーロッパの近代リアリズム思想と対決し、日本と東洋の芸術文化の価値を〈世界化〉しようとしている。

古代アジアの芸術は、象徴的な表出において最も自然に忠実であった、ということがいちばんいいたい点なのだ。そして、現代の日本、アジアの芸術も文化も、この古代アジアの自然への忠実さを蘇らせようと努力するかぎり、世界に誇る芸術でありうるし、ヨーロッパもそこから学ばねばならない文化を創造することができる。

「分類の時代」批判

こうしてヨーロッパ近代の論理をアジア的思考を媒介に、その枠をずらすことによって、アジアの古代の価値づけをした岡倉は、端的に、現代は分類の時代だといい、「この分類の時代にあっては、われわれは、生命の永遠の流れが、われらの先人たちとわれわれを結びつけていることをつい忘れてしまいます」「分類は、結局のところ、思考を整理する便利な道具にすぎません」「近代科学の精神は、物に名札を付けるだけでその物を征服したと思い込んでしまいがちです」などと畳みかけて、ヨーロッパ近代批判をしていく。

よく、岡倉の新絵画運動思想を体現する言葉として、「自己に忠実な生活 Life true to Self」という“The Ideals of the East”のなかの言葉が引き合いに出されるが、この「自己《セルフ》」は、名札を貼られただけの「自己」であってはならないのである。その意味では、この「自己に忠実」は「自然に忠実」と区別できない境地に達したときにしか言えない言葉である。講演のなかからそれに呼応する句を拾えば、「自然は芸術の一部なのです、ちょうど身体が魂の一部であるように」、「芸術が自然の解釈であるのは、自然が芸術の註解であるのと同じです。偉大な巨匠の霊感の源泉となってきた男や女の肉体の美しさの典型は、また時代とともに次の世代の巨匠が打ち立てた理想によって定められて行きます。あなたがたにとって、陰影がレンブラントとなったように、われわれにとっては波が光琳となるのです」と、それぞれの巨匠の「自己」に「自然」は蘇生し、それは、巨匠の自己の自然の解釈であり、自然がレンブラントなり光琳なりに与えたその仕事についての註釈でもあるのだ。

近代美術教育批判

こう語ってきて、岡倉の近代批判は美術教育総体の批判にまで行っている。「近代精神は、人間を解放することによって、芸術家を追放してしまった」のだから、「近代の美術教育は一般に考えられているほど恵まれていたわけではありません。かつては職業上の秘密であったところを、アカデミーや美術館は万人に開放はしました、また、組織的な教育が、徒弟生活の不要な苦労を克服させたことも事実です。しかし、美術アカデミーは、昔の方法の有用なところを教え授けることができません……師匠と絶えず一緒にいること、仕事の細部に参加することは、制作の全体の複雑さを身につける最上の方法だったのです」と。

そういう巨匠、師匠の絵は、「なんと人間的であろうかとお気づきになりませんか」「今日では、画家は「自然により近づいたかもしれませんが、人間性からは遠去かっています」。

岡倉のいう「自然」とは、「人間性」から分離していてはならないのである。「自由」は、そういう「自然」としての「人間性」の発露のうちに見出される。

英文著述のなかで、岡倉は一貫して自由が芸術にとって不可欠の条件であることを主張している。

「芸術は自由の領域」

この派［岡倉が主導した新しい明治美術運動］によれば、自由《フリーダム》こそ芸術家の最大の特権である。

――The Ideals of the East

本質的に自由《フリーダム》の国である美術や文学においてのみ、見出しうる生命力がある。

――Awakening of Japan

芸術は自由《フリーダム》の領域に、社会は慣習《コンヴェンション》の領域に属すのです。

――Modern Problem in Painting

こうやって、ヨーロッパの概念である「自由」を自分のうちに取り込むことによって、岡倉は東洋絵画の特質を強化する。「観念の純粋さを保ちたいと熱望するばかりに、色彩や陰影を捨ててしまった例もあります。それは象徴主義というのではありません。無限に暗示することなのです」といい、「画家が意図的に空白にしておいた背景を埋め、そこに共感するのは、観衆の能力なのです。観衆は画家自身と同じくらいに画家なのです、ひとつの思想を完成させるには両者が必要なのです」というに至っている。

そして、そういう絵画が成就したのは、茶の湯が広まった時代だった、とつけ加えた。次の英文著書“The Book of Tea”の種がここに芽を出そうとしていた。

『茶の本』The Book of Teaを岡倉が書き上げたのは、明治三八年（一九〇五）から三九年（一九〇六）にかけての冬であろう。一九〇六年の五月に、ニューヨークのフォクス・ダフィールド社から出版されている。つまり、ボストン第二回目の滞在中の仕事である。

「日本醜術院」

明治三八年三月、日本へ帰り、いよいよ無力化する日本美術院の主幹を雅邦の隠退に代って引き受けたが、五月には塩田力蔵が「嗚呼《ああ》日本醜術院」という長文の日本美術院内部告発文を『日本美術院』（六四、六五号）に掲載し、美術院の画家たちのあいだでも、寺崎広業らを中心にした「日本画会」派と横山大観や菱田春草らの「純美術院」派に亀裂が生じていた。

「嗚呼日本醜術院」は、すでに「哀痛革新の辞」（『日本美術』四八号、明治三六年一月）などを書いていた塩田が、「岡倉先生」を信じるが故に、そしてまっとうな日本美術院を運営指導し責任をもってもらいたいが故に、その岡倉の言動の不如意さを告発した文章で、「日本画会」と「純美術院」の対立による院の分裂の問題より、もっと日常の日本美術院の経理のありかたや事務体制の腐敗ぶりを激しく怒っている。

岡倉が、こういう塩田の発言に対して真っ向うから返した発言はない。塩田の回想側だけから判断すると、いわば彼の内弟子ともいうべき塩田力蔵に、岡倉は奇妙な甘えかたをしている。お前のいうことはわかった、だがどうしようもないんだ、いやならサァ俺を切れ、と日本刀を二人のあいだに置くようなやりとりである。

岡倉にどこまでも忠実だった画家以外の美術院関係者に剣持忠四郎がいる。塩田は、この剣持をも腐敗の元兇のように罵っているが、剣持は、岡倉の庶子の世話を引き受け、土地の購入や売買のさいなど代理人以上に親身になって処理し、おそらくは波津とのあいだの出来事を処置する上でもいろいろ身をくだいて事に当っていた人物である。塩田のいうように岡倉を欺く取り巻き連とは考えられない。

岡倉は、同じように彼を慕う二人を反目させてしまうような、そんな対応の仕方をそれぞれにしていたことだけは、こういう経過からはっきりしている。英語と日本語とでは、いっていることがちがっていたように、それぞれの彼らとの関係のなかで、許し合っていること要求していることが異なっていたにちがいない。

日本美術院の時代は、彷徨える指導者として避けようのない背理の時代だったかもしれない。この背理は、しかし、ボストンで著述をつづけていくうちに、少しづつ変容していく。"The Book of Tea"は、その融和への一つの頂点をつくる。

"The Book of Tea"の出版まで

最初のボストン滞在のとき、岡倉はジョンソンという編集者から日本文化を扱った短篇の原稿を読んでくれと渡され、それが余りにひどい内容に憤慨の返事を送ったことがある。それがきっかけで、ジョンソンとのあいだに Floral Arrangement［活け花］について原稿を書こうという約束をした。

岡倉は、その間、ボストン美術館に勤めていたフランシス・G・カーティスのために"The

ミネルヴァ日本評伝選 通信 7
発行：ミネルヴァ書房　NO.16　2005年7月1日
〒607-8494 京都市山科区日ノ岡堤谷町1 Tel075-581-5191／Fax075-581-8379／価格税込

生きているうち鬼といわれても

橘川武郎氏『松永安左エ門』を語る

◆歴史を変えた経営者、松永安左エ門

出版業界で久々の快挙と言われるミネルヴァ書房の「日本評伝選」シリーズに執筆者として参加させていただくだけでも嬉しいのに、偶然の所産ではあるが、シリーズ全体のなかで経済人を取り上げた最初の本を刊行することができて、望外の喜びである。松永安左エ門は茶人としても有名であるが、やはり、彼をして歴史上の人物たらしめた最大の要因は、電力業界における活躍にほかならない。そこで本書では、日本電力業の歴史全体のなかで松永がいかなる役割を果たしたかという点を、徹底的に掘り下げることにした。

橘川武郎氏

きっかわ・たけお
現在、東京大学社会科学研究所教授。
『日本電力業の発展と松永安左エ門』『日本電力業発展のダイナミズム』（ともに名古屋大学出版会）ほか著作多数

一般的に言って、歴史における個人の役割を検証することは、それほど容易な作業ではない。そこで問われる基本的な論点は、「個人αの活動によって歴史の流れが変ったか」ということである。この問いに対して肯定的に答えた場合には、つづいて、「もし個人αの活動がなかったとしても、別の個人βが登場して同様の活動を展開し、ほぼ同様の歴史の流れが形成されたであろうから、αの個人的役割は限定的なものにとどまる」という、反論が待ち構えている。この反論をクリアしない限り、歴史における個人の役割をきちんと検証したことにはならないのである。

本書の課題は、日本電力業の発展過程における松永安左エ門の役割を検証することにあった。得られた結論は、「松永の活動によって日本電力業の歴史は

変った」というものであるが、この結論には、「もし松永の活動がなかったならば、松永と同様の活動を展開する別の人物は登場しえなかったであろうから、日本電力業の歴史は異なるものとなっていただろう」という、強い推測が含まれている。つまり本書は、日本電力産業史における松永安左エ門個人の役割が限定的なものではなく、きわめて大きなものだったとの見方をとっているのである。

◆自律的経営を実践した「電力の鬼」

松永安左エ門が日本電力産業史においてきわめて大きな役割をはたすことができたのは、なぜだろうか。その要因としては、二つの点が重要であろう。第一には、需要家重視の姿勢を貫き、その観点から、水火併用の電源開発、発送配電の一貫経営、資金調達面での革新などで特徴づけられる、斬新なビジネスモデルを開拓したことである。

第二には、松永のまわりに優秀な人材が集まり、彼が、電力業に関する「人知のダム」として機能したことである。

ここで、第二の点を少し敷衍しておけば、「電力の鬼」と呼ばれた松永の活躍は、「生涯のライバル」福澤桃介や、盟友でもあり論敵でもあった出弟二郎、「松永安左エ門魂」を継承した後輩である木川田一隆・太田垣士郎・芦原義重・横山通夫らとの相互作用によって、可能となったのである。

今日、日本の電力業界では、自由化時代を迎えて、自律的な経営を再構築することが強く求められている。私企業性を発揮し自律的な電力業経営を展開することは、松永安左エ門が一生をかけて追求、実践した事柄である。その意味で、今こそ「松永安左エ門魂」の復活が必要なのであり、本書が一人でも多くの読者の目にとまることを希望する。

『松永安左エ門』
生きているうち鬼といわれても
橘川武郎著
332頁／2625円（税込）
ISBN 4-623-04034-8
2004年11月10日刊

ミネルヴァ書房発リレーエッセー（13）

近代化が強いた過酷なドラマ

編集部　後藤郁夫

鷗外、漱石は言うにおよばず、明治以降近代日本知識人の留学による西洋体験がうみだしたドラマは、今なお私たちに深い感銘を与えずにはおかない。この度小社から刊行が開始された「ミネルヴァ日本評伝選」を眺め、私は躊躇することなく湯原かの子氏の『高村光太郎』から読みはじめた。

　若き光太郎のパリ留学によるロダン、ヴェルファーレン体験→帰国による日本の現実との葛藤相克→智恵子との結婚→日本的伝統美への回帰→日本的自我の回復による東西文明の止揚→智恵子と光太郎の自我同化→智恵子の強烈な自我の欠落→結婚の陥穽→愛と芸術の相剋→智恵子の精神的破綻→智恵子の発狂と死→日本の軍国化→伝統文化擁護者への変貌。およそ出生から西洋体験、智恵子との愛と死をへて日本の敗戦に至る光太郎の道程は上記のように要約されるだろう。ここにはまぎれもなく、明治期日本の下層社会から上昇していった芸術家の転変のドラマがある。波瀾にみちた高村光太郎の生涯が、資料の博捜と従来の研究史の詳密な読解に基づいて、しかもユング心理学（?）という新しい武器をも援用して、平明な文章で生き生きと描かれている。後発国のすぐれた芸術家が近代化の途上で強いられた過酷な内面のドラマを、私は追体験し堪能したと言えるだろう。

　しかし、敗戦期までの光太郎に比し、敗戦を境とする光太郎は何故かいまいち生彩を欠き色褪せて見える。それはあながち著者のせいとは言えまい。東北農村への自己流謫と農耕と自省の日々という自己懲罰をへて東西文明の融合、科学と宗教の統一の悟達とは、確かに戦後手のひらを返したように民主化に便乗していった人々と同列に論ずることはできないが、一部の知識人がたどった「懺悔道としての哲学」と同工異曲ではないのか。そのことは、光太郎最後の制作「十和田湖畔の乙女像」が失敗作であったことと無関係であろうか。「制度的視点」を欠落させたままの戦後の光太郎の思索はいたずらに空転する。著者の「21世紀を迎えた現在、西洋対東洋という二項対立構造はもう時代遅れだろう。日本と西洋以外の世界の諸国を視野に入れた新しい多文化主義の視点からものを見ることが要求されている」という言葉に同感を禁じえない。

　それにしても、これはわが国の「半ば近代化」という巨人の肩に乗っての感想なのだが、列強による植民地化の危機への対応上やむを得ざることと認めつつ、近代化とはこれほどまでも凄惨な犠牲を払って達成されなければならない目標なのだろうか。抗しがたい近代化の果てには一体何があるのだろうか。

▷高村光太郎「手」

ミネルヴァ日本評伝選〈第二回 読者との集い〉

本連載は、京都新聞文化ホールで四月十六日に行いました「ミネルヴァ日本評伝選〈第二回 読者との集い〉の模様を再構成し、数回にわたって掲載する連載の第一回目。

杉田　本日はお忙しいなか、またお休みのところ、このようにたくさんの皆様方にお集まりいただきまして、厚く御礼申し上げます。主催者を代表して心から感謝を申し上げます。

さて、小社では一昨年九月に「ミネルヴァ日本評伝選」というシリーズを発足させました。第一巻の今谷明先生の『京極為兼』から今月十日には太田雄三先生の『新島襄』まで、都合二十一冊を刊行いたしました。

現在のところ三百数十巻に及ぶ人物がラインアップされており、まだスタートしたばかりの企画ですが、まさにエンドレスの企画と言える、そのような日本評伝選でございます。

刊行以来、各方面から大きな反響をいただき、朝日、読売をはじめ、あらゆるマスコミに好意的な紹介がなされました。また読者の方からも、毎日のように「愛読者カード」が寄せられ、「こういう人物を取り上げて欲しい」「あの人物はいつ出るのか」など、いろいろなご意見をいただいております。

昨年の〈第一回 読者との集い〉には、読書感想文を募集いたしました。非常にレベルの高い感想文がたくさん寄せられ、そのなかからいくつか選ばせていただいて、第一回の集いを催しました。それに続けての今日は第二回めの集いということです。

このような非常に大きな期待・要望を受けて、わが社としましても、若き三人の編集担当者をはじめ、広告、製作それから営業と、全社一丸となって日本評伝選を歴史に残るシリーズにしたいと考えております。そして、監修委員の先生方、編集委員の先生方のお力添えをいただきまして、奮闘、努力しておる次第でございます。

実は私自身も読者の一人として、毎月の評伝選の刊行を楽しみにしています。刊行された二十一冊、その全てを読んだわけではありませんが、二〇〇〇年以上に及ぶ日本の歴史の奥深さ、それから広さ、多様性といったようなことにあらためて感嘆しているところでございます。

評伝選を通して、「あぁ、日本人でよかった」とお感じいただくことで、充実した読書生活を送っていただけるのではないかと、そういうシリーズにしたいと思っております。私自身も読んでほんとうによかったと思っておりますので、出来るだけあらゆる層に広めていきたい。今のところは六十歳から七十歳という高年齢の読者を中心としておりますけれども、もっともっと若い層にまでもっていきたいと、編集者ともども、いろいろ工夫を凝らしているところでございます。

ぜひ皆様方もこのシリーズにご賛同いただきまして、一人でも多くの方々に読んでいただけるようご支援いただければと思います。

本日は、田口先生に『二代目市川團十郎』をテーマにご講演いただき、そのあと、團十郎をめぐっていのシンポジウムを予定しております。非常に面白いお話を伺えるのではないかと期待しております。皆様も、お楽しみいただけましたら、幸いに存じます。

今後とも、本シリーズをさらにいいものにして、皆様方に提供していきたいと思っておりますので、どうかよろしくお願いいたします。

本日はどうもありがとうございました。

△小社社長、杉田啓三

上横手　本日は晴天に恵まれ、とても部屋のなかで人の話を聞く気になれないような陽気でございますのに、にぎにぎしくお運びいただきまして、まことにありがとうございます。

ミネルヴァ日本評伝選はお蔭様でこれまでに二十冊を刊行いたしました。やっと二十冊というより、まだ二十冊かという思いです。また、〈読者との集い〉も本日二度目を迎えました。これがより素晴らしい文化事業にもつながればいいなと、杉田社長もそんなことを考えておられるのではないかと勝手に推測しております。ミネルヴァ・ルネッサンスなんて、ちょっと格好がいいじゃありませんか。

さて、このミネルヴァ日本評伝選ですが、芳賀さんと二人で監修をやらせていただいています。芳賀さんと私とでは、専攻分野から言いますと、対角線のような位置にあり、私は古い時代の政治史が中心ですし、芳賀さんは新しい時代の文化史が中心です。互いに足りない点を補ってうまく行っていると思いますが、考えてみると、編集委員の顔ぶれにしましても、叙述対象とする人物の選択にしましても、明らかに二つの系列があるような気がいたします。二つの系列が渾然一体となっていると申したいところですが、実は雑然と同居しているのが、わが日本評伝選の特色であり、また活力であろうかと思います。

古い時代は、どうも選ばれる人物が決まっていて、工夫をしづらい傾向があります。それでも時には変わった人物を探してくるように努力していまして、最近のものでは『満済』や『忍性』などがその例であります。もっとも『忍性』の方は、すでに吉川弘文館の「人物叢書」に入っていますが。ところが少し珍しい人物を提案すると、芳賀さんは、「そんな人、聞いたことないよ」とおっしゃる。「末次平蔵よりも長谷川平蔵や竹中平蔵の方が有名だ」などと言われるのです。

しかし研究が進展してくるにつれて、新しい分野が開拓されて参ります。知名度は高いとはいえないが、学界では有名になっている人物を、分かりやすく一般の方に紹介するのも、私たちの重要な仕事ではないかと思います。

例えば満済は、室町将軍足利義持・義教を助け、「黒衣の宰相」として幕政に活躍した人物であり、忍性は北条氏の信頼を受け、鎌倉幕府の権力の中枢に食い込み、社会事業などを行った律僧であり、最近の学界では活発な研究の対象となっています。世間的な知名度は低くても、このような人物に興味を持っていただくよう、努力する事が大切です。

その意味で、最近感銘を受けましたのは『井上有一』です。それこそ、「そんな人いたの?」という感じでした。この人は書家ですが、実に個性的な生き方をなさっています。ぜひ皆様にもご一読をお勧めします。

芳賀さんのご興味もあって、このシリーズには芸術家が多く選ばれています。

私たちが意思を表現する場合、もっともよく用いる手段は文字であります。文字は、多年にわたり訓練し、習熟してきまして、もっとも有効な表現手段だと思います。しかし、文字の外に、絵画や音声も

△上横手雅敬氏

表現に用いられております。

後白河法皇が今様に執心であったことは、よく知られています。法皇は美濃国から乙前という女芸人を都に招き寄せ、正調の今様を学びました。乙前はすでに七十歳を過ぎており、今日なら重要無形文化財というところですが、法皇は彼女から十二年にわたり、秘曲を学び、従来の誤りを正し、奥義を極めました。今様は声楽ですから、直接口伝えで学ぶ外ないのです。声楽である今様は、詩歌などと違って、後継者がいないと絶えてしまい、誤りも生まれてきます。法皇は正調の今様を学んだのですが、さらに正しい歌い方を後世に伝えるため、『梁塵秘抄口伝集』を著しました。しかし、私たちのような文字人間にとって、こういう芸能を理解し、著書で表現することは、やはり困難なことです。鑑賞においても、声楽としてではなく、一種の詩として読んでいるだけ

です。

映画を例に取りますと、黒澤明のような監督とか、永田雅一のような制作者なら、勉強すれば私でも何とか書けると思いますが、長谷川一夫のような俳優となればどうも無理で、こういう芸術家の場合、その芸術について、著者がよほど深い造詣をお持ちでないと、執筆は難しいと思います。

もっともかつて私は禁を破って運慶を取り上げた事があります。ある方から酒席で「感性のない奴は発言権がない」と、ご批判を受けたりしましたが、私は文献に忠実に、文献史学の立場を踏み外すことなく、運慶を論じたつもりであり、そのことによって、当時美術史家としてもっとも脂の乗り切った活躍をしておられた、今は亡き松島健さんとわたり合い、お互いに得るところがあっただけでなく、美術史のあり方についても、いささかお役に立つ発言ができたのではないかと自負しています。しかし、これも運慶だからこそ、何とかなったのであって、現代の彫刻家を書いてみろといわれたら、やはり無理な話であります。

この評伝選では、画家・彫刻家・俳優にとどまらず、音楽家なども含まれており、それを文字で表現するのですから、どのような書物ができあがるか、期待が持たれるところです。

本日は、二代目市川團十郎について、著者田口章子さんのご講演、それに先生方によるシンポジウムが行われますが、高等学校の教科書では、歌舞伎役者は五人しか出てできません。江戸時代では初代團十郎と坂田藤十郎、明治時代の「團・菊・左」だけです。

私は初代、九代目の團十郎が偉い役者である事は知っていましたが、二代目がこんなに素晴らしい役者であったことは、今度の田口さんの著書を読むまでは知りませんでした。その意味で、蒙を啓いていただいたことになります。

田口さんは江戸から京に上ってきて活躍しておられ、京都にとっては心強い限りです。その田口さんが江戸役者の團十郎をお書きになったのは結構な事だと思います。

しかし、江戸の歌舞伎に対して上方歌舞伎があります。荒事に対して和事があります。明快で、豪華な純歌舞伎狂言に対して、しっとりとした、或いはコクがある「丸本物」、即ち義太夫狂言があります。私は作品にもよりますが、「丸本物」が大好きです。もっとも上方歌舞伎イコール丸本物とするのは問題がありましょうが。

江戸の役者が有名であるのに対して、このミネルヴァのシリーズでも上方の役者はまったく取り上げられていません。近く中村雁治郎さんが、坂田藤十郎という上方の大名跡を復活されるとの事で、ご同慶の至りですが、せっかく京都の出版社が企画するのですから、このシリーズで藤十郎でもよいし、近代なら初代雁治郎でもよいから取り上げられないものでしょうか。田口さん、今度は上方役者をご執筆いただけませんか。諏訪先生には鶴屋南北をお願いしていますが、藤十郎、雁治郎はいかがでしょうか。

さて、私が駄弁を弄して、田口さんのご講演の時間に食い込んだりしたら、申し訳ないことです。今日の私の役割はこの口上だけで、あとは客席で楽しませていただきます。皆々様には最後までご清聴のほどをひとえにお願い申し上げまして、ご挨拶とさせていただきます。

(次号へ続く)

読者の声から

○夢中で読みました。川端ファンとしては有り難い限りの本です。残りページが少なくなった時、本の世界から離れ難くなり、前章に戻ったりしながら読みました。（神戸市女性）

○今川義元は、信長に討たれた武将としてのみ有名な存在という見方が、本書を読み、なかなか有能な人物であったというものに変わった。（神戸市男性、43歳）

○信・不信の間で振れた白鳥の人生が、その微妙さを記すにふさわしい緻密な表現でたどられており、静かな感銘を受けた。（伊勢崎市男性、62歳）

○今まで知り得なかった井上有一を知ることができた。特に教員、家庭人としての有一の姿は興味深かった。（市原市男性、45歳）

○新島襄の実像が多面的な角度から論じられており、とても興味深く読むことができた。（所沢市男性、34歳）

○評論という視点はユニークであり、著者の研究の深さに脱帽。兼好を生身の人間として捉えており、読者をぐいぐいと引き込む力はすばらしい。（館林市男性、68歳）

広報担当者から

今月号から、四月十六日に行いました〈第二回読者の集い〉を掲載しています。当日は、先生方のユーモアを交えながらの熱心なお話がつづき、参加いただいた方には充実した時間を過ごしていただけたのではないかと思っております。その雰囲気を紙面から感じていただければ幸いです。

七月刊行の『鶴屋南北』（諏訪春雄著／二七三〇円）。今年は、本書で描かれる四代鶴屋南北の生誕二五〇年にあたります。それを記念し、歌舞伎座などで作品が上演され、注目を集めています。

「お岩さん」で知られる『東海道四谷怪談』は彼の代表作。近年でも「四谷怪談」を題材にした映画が公開されるなど、時代を超える作品を残した人物といえるのではないでしょうか。

本書は、上方歌舞伎と江戸歌舞伎を融合した作品を生み出すなど、歌舞伎に新しい劇世界をひらいた彼の足跡を追い、その人物像を浮き彫りにします。ぜひご一読ください。（宮澤智美）

郵便はがき

料金受取人払

山科局承認

79

差出有効期間
平成19年 7月
10日まで

607-8790

(受　取　人)
京都市山科区
日ノ岡堤谷町1番地
(山科局私書箱24)

(株)ミネルヴァ書房
ミネルヴァ日本評伝選編集部 行

◆以下のアンケートにお答え下さい。

＊　お求めの書店名

__________市区町村________________書店

＊　この本をどのようにしてお知りになりましたか？　以下の中から選び、3つまで○をお付け下さい。

A.広告(　　　　)を見て　B.店頭で見て　C.知人・友人の薦め
D.図書館で借りて　E.ミネルヴァ書房図書目録　F.ミネルヴァ通信
G.書評(　　　　)を見て　H.講演会など　I.テレビ・ラジオ
J.出版ダイジェスト　K.これから出る本　L.他の本を読んで
M.DM　N.ホームページ(　　　　　　　　)を見て
O.書店の案内で　P.その他(　　　　　　　　)

Legend of Yoshitsune”［義経伝説、平凡社版全集には「ヨシツネ物語」（木下順二訳）という邦訳で収録］や“Ataka”「安宅」［平凡社版全集では「アタカ」（木下順二訳）］なども執筆しており、美術館の仕事に追われるかたわら、というより美術館の用務が多忙であればあるだけ、文章を綴ることに手応えを感じていた時期だったようだ。

“Floral Arrangement”は結局どこにも発表されていないが、“The Book of Tea”の第六章は“Flower”であり活け花のことを語っている内容であるから、活け花《フローラル・アレンジメント》のことを書こうとしているうちに構想が発展して、『茶の本』《ブック・オブ・ティ》になっていったと考えられる。

“The Book of Tea”の第一章と二章に当る部分は、一九〇五年四月、フォクス・ダフィールド社から出ている雑誌“The International Quarterly” Vol. 9, No. 1に掲載されている。誤植以外は単行本“The Book of Tea”の一、二章と同一である。

明治四一年（一九〇八）二月、ロンドンで岡倉にボストン美術館就職を勧められ、それが機縁で美術館で岡倉の助手となり、のちには東洋部部長にまでなった富田幸次郎は、こんな回想をしている、「岡倉先生はボストン美術館で婦人たち［美術館のヴォランティア活動をしていた］を相手にときどき講話会を催したが、そのときの草稿は講話が終ると屑籠に捨てられるのが常だった。その反故を中国日本部の助手《アシスタント》をしていたマクリーンがみつけ、それで『インターナショナル・クォータリー』に掲載されることになった。この話はマクリーン氏から聞きました」というのである。

この本は、“Awakening of Japan”“Modern Problem in Painting”からの勢いに乗って書き上げら

れている。

"The Book of Tea" の内容　茶を語りつつ、芸術論の核心に迫ろうとする、"The Book of Tea" は七章から成る。

Ⅰ　The Cup of Humanity　［人間性の茶碗］
Ⅱ　The Schools of Tea　［茶の流派］
Ⅲ　Taoism and Zen　［道教と禅］
Ⅳ　The Tea-Room　［茶室］
Ⅴ　Art Appreciation　［芸術鑑賞］
Ⅵ　Flowers　［花］
Ⅶ　Tea-Masters　［茶の宗匠たち］

「ヒューマニティ」を「人情」と訳すか、「人間性」と訳すか。「茶」というテーマから考えれば「人情」がふさわしいかもしれない。しかし、この humanity という言葉は、アメリカへ来てから岡倉が頻用するようになった英語で、それまでの英文著述や講演では「人間性」という意味合いで使われている。そのつながりで考えるならば、「人間性」としておきたい。

このⅠ章では、岡倉は、やはり、英語で語るときに特有の姿勢で文体を構え、西洋人に日本を英語で紹介する衒学的な言葉遣いと過剰な身振りに包んだ相手への心づかいを露わにしている。ところが、その姿勢は、Ⅱ章以降急速に後退して行く。

西洋と東洋の文化や習慣のちがいを比較しながら以前の本で書いたような「いつになったら戦争はなくなるだろうか」という願いをお茶でも飲みながら分ち合おうと語りかけていくのがⅠ章である。Ⅱ章は、「茶の諸流派」と題をつけているが、茶と喫茶の歴史である。中国で培われてきた茶を嗜《たしな》む風習が日本の茶の湯において理想化された。理想化されたということは、茶を喫《の》むという行為が精神の活動の領域にまで高まった、つまり「日常のあさましい事柄のなかに隠れている美を崇拝する儀式」、「芸術」となったということである。

そういう芸術の底に潜む哲理、それは道教であった。「茶道は変装した道教である。Teaism was Taoism in disguise.」

茶道のことを岡倉はTea-ceremonyといわない。Teaismといっている。

こうしてⅢ章は道教とそれを根底に置いた禅の思想を紹介する。仏陀と老子と孔子が酢を味わった逸話や、老子の「虚」Vacuum、荘子の「相対性」Relativityを逸話を織り交ぜて語り、禅が東洋思想に貢献した特筆すべき点は、「世俗の世界を精神界と同じ重要さを持つと認識したこと」だと結ぶ。それは、岡倉の言葉でいえば「事物の関係のなかでは、大きいか小さいかということは問題にならない、一個の原子は宇宙と等しい可能性を所有しているからだ」ということになる。これは、晩年の岡倉の哲学といってもいい考えになった。

茶室は茶を喫む儀式を行なう空間であるが、その小さな囲われた空間は躙口《にじりぐち》のような小さい出入口しかなくいかにも閉鎖的である。だが、その小ささと閉鎖性において「万物を包有している」という道教の思想を実現している。これがⅣ章の主張であり、そこで芸術を鑑賞するということの真髄を逸話を交えながら語ろうとするのがⅤ章である。いままでの英文著作と決定的にちがっているのは、Ⅱ章以降［Ⅱ章の冒頭のほかときどき「日本のシェークスピア、近松」「わが国のアーサー王伝説の主人公、義経」などという句はでてくるが］、西洋と比較して東洋の価値の高さを主張しようとする語り口が影を潜めてしまったことである。茶道《ティイズム》を通して東洋の美と芸術を語ることそれ自体が、すでに普遍的に美と芸術を語ることだ、という境地に岡倉は達している。"The Book of Tea"をそれまでの著作から隔てて際立たせているのは、その点においてである。

暗示の価値

「芸術は、それがわれわれに語りかける度合においてのみ価値がある」と断言するこの言葉には重みがある。

Ⅵ章の「花」から最終章へ。ある種の張りつめた精神の高揚が、その文体をふるわせている。「原始時代の男が初めて花輪を恋人に捧げてその獣性を脱した」ときから、人類は花とともに生き、花とともに泣き喜んできた。その花を「純粋」と「簡素」さの極みにおいて愛するのが茶人である。――ここには、あの少年時代の漢詩「折隣家梅」に謳われた詩心が蘇っている。そして、その花自身が死を迎えるさまを綴る。「さらば、お、春よ、われらは永遠の旅に立とう！」と、笑いさざめく波の上を漂っていく桜の花びら。「一瞬、宝石を散りばめたような雲に舞い上り、水晶の流れに踊る彼らは、

「人間のように臆病ではない。」

この「花は人間のように臆病ではない」という言葉は、やはり、自分の内面へ向って放たれた一句である。

最後の章は、太閤秀吉と決定的な不和に陥った利休の潔《いさぎよ》い自死を描写して終る。『茶の本《ザ・ブック・オヴ・ティ》』は「茶の宗匠」の自死をもって閉じられる。悲壮な結末だが、静かさに満ちた結びである。

「物《もの》に観《かん》ずれば竟《つい》に吾《われ》無《な》し」

このころだと推定できる一首の五言絶句がある。彼は、この詩を気に入っていたらしく、改めて揮毫したりもしていた（本書口絵参照）。

仰天自有初《（てんをあおげばぉのずからはじめあり》
観物竟無吾《ものにかんずればついにわれをむにす》
星氣搖秋劔《せいきしゅうけんをゆるがし》
氷心裂玉壺《ひょうしんぎょくこをさく）》

天を仰いでその天上の果てに世界の初まりを思うように、物に観ずれば［心眼をもって物と対峙すれば、これは芸術と真向えばの意でもある］、ついに自我は消えて行く。この前半の二行の思想的感慨を受けて後半の二行は比喩としての事象描写である。星の凜々とした気配は秋の剣［これもまた現実の剣、刀身でもあるし、その剣のような研ぎ澄まされた心のことでもある］を搖さぶっている。ここは、あるいは、星の光に照らされた芒《すすき》の穂の揺れる姿かもしれない。氷心［冰心］とは清く澄んだ心の謂である。ここは、王昌齢の詩句「洛陽親友如相問《らくようのしんゆうもしあいとはば》　一片冰心在玉壺《いっぺんのひょうしんぎょっこにあり》」を踏んでいるのだろう、その氷心［無吾《われなし》の境地］は親友への友情と真情の証、玉壺も裂くと謳っている。人の常の極まり、宇宙の摂理と同化する一瞬を謳っているのである。この一瞬こそ、岡倉が人生を賭けて求めていた境地といっていいだろう。この詩は、"The Book of Tea"の結びと呼応している。

「物に観ずれば竟に吾を無にす」は、いわずもがな、老子の「縄々として名づくべからず、復《ま》た物無きに帰る」の句と反響し合っているのである。また、陶淵明の「人生似幻花終當歸空無《（じんせいはげんかにてついにはまさにくうむにきす）》」（「歸園田居」）というような詩句とも響き合い、最初の欧米旅行のときリヨンで書きつけた「なにゆえにわれわれは笑い哭くのか、問天不答地無声《（てんにとえどもこたえずちはこえなし）》」の句とも通じている。天を仰ぎ問いかけ、無情を感じ、自己の無を悟るのは、岡倉の生涯を貫く感慨、隠された通奏低音である。

2　未完の美術史「泰東巧芸史」

「アジア主義」は唱えなかった岡倉

岡倉を「アジア主義者」だとか「日本主義者」［あるいは「国粋主義者」］と規定して論じる人は多い。規定しないまでも、彼の言説に「アジア主義」や「日本主義」の主張が主調として流れていることを前提に、岡倉を論じる人はさらに多い。それが、「岡倉天心」という人物の思想だというのは、すでに定説とさえなっている。

しかし、岡倉の書いたものや語ったものを読んで行って、彼が「アジア主義」を提唱し「日本精神」を樹立するような運動を起そうとしている発言は、どこにも見当らない。

彼が人びとを動かし組織して一つの方向へ導こうとしたのは、〈美術〉という世界においてだけだった。いちど、東洋宗教会議を組織しようとしたことがあるが、これも、美術と宗教とを切り離せないものと考えている岡倉がその関心から手を初めてみた運動である。外側から働きかけてみることによって、身動きがとれなくなってきている日本美術院と新思想の絵画に刺撃を与えたいという考えもあったろう。いずれにしても、岡倉の発言と発想は〈美術〉から始まり〈美術〉に還る。

岡倉の発言のなかに、「アジア主義」や「日本主義」「日本精神発揚」の趣旨の文言を拾い上げることはできる。しかし、それらは、岡倉が〈美術〉という世界を、彼が置かれていた時代空間のなかでどのように導いていこうとしていたか、情況をどのように理解しようとしていたかを読むところから考えなければ、岡倉覚三からは遊離した理解になっているといわざるをえない。しかし、これまでは、そういう遊離した理解があまりにも蔓延していた。

訳文の問題

それは、岡倉の英文をどう日本語に移すかという態度にも関わっている。たとえば、"The Awakening of Japan"の一節、

But with the revival of ancient learning it became divested of these alien elements. Shintoism as formulated in the beginning of the nineteenth century is a religion of ancestrism — a worship of pristine purity handed down from the age of the gods. It teaches adherence to those ancestral ideals of the Japanese race, simplicity and honesty, obedience to the ancestral rule vested in the person of the Mikado, and devotion to the ancestral land on whose consecrated and divine shores no foreign conqueror has ever set his foot.

まずは、私訳を試みてみよう。

「しかし、古代学の復興とともに神道は外来の要素から脱却しはじめた。一九世紀始めに体系化された神道は、祖先崇拝の宗教——神々の時代から伝えられてきた原始の清浄への礼拝である。それは、日本民族の祖先の理想に忠実であることを教え、簡素で正直であること、帝《ミカド》という人物に付与された祖先伝来の決まり事に従順であること、その岸辺に外国の征服者がまだいちども足を踏み入れたことのない清い神聖な祖先の土地に献身することを教えるものだった。」

国学の成立と興隆にまつわる神道の考えかたを語っている部分である。注目しておきたいのは、まず、**in the person of Mikado** と書いていることである。「帝《ミカド》という人物《パーソン》において」である。少くとも、英語での場面にあってのみかもしれないが、岡倉は、天皇を人間として扱っている。

ところが、これまでの邦訳は、そこはどんな日本語になっていたか。一例を挙げてみたい。筑摩書房『明治文学全集38　岡倉天心集』（一九六八年二月刊）に収められている齋藤美州訳は、「…十九世紀にいたって装《よそお》いを新たにした神道は、一種の祖先崇拝教であり、それは八百萬《やおよろず》の神々の御代《みよ》から伝わり伝わった国枠の尊崇であった。この新しい神道は、日本民族古来の理想たる単純率直の精神を守ることを教え、萬世一系の天皇の親政に服し、いまだかつて外敵の足跡をとどめぬ神国日本に身を捧げることを教える」というのである。戦前の『岡倉天心全集』（聖文閣）に入っている訳［福田久道訳］とあまり変らない訳が戦後もまかり通っている。the age of the gods は「八百萬の神の御代」とされ、obedience to the ancestral rule vested in the person of the Mikado が「萬世一系の天皇の親政に服し」となる。「伝わり伝わった国枠」という訳も問題にしたいが、「神国日本」に至っては、該当する英文が原文には見つけられない。

そして、こんな訳文がそのまま、現代の「岡倉天心」を論じる人たちに引用され、それを素材に議論をしている。いいかえれば、この引用を頼りに自分の「天心」像を構築しようとしている。

平凡社版全集では、橋川文三は「神々の時代」「ミカドの人柄にあらわれた祖先以来の支配への服従」と訳しているのに、いまだに齋藤美州訳などを引用する者もいる。

岡倉の求めてきたもの

さきの引用部分は、岡倉の国学についての説明だから、即座に岡倉は祖国を「清い神聖な土地」と信じていたということはできない。国学者がそう信じていると言っているだけである。しかし、国学者がそう信じていると考えているのは岡倉自身であるから、ここから岡倉の神道と国学の解釈の仕方を読むことができる。この引用部分でそういう岡倉の解釈が、顕著に、しかしたぶん無意識裡に出ているのが、in the person of Mikado という一句である。

もう一つは、この引用の部分に続く直前で神道に関して岡倉が言っていることである。

祖先崇拝の純粋なありかたは歴史の波になんども洗われ流され原始の性格を変えていった。九世紀には密教の一流派に帰せられ、一五世紀には新儒教と化し道教の宇宙解釈を受容した、それが一九世紀初めに復活した、というのである。

古代原始の原質が歴史の波に洗われ姿を変え、あるときは別の姿で蘇りまた波のなかに呑み込まれ……という変遷過程を経て、しかもなおそこに、原始の元の姿を見失なわない――あの「夷」にして「希」、そして「微」である「古始」の姿、それを描き切ること、あるいはそれを体現した作品を制作する［させる］こと、これこそ岡倉が生涯を通して求めつづけてきたところである。

歴史の最も早い夜明けのときから、われわれの国を愛する心《ナショナル・パトリオティズム》と帝《ミカド》への献心が、古代の理想の数々を絶やさず守ってきたことを示しており、古代の中国とインドの芸術や風習をその地では失われて久しいのちにも保存してきたということは、われわれがいかに伝統を尊重しているかの充分な証言である。

われわれの個性を、西洋思想の強力な潮流を浴びてもその下で守ってきたのは、外国からの思想が繰りかえし殺到しても、自分自身を偽らないようにさせつづけた民族のあの特質なのである。遠い昔から、中国やインドの文明が、朝鮮に沈積し近接する日本の海岸にかぶさってきた。

――The Awakening of Japan

しかし、われわれの民族の誇りと有機的な結合という岩盤は、アジア文明の二つの偉大な極から押し寄せる強力な大波にもかかわらず、時代を通して確固と立っていた。民族の特殊な才能は圧し潰されることはなかった。模倣は決して自由な創造にとって代わることはなかったのである。外から受けた影響がいかに大量でも、それを受け容れ再活用する溢れるエネルギーをいつも持っていた。大陸アジアが日本に接触すれば、つねに新しい生命と霊感が生まれたということは、大陸アジアの栄光である。

——The Ideals of the East

岡倉の「アジア主義」と「日本主義」を論証するとき、いつも引用される箇所である。こういって、岡倉は、「日本の芸術の歴史は、アジアの理想の歴史となる」といい、「日本はアジアの文明の博物館である」という。

ここで「理想《アイデアルズ》［複数形］」といい「博物館《ミュージアム》」といってるのは、あくまでも思考を〈美術〉〈芸術〉に絞り込もうとしているからである。

こうした「日本民族の特性」、外来文化に圧倒されながら守り通す「自分自身への忠実」「自分を偽らないこと」を、岡倉は、tenacity という言葉をしきりに使って説明している。Tenacity——粘り強さ、不屈さ、固執すること。しっかり握って離さないこと。「泰東巧芸史講義」美に関わる性質としてはあまり美しくも繊細さもない。これが、岡倉にとって、歴史をつなぐ人間の主体的な意志と行動を表わす概念だった。「自由」と「自然」を媒介して「芸術」を産み出すのも、このtenacityだった。

明治四三年春、東京大学［当時は東京帝国大学になっていた］で行なった「泰東巧芸史」講義は、この歴史の主体を動かすtenacityを具現化することを目指す作業だった。

当時東京帝国大学文科大学長だった井上哲次郎のところへ総長になった浜尾新から、岡倉に東洋美術史の講義をやらせるようにという内意があって、井上は諸方面に気を使い岡倉と同時に瀧精一を講師に迎えることで実現したという（「浜尾子爵を追懐す」『学士会月報』四五一号、一九二五年四月）。岡倉は、結局四月一九日から六月二一日まで一〇回講義をしただけで、その後は中川忠順が引き継いだ。瀧精一は、明治三三年（一九〇〇）から『國華』の編集主幹をやっていた［岡倉が一雄名義にしていた『國華』の発行権と債権を朝日新聞社の村山龍平、上野理一に売り渡すのは、明治三八年（一九〇五）六月である］。瀧は、岡倉が亡くなった翌年の大正三年（一九一四）、東京帝国大学美術史講座の初代教授に就任、日本美術史、東洋美術史の権威となっていく。岡倉については『國華』誌上（二八一号、大正二年一〇月など）で公然と批判している。

「泰東巧芸史」は、岡倉が行なった日本における最後の講義となった。この講義には、児島喜久雄［メモ風の聴講ノートをのこしている］、新海竹太郎、上野直昭、黒田鵬心、和辻哲郎らが出席したといわれ、回想をのこしている人もいるが、「日本美術史」のような筆記ノートを作った人はみつからない。『研精美術』に大正二年（一九一三）二月（七〇号）から四回（七三号まで）に分載された誤植が多い筆記録と、創元社版天心全集巻六（一九四四年一二月）に新海竹太郎のノートや「他三種」を集めて整理したというもの、それに岡倉自身のメモが伝わっているが、いずれも断片的で、平凡社版全集に収められているのが現在可能な最大限の復元である。
「泰東巧芸史」の内容
ここでも岡倉は、時代区分に腐心している。講義録からその方法を拾ってみると、
古代芸術（周・漢）
六朝・三韓・飛鳥朝
唐・奈良期（仏教的巧芸前期）
晩唐・五代・北宋（仏教的巧芸後期その一）
平安朝（仏教的巧芸後期その二）
世間的巧芸　唐・奈良朝以後（宋・元・鎌倉前期・明・清・足利・桃山・徳川）
現代

その原型は"The Ideals of the East"にある。"The Ideals of the East"は、最初の章 The Range of Ideals［諸理想の活動範囲］と最後の章 The Vista［通景—追憶と展望］を除くと、美術史の時代区分が章を構成している。

日本の原始美術

儒教―北方中国
老子教と道教―南方中国
仏教とインド美術
飛鳥時代（五五〇～七〇〇年AD）
奈良時代（七〇〇～八〇〇年AD）
平安時代（八〇〇～九〇〇年AD）
藤原時代（九〇〇～一二〇〇年AD）
鎌倉時代（一二〇〇～一四〇〇年AD）
足利時代（一四〇〇～一六〇〇年AD）
豊臣時代と徳川時代初期（一六〇〇～一七〇〇年AD）
徳川時代後期（一七〇〇～一八五〇年AD）
明治時代（一八五〇年から現在）

「泰東巧芸史」では、最初の英文著述“The Ideals of the East”から“The Book of Tea”に至るあいだに考えてきたこと力説してきたことが集約されている。つまり、それは、中国［朝鮮］との深い関係のなかで「日本」美術をつかまえるということである。

「泰東巧芸史」の意義

岡倉は「東洋美術史」をと頼まれたのに、わざわざそのタイトルを「泰東巧芸史」に変更した。このタイトルには、彼の思いがこもっている。

彼の作ったメモに「今東洋美術史ニ就テ之ヲ見ルニ東洋ノ文字穏当ヲ欠き其区域分明ナラス　若《もし》Orientとの翻訳とせは《ば》大亜大陸全体ヲ含ムノミナラス或欧西《ママ》学者の見ル所にてハ希臘《ギリシア》伊坡《エジプト》ヲモ容ルモノアリ　其範囲渺茫として際涯なきニ似タリ　余ノ茲《ここ》ニ開講セントスルハ所謂東亜則《すなわ》チ支那日本を中心トセル芸術史ニ在リト雖《いえど》も是レノミニても其連絡スル所西は巴斯《ペルシア》の古地ニ接し南印度安南ヲ探《ママ》へ崑崙《こんろん》以東蓬瀛《ほうえい》に呼応する縦横幾万里の間ニ横《よこた》ハレリ」とある［「蓬瀛」というのは、蓬來《ほうらい》と瀛州《えいしゅう》のことで、これに方丈《ほうじょう》と合わせて「東海の三神山」である。こんな想像上の神山をここに書き込まれると読者は当惑するが、逆に、岡倉が「日本」をどういうふうに位置づけて考えようとしていたのかが焙《あぶ》り出しのように見えてくる］。

「巧芸」という言葉も、岡倉は慎重に選んだにちがいない。「工芸」とはちがう、その「工芸」をも含みこむ「美術」のありかたを指す言葉なのである。

ここには、明らかに、明治三三年フランス語版の豪華な本が作られ、パリ万国博で各国元首や関係者に配られ、翌年日本語版が出版された、帝国博物館蔵版『稿本日本帝国美術略史』が意識されている。これは、岡倉が帝国博物館を辞めたあと、福地復一が主任になって完成した日本美術史である。皇国日本の美術史とすべく、「萬世一系の皇統を戴《いただ》く大和民族」の連綿たる美の営み、「日本」固有の美術を記述し、図版を載せている。その時代区分も、歴代天皇と幕府の支配者を冠して整理し、中国や朝鮮からの影響など一切項目化されていない。岡倉が編集主任だったときの構想は完璧に排除されている。

記述方法も、「絵画」「彫刻」を上位に置き「美術工芸」を下位にして、ジャンルを差別している。

岡倉は、この『稿本日本帝国美術略史』が公刊されたころ、日本美術院で日本美術史の講義を試み、その原稿を『日本美術』一七号（明治三三年（一九〇〇）三月刊）に掲載した。それは、「日本美術史論第一章　六朝時代」と題されている。日本美術史を語るにさいして、その第一章は中国古代美術論なのである。ここにも『稿本日本帝国美術略史』に対する岡倉の姿勢が現われている。

しかし、このときは、第二章以下を書くことができなかった。

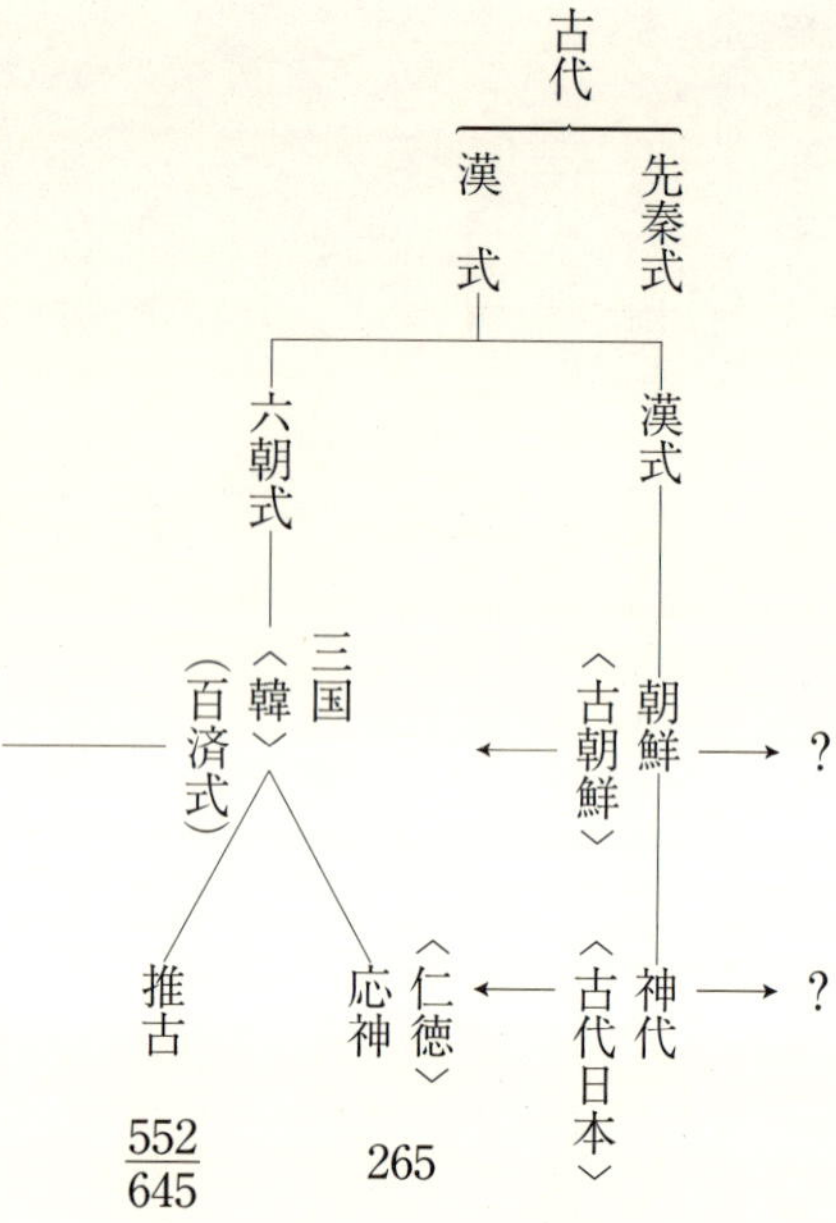

岡倉の「泰東巧芸史」講義メモより

網目としての美術史

「泰東巧芸史」のために岡倉は、じつに数多くの「表」を作った。いずれもメモの域を越えないし読み解くのは手間がかかるが、これは眺めているだけで、いろいろと「泰東巧芸」の歴史の世界へと誘ってくれる、豊かな発想を秘めたメモ群である［これを読み解かなければ「泰東巧芸史」を理解したことにはならない」。このメモ群から、「日本美術史」の時代から変容していく岡倉の〈美術史〉へのまなざしを発見することができる。

「日本美術史」では、岡倉は、カーライルの「事実は立体なり、歴史は線なり」という言葉も引いて、歴史を〈線〉でとらえようとする考えを方法論としていた。時代表の下にその興隆を折れ線グラフで示したりもしていた「じつは、この方法はフェノロサから習ったと思われる。フェノロサもその著作 "Epochs of Chinese and Japanese Art" でその方法を見せている。フェノロサのこの遺稿集は

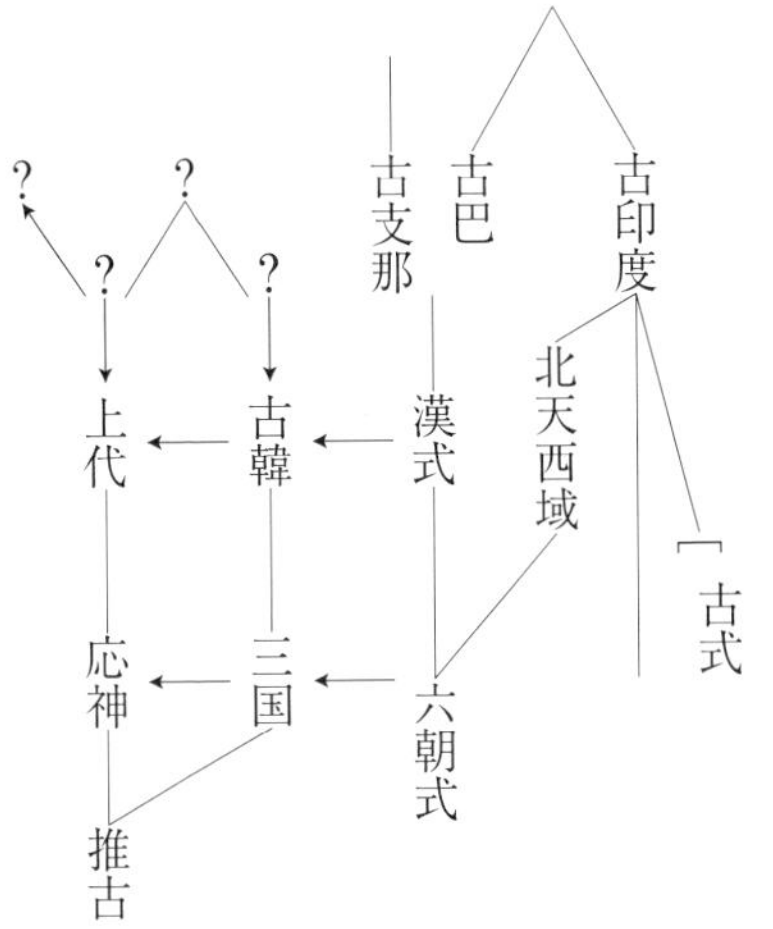

岡倉の「泰東巧芸史」講義メモより

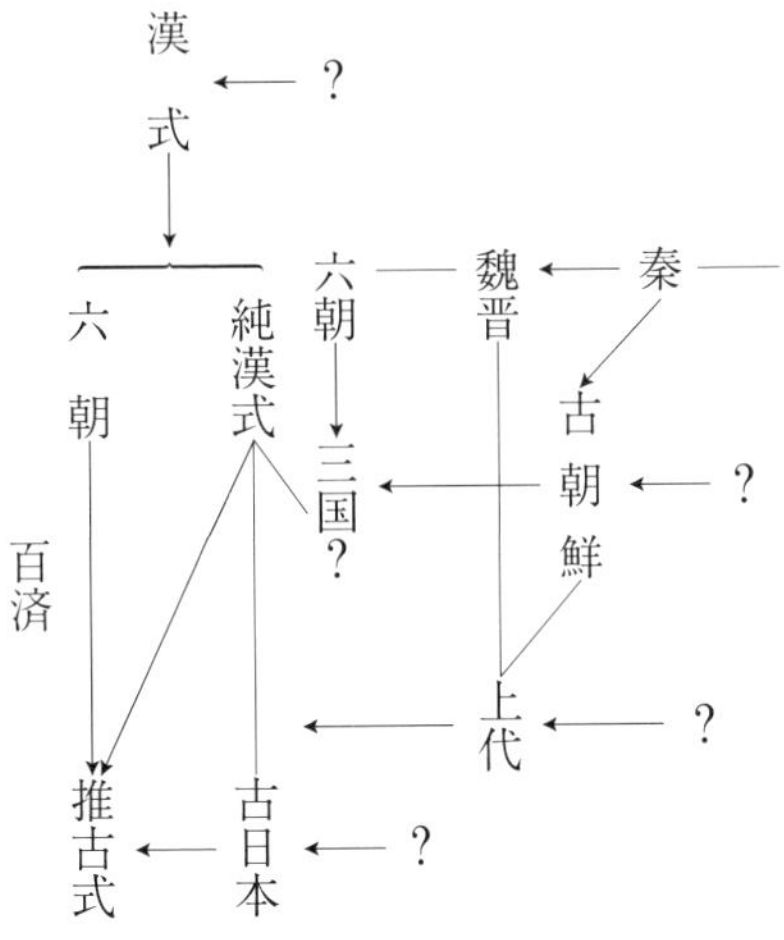

岡倉の「泰東巧芸史」講義メモより

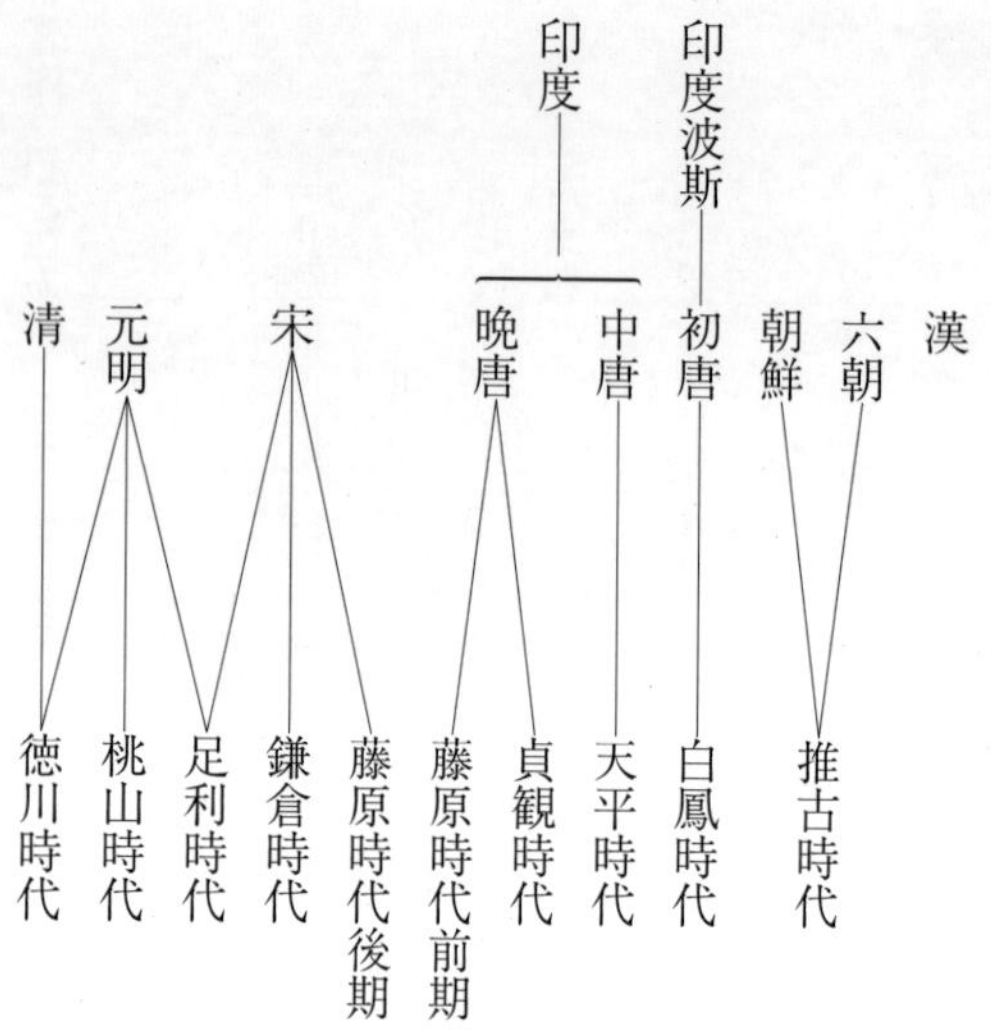

『国宝帖』より

一九一二年に刊行されたのだが、フェノロサは岡倉らとの会話や鑑画会の講演などでもこんな線表示法を使っていたにちがいない」。

ところが、「泰東巧芸史」では、もうこんな線表示法を岡倉は活用していない。代りに駆使しているのが、網のように拡がっていく図式化の方法である。

これは、岡倉が、美術史を線でとらえるのではなく、網目webのなかに位置づけ、歴史を構造としてとらえようとしていたことを意味する。

『国宝帖』

その方法は、「泰東巧芸史」と同じ時期に内務省の依頼で、中川忠順、平子尚と共同執筆した『特別保護建造物及国宝帖』（内務省宗教局編、審美書院刊、一九一〇年三月）の「第二篇　彫刻、絵画及巧芸」にも生かされている。すでに「巧芸」という用語が使われており、インドとペルシアまでつないだ美術史の網目表が提示されている。

その記述にも、網目の方法は生きていて、右の表は「日本芸術概説」の「総論」に掲げられているが、各論の随所に、「仏教芸術はかくして朝鮮より輸入せられしと雖も、工巧の術は決して其教《おしえ》のみにあらず。支那との交通は古来既に開かれて、漢代にてはわが九州の部族にして夙《つと》に大陸を通聘《つうへい》し其印璽《いんじ》を受けたるあり。古代の神話的日本もまた朝鮮と交通し、神功皇后以来、益々頻繁《ひんぱん》なるに及びて儒書の伝来するあり」とか、「聖徳太子薨去《こうきょ》の翌年上宮王家にて作られたる天寿国曼荼羅《てんじゅこくまんだら》の如きは最も貴重すべき遺宝と称すべし。其下絵はまた帰化せる支那人、朝鮮人の血統を有する人々の手に成り、其様式は支那六朝の遺風を存す。これを以て山東省武陵祠の石刻と対照するも、また甚深の趣味あり。（原文改行）法隆寺金堂の玉虫厨子の装飾画に於ても、また絵画の様式を窺《うかが》ひ得べし。画は酸化亜鉛に油を混和したる密陀僧を以て作らる。密陀僧は支那本草家の釈して蛮語もと波斯《ペルシア》に出づとなせる者なり。当時の支那文献に徴し我法隆寺の遺品に存する希臘文様を以て併せ攷《かんがう》ふれば、夙に印度波斯と支那との交通ありしを知るべく」と、一つの作品からアジア全土へ筆は駆けめぐっている。

この『国宝帖』の日本語は、漢字や文体が岡倉固有のものではない。もともとロンドンで開催される日英博覧会に出品する予定の本であり、英文を岡倉が担当して中川や平子がそれを翻訳したのかもしれない。英文のタイトルは、“Japanese Temples and their Treasures. Part II. Sculpture, Painting and Allied Arts.”である。

「泰東巧芸史」の未完成の部分に、この『国宝帖』の記述を重ねて行くと、晩年、岡倉が到達しつつあった「日本美術史」の内容がかなり詳細な姿をもって浮んでくる。

ボストンでの構想

ボストン美術館は、岡倉が参加するようになって、にわかに活気づいた感がある。単に中国日本部の責任者に有能な人物を得たというだけではない。中国日本部を中心にして、ボストン美術館がひとまわり大きく脱皮する機会を捉んでいる。新館を建てる構想は岡倉が来る前からあったのだが、それを機に、欧米のどこにもないボストン美術館独自の構想が固まった。つまり、東洋部門コレクションの充実、インドをも含めた東洋美術の展示室を西洋古典と対等に配置する展示体系が、こうして出来上り、岡倉は理事会と館長の支持を背景に、中国へインドへと、美術品買付けの旅にも出かけた。

中国日本部長《キュレイター》にと頼まれたのは、明治三九年(一九〇六)一月であった。つまり、二度目のボストン勤務のさなかである。書記のギルマンに、一月一七日付で書いた手紙にこういっている。

美術館理事会が私を一九〇七年四月一日まで中国日本部部長《キュレイター》に任命下さった旨の貴書簡拝受しました。

このような任命を受けた光栄に感謝致したいと理事会にお伝え下さい。

しかしながら、私の如き西洋の仕事《ビジネス》についての不完全な知識しかない者には、部長《キュレイター》という職に期待される責任を果すことはできないと申さざるを得ません。さらに、私の日本におけるさまざまな関わりからも、現在はどんな公的な役職にも就くことを望みません。とはいえ、私は、この中国日本部のために、今までと同様役職に就かないまま、最善を尽したいと願っております、あるいは、もし必要なら、嘱託《アタッシェ》とか顧問《コンサルティング・メンバー》とかの職名の下に。

敬具

岡倉は、そんな地位にこだわったが、中国日本部の事実上の責任者として、日本へ帰って不在中の指示を細かく出したり、館長に自分が不在中の中国日本部のメンバーは大丈夫ですかなどと尋ねたりもしている。美術館のありかたについて、保存修理、目録作成、講演会などまた案内制度についても進言や提案をしている。こうして、六角紫水や岡部覚弥などに修理や管理・整理の仕事を頼み富田幸次郎などを連れてくる一方、アメリカ人のスタッフを育てることにも心を摧いていた。

ボストン美術館での成果

ボストン美術館での活動は、岡倉にとって、美術史をその作品で構築する作業でもあった。その構想に基づいて、中国や日本、さらにはインドへと蒐集活動を拡げ、その成果を展覧会で披露し、『ボストン美術館報 Museum of Fine Arts Bulletin』［以下 MFAB と略記する］に報告した。

1、明治三八年（一九〇五）一月、「美術館における日本と中国の絵画 Japanese and Chinese Paintings in the Museum」［MFAB, vol. III］。これは、着任当時の美術館の現況報告である。

2、明治三九年（一九〇六）一月、「中国日本部の新収蔵品 Recent Acquisitions of the Chinese and Japanese Department」［MFAB, vol. IV, No. 18］。明治三八年六月一七日付、岡倉が東京から、副館長プリチャードに出した手紙に、「八世紀の小金銅仏」「極めて優れた能面」「仏教絵画」など手に入れた、修理を施して八月初旬に発送するとある。その「仏教絵画」を紹介解説している。

3、明治三九年（一九〇六）四月、「新日本美術陳列室の彫刻 Sculpture in the New Japanese Cabinet」[MFAB, vol. IV, No. 19]。プリチャード宛九月一一日付の手紙に「仏像一四箱」発送するとあり、一九日付でそのリストを送っている。それらが解説紹介されている。

2、3は、第二期滞在中の仕事である。

第三期は、

4、明治四一年（一九〇八）二月、「日本の鐔《つば》―序文 Prefaratory Note for "Japanese Sword Guards" by Okabe-Kakuya」。ボストン美術館が発行した小冊子《カタログ》で岡部覚弥がまとめた『日本の鐔』に寄せた序文。

5、明治四一年（一九〇八）四月、「中国と日本の鏡 Chinese and Japanese Mirrors」[MFAB, vol. VI, No. 32]。これは、フランシス・カーショウと共著とある。この鏡のコレクションは、岡倉が明治三九年一〇月から四〇年二月へかけて、中国へ買付けに行ったときの収穫であろう。この旅行の日記がのこっている。

第四期は、『美術館報』[MFAB, vol. IX, No. 49] に、岡倉が明治四四年（一九一一）四月から五月にかけて三つの講演を行なったと記録して、その講演題目と日付を列記している。

6、「The Nature and Value of Eastern Connoisseurship 東洋芸術鑑識の性質と価値」[四月六日]。

7、「Religions in East Asiatic Art 東アジア芸術における宗教」[四月一三日]。

8、「Nature in East Asiatic Painting 東アジア絵画における自然」[五月四日]。

最後の滞在中、『美術館報』に記載されるものは一点。

9、大正元年（一九一二）一二月、「中国日本美術新収蔵品展 Exhibition of Recent Acquisitions in Chinese and Japanese Art」[MFAB, vol. X, No. 60]。徽宗筆「搗練図」や董源の「山水図」、仇英筆「聴琴図」、中国古代の青銅器、玉器など、図版を入れて紹介している。こうした蒐集品が「泰東巧芸史」に生かされている。天平時代の観音立像も紹介されている。

ボストン滞在中に書いたり話したりした草稿、タイプ稿としてのこっているものがほかにある。絶筆と考えられるのがオペラ台本「白狐 The White Fox」[大正二年（一九一三）]だが、そのほかに、

10、「中国日本部の仕事を手伝ってくれる婦人方への談話」[明治三八年（一九〇五）一二月]。

11、「中国の玉 Chinese Jade」[明治四四年（一九一一）一月一六日、ボストン郊外のチェスナットヒルにあるデイン夫人のところで行なった講演の自筆草稿]。

12、「日本と中国の漆工特別展・序文 Prefatory Note [for the Catalogue of a Special Exhibition of Japanese and Chinese Lacquer]」。末尾に、"Okakura-Kakuzo Boston, April 1908" と記されている。

13、「日本と中国の漆工図録・序 Preface [for the Catalogue of Japanese and Chinese Lacquer]」。原稿末尾に、"Okakura-Kakuzo Curator, Boston, March 1913" とある。

12、13は、六角紫水と富田幸次郎が準備した展覧会のために書いた序文二点だが、発行に至らず岡倉は亡くなり、草稿だけがのこった。

14、「漆工の歴史 The History of Lacquer」、これも12、13と同じ意図の下に書かれた草稿だろう。

一九一一年の講演

ボストン美術館で行なった三つの講演のうちの最初は、「東洋芸術鑑識の性質と価値」で、ここには、「いまのところ、われわれは東アジア美術の歴史の根本的な結論を得るには至っていません。われわれの知識はまだ幼ない。しかし、それでもいま、インドと中国と日本をバラバラの現象として見ないで、一つの全体として、美術の歴史をスケッチすることは可能です。その活動が日本において始動したのは、おそらく運のいいことでしょう。なぜなら、日本は、全アジア美術の鍵を握っているからです。いまだいちども外国勢力に征服されず、七世紀以来アジアの美術の全遺産を保存してきました」という発言があり、これは、七年前の「アジアは一つ」や「日本はアジア文明の博物館である」という発言を裏付けるものとして受け取られてきた。

しかし、もちろん、アジア総体の美術史を記述するのに日本はいい位置にあると考えていることはまちがいないが、「インドと中国と日本をバラバラの現象として見ないで、一つの全体として as a whole, and not as isolated phenomena in India, China, and Japan」という意味は、「アジアを一つ」にしてということを言っているのではない。この「全体」というのは、「泰東巧芸史」でさかんにいくつも試みていたあの〈網〉のようなありかたのことである。

この講演では、もっと別に注目しておきたい発言がある。それは、この講演のテーマに関わることだった。つまり、「東洋の芸術についてわれわれが所有している知識はどんな性質のものか What is the nature of the knowledge we posses about Eastern art?」「いかにして、われわれはその知識を獲得したか How did we get the knowledge, そしてその種の知識にはいかなる価値があるか and what is the value of this kind of knowledge ?」というのだった。そして、われわれは、芸術について知ろうとして「名前を陳列 an array of names する」、「名前を知ることそれ自体が芸術を征服することであるかのように as if the mastery of names in itself constituted the conquest of art」考えている。それはどんな価値があるのか？

彼は、このような問いを立てながら、謝赫をはじめに、中国の画論の筆者［鑑識家］を素描していく。そして日本に移り、茶の宗匠や狩野家の鑑定の仕方を説明し、近代の西洋科学の方法をとり入れた鑑識法を展望して、さきほど引用したアジア美術の全体を記述する重要さに触れて終る。

講演冒頭に提起した、なぜ名前を知れば芸術を征服したと思うのかという問いには答えていない。名前の陳列に親しくなった歴史を素描しただけで終ってしまった。

おそらくこの問いを彼が根源的に答えることはできなかったのだろう。現在《いま》もなお、答えられていない問いである。それにしても美術史の歴史を考えるとき、岡倉がこのような問いを抱いていたことを知るのは重要である。

「東アジア絵画における自然」

「東アジア芸術における宗教」で、宗教と文学・美術の関わりの深さをおさらいしてつぎに、岡倉は「自然」の問題に入る。

「自然」が西洋の画家と東洋の画家とでは、その持つ意味・関係性がちがうことは、これまでにもなんども語ってきた。東洋美術が細部《デテール》を省略するのは「暗示の価値」を大切にするからだというのも、東洋絵画はモデルを見て写すのでなく、記憶で描くのだというのも、なんども繰り返していってきた持論であった。そういうことを語りながら、岡倉はこの講演で、ひとつの新しい発言をしている。

　風景画について論じた文献はたくさんあります、人物画についてよりも熱心に論じてきました。多種多様の風景画について論じた議論は、二つの種類に分けることができるでしょう——純粋に見るために描かれた風景画と、その絵の中へ誘われ散歩する風景画と。視覚《ヴィジョン》のため——見るため——の絵画は一種精神的な表現です。それを見る者を自然《ネイチャー》［本質］へと飛翔させ、あらゆるものを超えた彼方にある自然《ネイチャー》［本質］のなかでの自由を表わします。それは触れることのできない、足で汚してはならない世界なのです。風景自体は宗教的ではないのですが、この種の風景画は、宗教的な対象を描いたと同等の高い敬意を要請します。それに対して、絵の中へ歩いていける風景画は、あなた自身の一部分となり、あなたは、たちまちその風景の中に入ります。自然と戯れ、たとえば屏風絵を見ながら、流れる水の遊びに、いっしょに浸り楽しむことができるのです。

　こういう言葉が操れる岡倉は、もう若いころのような「美術ノ大道」だとか「美学の真理」などいう言葉は無用になっている。文人画が彼の内部《なか》で復権している。そして、この風景画論の一節は、そのころ彼が気に入っていた「仰天自有初、観物竟無吾《（てんをあおげはおのずからはじめあり、ものにかんずればついにわれをむにす）》」という漢詩の境地を、具体的に作品体験に即して語った言葉である。

美術史を生きる

芸術体験の奥深さと言葉による表現が出会おうとしている。もともと、英語で語り書くときと日本語で書き語るときでは、話しかけている対象像も異なり、文体も異《ちが》っていた——いたというよりそうなった——岡倉だった。ということは、〈西洋〉と〈東洋〉との異質性を極度に強く意識していた岡倉は、同時代人としては西洋文化や風習をよく知っており西欧言語もこなせる稀有な存在だったが、そうであればあるだけ、〈西洋的なもの〉と〈東洋的なるもの〉を対立して捉え、その対立意識が生活慣習や人間関係の振舞い言動にも浸み込んでいたのだった。アメリカへ行っても羽織袴《はおりはかま》で通し、ボストンで借りた部屋を日本式に変えて住むとか、そういった生活意識と様式への固執は、この対立意識の構造を壊さないための手立てであった。日本語で書くと漢文交りの和漢混交文体、手紙は候文、詩を謳っても漢詩とか、俗謡とか、公共的、非日常的文体となる。それに対し、英語の文体は個人的で内面的で、詩と公用文の区別がないくらい自由な文体となった。

しかし、英語と日本語との発語位相における背反は、“The Book of Tea”に来て解消しつつあった。それは、“The Book of Tea”の文章が告げているように、〈美の体験〉において洋の東西の対立はそんなに異質ではないことを、岡倉が経験として知ったからである。一方岡倉自身、ボストン生活を通過することによって、日本語の位相と英語の位相を自由に切り換え渡ることができるようになったからといってもいい。“The Book of Tea”は、その意味で、岡倉の人間として、そして批評家としての一成熟点を示している。この本に説かれている〈美の体験〉は、普遍性を獲得している。かつて夢のように口にした「普遍美術」「世界美術」は、“The Book of Tea”のなかに実を結んだといっていいかもしれない。

この体験が、「東アジア絵画における自然」の講演の一節、「風景画の二種類」の話に生きている。また、この体験に促されて、「泰東巧芸史」の構想も肉付けされる。『国宝帖』の記述もそうであったが、一九一一年のボストン美術館での三つの講演も、〈未刊の「泰東巧芸史」〉を補完する仕事だった。その意味では、岡倉の生涯は、〈美術史〉を書くために生きた一生だった。〈美術史〉を書くという視点から彼の生涯の仕事を眺め直すと、美術学校の校長であることと博物館の理事であること、つまり美術教育に携わることと古美術保存に従事することが背反しない場を作っていることが理解できる。彼は〈美術史を書く〉ことを生きようとしたといえばいいか。それは、別の謂いかたをすれば、美術史を書くことによって美と人生を生きようとしたということである。美術史を書くこと、美術史を考えることは、「物に観ずれば竟に吾を無にする」ことを実践し実証することであった。物に観じて竟に吾を無にしえない美術史は、彼にとっては美術史ではない。美術の歴史を書きそれを思索したことにはならない。そういう美術史を求めていた。

美術史の系譜

彼が生涯を貫ぬいて関心を持ち続けたこと、それは〈美術史〉を作り上げることだった。岡倉の〈美術史〉に関わった仕事を整理してみたい。

①古社寺調査と帝国博物館勤務、のちの古社寺保存会委員活動（一八八二～一九一三）
②「日本美術史」講義（一八九〇～九二）

③「泰西美術史」講義（一八九〇〜九二）
④「日本美術史編纂綱要」「日本美術史綱」の準備（一八九一〜九八）
⑤"The HŌ-Ō-Den"（一八九三）
⑥"Japan"に日本絵画史より一〇点紹介解説（一八九七）
⑦日本美術院での講義［「日本美術史論第一章」］（一八九九〜一九〇〇）
⑧"The Ideals of the East"（一九〇二〜〇三）
⑨『国宝帖 Japanese Temples and their Treasures』（一九〇七〜〇八）
⑩「泰東巧芸史」講義（一九一〇）
⑪ボストン美術館での整理・蒐集・目録作成・報告（一九〇五〜一二）
⑫東アジアの芸術論、宗教、風景画論講演［ボストン美術館］（一九一一）
⑬「漆工の歴史」［草稿］（一九一三）
⑭「近世画家系図」「落款・印章・略伝」「文芸史談解題」「近代日本歴史年表」"The Confucian Age, The Loaist Age"［「孔子時代、老子時代」］、浮世絵史の構想などのノート草稿類

①から⑬へ、若い頃から時代順に並べて行くと、〈日本〉の〈美術史〉への関心が、〈アジア〉の網の目のなかに位置する〈日本〉へと展開していることが見える。『國華』発刊の辞に美術史を編むことが必要だと書いたときは、近代国家のアイデンティティとしての美術の歴史が頭にあったくらい

だろう。そういう〈日本美術史〉から、〈日本〉のみかたが変っていく。転機は、「日本美術史論第一章」からインドで書き上げた"The Ideals of the East"にかけてにあったことも見えてくる。

⑨⑩⑫⑬を再編すると、未完の「泰東巧芸史」の全体像が、［細部にまだ足らないところはあるが］つかめそうである。「泰東巧芸史」講義のメモノートと多数の表、『国宝帖』の記述、ボストン美術館での東アジアの芸術論［鑑識論］、宗教と風景画論、漆工の歴史草稿、それに⑬のノート類など加えて、一つになった姿に、岡倉が構想していた「泰東巧芸史」を読むのは、それらを遺されたわれわれの仕事である。その〈美術史〉は、〈日本の美術史〉とはどんなものであるか、あるいはあるべきかを改めて考えさせてくれる。

明治四〇年代の談話

ボストンから帰って来ると、欧米の様子を聴こうとする記者が港で待っていたり、どこかで話をすれば、その筆記録が新聞雑誌に載ったりしているが、そんな談話記事のなかにも、主調底音のように〈美術史〉への岡倉の思いが響いている。

「美術上の所感」は、明治四〇年（一九〇七）一一月一〇日東京美術学校で開かれた文芸講演会（『讀賣新聞』明治四〇年一一月一二日に紹介され、のち講演要旨が『美術新報』第六巻一九・二〇号、明治四一年一月一日、五日に掲載）だが、ここで岡倉は、現在は「美術家の煩悶時代」であるといい、「何処が美術の精か」つかめないまま、いろいろな意見や動きが行き交っている、それは「一々歴史上の事実を考へずして壟断《ろうだん》して論断」しているからだ、と歴史の研究とその知見の普及の欠如を指摘している。

この講演では、岡倉は、世界の美術の歴史を三期［形式時代（フォーマリック）、変形時代《ママ》（クラシック）、情熱時代（ロマンチック）」に分け、第一期は物質が勝ち、精神が物に負けている。第二期は物質と精神と相半ばし、第三期は精神が物質に勝っているという発達の順序と原理を示している、と俗流ヘーゲル主義の歴史観で処理してみせる。この公式は、岡倉が美術学校での「日本美術史」以来捨てていない。

しかし、ここでは、東洋と西洋の区別は「元素に至っては異るべき筈が無い」といい、第一期と第二期の共通性を強調し、「第三期から西洋と東洋と分かれた」のだと言っている。この考えは、第一期第二期は「世界［東西］が一つだった」ということを示している。「アジアは一つ」という言葉とこの考えとは、岡倉の内面では重なりあっている。

文展開催を巡る旧派と新派の対立を意識した発言がそれに続き、「美術の保守的な古流派」は、土佐・狩野といいながらその拠っているところは「徳川末に残った古画のかすである」、南画も同様、その源流の明清の大家が今日の南宗画を唱えている者の画をみたらなんというか、ともかく、古い時代へ遡り研究しなければ話にならない、と美術史の勉強の必要性を説いている。そして、「今日の美術の事を知るには、つまり美術の歴史を見、過去の東西を見て、断案を下すことにしなければなりませぬ。」「私は一日も早くさういふ風に準備なり設備なり出来ることを願ふて、美術史を作らうと準備してる」と言っている。

自分の内面的な必然性としてではなく、時代の問題として〈美術史〉の必要性を語っているのである。

『時事新報』、明治四一年二月一九日の「文芸週報」に「美術上の急務」が掲載されたころ、岡倉はすでに第二回目のボストンにいる。彼は前年の一一月一六日に横浜を出港しているから、この話をどこでしたのか判らない。内容は「美術上の所感」と重なるところもあるので、これも東京美術学校の講演の筆記かもしれない。そうだとすると、こんどは、逆に、一つの談話が聴き手によってこんなに違うまとめられかたをするのか、と驚かされる。

この講演筆記録は、「今日の美術は誠に幼稚である」と始まる。「煩悶の時代」とはだいぶ意味合いが変ってくる。われわれは、このどちらの意味ともとれる発言を岡倉がしていたのだな、と解釈するしかない。

この幼稚さの原因として、岡倉は四項目挙げている。一、日本人の美術鑑賞の機会の少ないこと。博物館等の設備の貧しさをいっている。二、鑑賞法の「幼稚」であること。「東洋美術の性質を根拠として立案せる審美学は、今日に於て未だ成立して居らぬ」というのである。三、世間一般の人の芸術に対する考え態度にまだ旧時代の考えがのこっていること。四、美術家自身の「学識の欠乏」。「雪舟派の人の如き、詩人でもあり禅宗哲学の妙味を会得した人」だった、「今日の通常の美術家の学識は、」「徒らに技芸問題に走って、着想の平凡に陥る」、もっと勉強し旅をし「古人以上の技術を練磨するの気宇を養はなければならない」といって、美術と美術の歴史に関する著述が書かれ、講習会なども開き、また公立の美術館が設置されていくことが、この「幼稚」を克服していく道だといっている。

講習会という言葉は、その年の七月、岡倉がボストンから帰ってきてから開催を計画していた奈良女子高等師範学校での「美術学院主催、夏期講習会」のことが念頭にあっての発言でもある。この講習会で岡倉は、「奈良美術研究の必要」という話をした。

公立美術館がもっと設置されなければならないという、これも岡倉の持論だが、この考えは、彼の〈美術史〉構想と深く絡んでいる。美術館は実作品による美術史の展開なのであり、美術史の記述および美術史知識の普及のためにも、実作品あるいはその模写を豊富に観る機会と場所は不可欠だと考えていた。

五浦移転

ボストンでの第一回目と二回目の滞在の谷間の日本生活は、雅邦の代りに主幹になった以外ほとんどなにもしないで、日本美術院の揺れるさまを傍目に見ながらまた船に乗った岡倉であった。

二回目のボストンを切り上げて帰国すると、日本美術院の改革に乗り出した。明治三九年（一九〇六）九月のことである。まず、日本美術院を二部に分け、第二部を「国宝彫刻修理」部門とし、東大寺勧学院に拠点を置くことにした。その監督は、すでに勧学院に居を構えて［明治三四年（一九〇一）一一月］、岡倉の指示で仏像修理に専心していた新納《にいろ》忠之介が就いた。

第一部は「絵画」部門とし、当座は東京にあったが、一一月、五浦へ移転した。すでに六月、岡倉は、横山大観、下村観山、菱田春草、木村武山を説き伏せ、五浦に四人の家屋建築を着手していた。

岡倉はこの年春頃、新潟県の赤倉に土地を購い山荘を建てていて、赤倉へ日本美術院を移そうかと考えたこともあったようだ。一一月九日、大観、観山、春草、武山は、家族を連れて五浦へ移った。そのころ、岡倉は五浦にいない。一〇月から翌明治四〇年(一九〇七)二月まで、中国へ行っている。一二月には、五浦に日本美術院研究所の建物も建ち、四人の画家はそこで制作した。岡倉も二月に帰国してからは熱心に研究所へ顔を出した。

こうして五浦時代が始まり、移転当初は地元や水戸市も歓迎し、水戸で展覧会を開いたり[明治四〇年三月]、五浦で仲秋観月の園遊会を開いたり、[明治四〇年九月]、と賑やかだったが、岡倉が三度目のボストンへ発って[明治四〇年一一月]帰国した[明治四一年七月]あとの九月、横山大観の家が火事になり、大観は東京へ引き上げた。岡倉の不在中の六月には、菱田春草の眼病が悪化し、五浦を出て東京へ戻っていた。

岡倉の不在中には、明治四一年一月、橋本雅邦も冥府の人となっていた。

文展と国画玉成会

フランスのサロンをまねた政府の運営による権威ある美術展を実現しようと、文部省が動き出した時期と、日本美術院五浦移転は重なる。「文部省美術展覧会」、誰もが略して「文展」と呼ぶ。そのときの文部大臣は牧野伸顕、岡倉の後輩である。八月にこの文展の審査委員が決定し、岡倉は第一部[日本画]の審査委員に任命された。そこには、旧派と呼ばれた日本美術協会、日本画会、日本南宗画会などからは委員が選ばれていなかった。

これに抗議して、旧派系諸派は結集し、正派同志会を結成[八月一三日]、文展不出品を宣言した。そして、文展開催に合わせて一〇月一日から上野竹之台の陳列館で正派同志会第一回展を開いた。翌年は、旧派も文展に迎えられ、この正派同志会は存在意義をなくした。

この旧派の動きに対抗して、新派も、日本美術院をはじめ、紅児会［安田靫彦《ゆきひこ》、今村紫紅ら若い画家が集まっていた］、无声会《むせい》［結城素明、平福百穂ら川端玉章門下中心の集まり］、巽画会［大野静方ら少数の集まりとして始まったが、松本楓湖の安雅堂塾と梶田半古塾の塾生が多数参加して新派一大勢力になりつつあった］、烏合会《うごう》［鏑木《かぶらき》清方らの集まり］が集合し、玉成会を組織することになった［八月一九日］。九月一日総会を開き、会名を国画玉成会と改め、岡倉を会長に頼み、岡倉はこの役職は二言なく引き受けた。一〇月、平櫛田中らが日本彫刻会を結成してその会長就任を依頼、それも引き受けている。

文展は文部省の姿勢が固まらないせいもあって、第二回展（明治四一年）終了後、岡倉、大観、観山らは審査員辞任の届を出した。審査員が旧派寄りという理由で、国画玉成会が第二回文展不出品を決め、こんどは国画玉成会が文展の時期に合わせて、日本彫刻会と合同の第一回展を開いたのだから辞任は当然の行動である。

この辞任騒ぎはまた根回しがあって和解し、国画玉成会は第三回の文展に復帰する。審査委員も復帰した。岡倉は、そのあと、第四回の渡米を前に、審査委員を辞退し、その役を菱田春草に譲った。

春草の死

菱田春草は、明治四四年（一九一一）九月一六日、この世を去った。

岡倉が、四回目の滞在を終えて帰国［八月一二日］してまもなくのことだった。見舞いに行こうとしたが、もう少し回復して会いたいという春草の言葉に時を待っているあいだに、死んでしまった。

「噫《ああ》菱田春草君」という岡倉の追悼談話は、九月一九日と二〇日の『東京朝日新聞』に載った。「何時の時代にも所謂《いわゆる》美術家といはれる人は沢山あるけれ共、真の趣味を以て大成する人は甚だ少ない。」菱田春草はその「美術界に最も必要なる人物の要素を備へて居た人」だ、と春草の早逝を悼んだ。

「菱田君は或る意味に於て今日でも未だ不熟であったかも知れぬ。或は終生不熟なのだらう。」「今日成熟せる人は心細い。大体の問題が未だ成熟してはならぬ様に出来て居るからである。」明治という時代はそういう時代なのだ。「明治は日本の美術を破壊することには幾分務めたが、其丈《それだ》けで別に誇るに足る可《べ》きものがない。」だからこそ、「今日の日本画は空前の面白い境遇に居る。」

そんな情況のなかで、誠心誠意努力を重ねていた画家だった。「光琳一派を新しく解釈せん」とし、一方でそれに「明風の絵を加味」しようとして「線と色との関係に大変苦心したやうだ。畢竟《ひっきょう》彼の絵は此の意味に於て実験室に於ける試験」だった。

この評価は、春草にだけでなく、岡倉が日本美術院の若い画家たちみんなに対して持っていたものだろう。

岡倉は、新時代を開く絵画の現状にまったく満足していなかったのである。「不熟」だといい「未だ成熟してはならない」時代だというが、では、どういう方向へ向かって行けば成熟への道が見えてくるというのか。岡倉は、お題目のように、「古代に於ける絵画法の復興」、「現在絵画の発達」、「世界的趣味の調和」［玉成会結成のさいの「玉成会趣旨」に掲げられた「我画道眼前の」径路］を繰り返すばかりだった。

春草と岡倉、雅邦

菱田春草と横山大観は、岡倉［と六角紫水］とともに、明治三七年（一九〇四）アメリカへ行き、岡倉が帰国したあと、ヨーロッパを廻って日本へ帰った［明治三八年八月］。そして、「絵画について」という宣言書を二人の名前で公表したが、これは、美術院内の分裂に対する立場の表明という意味をもっていた。しかし、そこに盛られている内容は、岡倉が常にいっていたことを越えてはいない。「絵画は元来サッジェスションに候へば」など岡倉の口移しである。これからは、色彩研究に専念していくというのが、この宣言書の主旨だが、そのさい、その没線画を朦朧体などと貶されたことを受けて、古来東洋画は色彩追究を大きな課題としてきたことを歴史を振り返って語ろうとするあたりに、岡倉の「古代に於ける絵画の復興」は、彼らの内に身に泌みていたことが理解できる。

亡くなる直前、春草は、「絵画を学ぶには歴史的にすると共に写生をしなければならぬ」（『多都美』五巻一〇号、一九一一年七月）といっているが、その古画の研究は「編年的に」「古来の各流派、扨《さて》は今日の絵画が発生した次第」まで学ばねば意味がないといっていて、古代の絵画法を復興させよという岡倉の言葉を徹底させている。

春草は、明治四一年春、視力に異常を感じ、その年の秋の第一回国画玉成会は審査員であったが審査にも参加できず、出品も諦めなければならなかった。八カ月に渡っての空白のあと、再び筆を執りはじめて亡くなるまで、三年しかのこされていなかった。この三年間の絵は、深さと静謐さと緊張感が、それ以前と決定的にちがっている。「落葉」も「黒き猫」もこの時期の作品である。

彼はこの治療期間にもう一つの転機を経験していたといえよう。それは、こんな彼の発言に現われている。明治四三年三月、『絵画叢誌』（二七五号）に掲載された「画界漫言」のなかにみられる言葉である。

「故橋本雅邦翁は如何にも現代の大家で、明治絵画の基礎をつくった人として重きをなされたに相違ないが、然《しか》しその作品から見ると或る人士の崇拝する如き古今に絶超した人ではなかった。翁は常に技よりも想といふことを口癖の様に謂はれたが、其の実翁自身の作は想より技の方が勝っていたと思ふ。そして翁の作品には飽くまで雅邦式といふやうな一定の形式があって、どうもそれに囚はれてゐたやうだ。一寸目先が変って面白い珍らしいものだと思はれたのは、孰《いず》れも古人の覗《うかが》ったところを踏襲したもので、到底それ以上には出てをられなかった。」

かつての師匠に対する批判である。この批判ができたとき、春草は同僚大観とともに書いた「絵画について」もまた超えていた。

この雅邦批判は、岡倉覚三にはついにできなかった批判である。

岡倉の限界

岡倉の当代絵画に関する考えの限界は、彼がついに、狩野芳崖と橋本雅邦への批判は一言も発せられなかったところにある。岡倉自身は、すでにそのことに気づいていたかもしれない。春草の追悼談で、春草を「終生不熟なのだらう」といったとき、「故狩野芳崖の如きも然《そ》うだった」とつづけているところ、そんな気配が感じられる。英語で書いている日本絵画の特質を芳崖や雅邦の絵と並べてみると、その落差がみえてくる。しかし、それ以上はなにも言わなかった。絵画研究会の発言録などを見渡しても、たとえばボストンでの「東アジア絵画の自然」という講演で指摘した東洋絵画の二つの性質——純粋に見ることを強いる絵画とその中へ散歩することを誘なう絵画——といった観点から、若い画家たちの仕事を批評している発言が見つけられない。こういうことを、なぜ若い画家たちには語らなかったのだろうか。

日本の次代を担うべき画家には、もっと時代の要求する課題があるという思いが強かったのだろうか。つまり、西洋絵画に対抗して太刀打ちできる「日本画」を目指すことである。

たしかに、絵画研究会や互評会での批評は、岡倉に限らず参加している画家たちが、みんなその視点を前提にしている。それが暗黙の裡に共有されていた課題だったのだろう。

日本の近代の絵画は、作品を額縁に入れるところから出発した［内国絵画共進会（一八八二・八四）での出品条件］。額縁に縁取られることによって〈絵画〉の資格を獲得できると考えたわけだが、岡倉もついにこの枠からは抜け出ることができなかった。「東アジア絵画の自然」で語った二つの性質もこの枠づけのなかでの絵画のありかたとして考えられている。

が、同時に、「散歩を誘なう絵画」という考えかたは、この枠を超えていく絵画のありかたを示唆する可能性を秘めている。もし、岡倉が、それに気づいていたとしたら、あの最初の清国への旅のあと、日本美術は想像していた以上に中国の影響化にある、「支那から来ないものはない」、しかしそれにしても、日本には日本の独自のものがある、「支那の影響は受けたにしてもそれを変化するの法に依り明《あきらか》に日本の特立を證することが出来る」といっておきながら、それを具体的に語ることができないでいた、その日本の特質を示すことができたかもしれない。

それは、日本の絵画は額縁を超えた〈絵〉を作っているということである。それは中国や朝鮮から学んだ墨と岩絵具による画《え》を、日本の風土と空間に置いた調度品としていった過程から成熟した絵画思想である。大徳寺聚光院の絵襖は永徳は太いうねるような松と梅で飾っているが、その枝は、襖の外枠を突き抜けるように伸び、ずっと先に再び襖の枠のなかへその枝を拡げている。その座敷にいてその絵を見る者は、襖の外へ出た枝を、その部屋のなかでありありと感じている。岡倉の言葉を使えばそれは「絵の外への散歩」なのだが、外というより絵襖がつくっている部屋の空間全体が〈絵〉なのである。描かれていない枝を、その部屋に坐す者は見ている、幻視しているのか、眼以外の器官で見ているのか。

もう一例挙げれば、兵庫県香住にある大乗寺の応挙と弟子がつくった客殿、その応挙の筆になる孔雀と松の部屋は、奥に十一面観音を置いた仏間があり、仏間へ通じる襖を開けても閉めても松はそれぞれに枝振りを完成させ、その右端の大振りの枝はやはり襖の枠を突き抜けて天井に消え再び右の方に降りて襖のなかに松の葉を垂らしている。この部屋は、右から左へ、松の樹が並びその間に孔雀がいるだけの図だが、右端には岩の上に稚松が立ち、左方の襖の松の枝には松毬《まつかさ》が乗っていて、季節《とき》の流れが描かれている。「絵の中への散歩」というのは、こういう時間を体験することであろう。同じ大乗寺の応挙の山水の間は、水に囲まれた空間に誘われ、それは建物の外の庭や池やさらに遠い海とつながっている。建物の四隅の座敷の絵［襖と壁と欄間が作る空間］は、それぞれ四天王の役を体現し、建物中央の仏間に安置する十一面観音を荘厳している。その仏間の周りを一〇の部屋が囲み、建物総体が十一面の化仏の相を立体的に具現響応している。こういう空間としての〈絵〉のありかたは、日本という風土と歴史が育てた独特の産物ではないだろうか。

中国の絵画は、建物の構造も日本と異なっていたせいもあるが、その昔から皇帝たちの愛蔵品として持ち運びできなければならなかった。したがって巻物や軸物といった形態をとり、絵画の額縁性をむしろ大切にしてきた。そして、その囲まれた世界《フレーム》のなかに宇宙は入っている。岡倉の説明している東洋絵画の二性質は、まさに、この中国［朝鮮］絵画に適用できるものだった。

岡倉がついに気づかなかったこの日本絵画の特質は、もちろん、その後の日本美術院や近代日本画家たちにもじゅうぶん認識されたとはいいがたい。寺院に描かれた現代の画家たちの障壁画など、ほとんどその枠［襖］の中で成立するように描かれている。

伝えなかったもの

最晩年の岡倉は、ボストンと日本を往還する忙しさのなかで、最愛の弟子たちに、彼がアメリカやヨーロッパで［とくにボストン美術館とガードナー夫人のコレクションなどで］体験体得した美の経験と思索を、じっくり語り伝えることはできなくなっていたようだ。

若い画家たちを原富太郎に紹介するとか、小林古径や前田青邨、安田靫彦らに下絵や作品を見なが

横山大観「夜桜」右隻（大倉集古館蔵）

ら助言した逸話はのこっているが、結局、彼らとそんな話しかしていないということである。

　セントルイス万博やボストン美術館で草稿を作って「ということはじっくり思索を練って」語ったことを、彼らには語っていないのではないか。あるいは、そういったことは伝え切らないうちに、岡倉は死んでしまったのか。岡倉が亡くなって、遺された日本の若い画家たちは、ボストンで醸成させた岡倉の思索は引き継げなかった。

　たとえば、岡倉のこんな言葉、「偉大な画家の顔に刻まれた疲れの跡ほど胸を打たれるものはありません」（セントルイス万博講演）――この一句は、岡倉が、繊細で些細なものをどのくらい慈んでみつめたかを物語る、彼の思想態度の大切な証言であるし、その言葉があって、「自分のなかの大きなものの小ささを感じとることのできない者は、他人のなかの小さなものの偉大さを見過してしまう」という“The Book of Tea”の一節も説得力を増してくる。そういう考えを、日本の画家たちに、どのくらい口を酸っぱくして岡倉は説いただろうか。彼らの回

横山大観「夜桜」左隻（大倉集古館蔵）

想にもあまり出てこない。絵画研究会の発言にもでてこない。岡倉の偉大さだとか豪胆さだとかそれを裏返した野放図さとかいった思い出ばかりである。

横山大観は、岡倉が亡くなったあと、その遺志を継ごうとただちに日本美術院の再興に動き出し、見事に再興繁栄させた直系の弟子であったが、岡倉から学んだものは、西洋絵画に拮抗する力強い日本画への道だった。

昭和五年（一九三〇）、ローマでの日本美術展に出品した横山大観の「夜桜」は、その光琳風の色彩と構成により、「日本」の偉大さをあらゆる面から駆り出したような力強さに溢れ、ムッソリーニにこれが「日本」だと突きつけて一歩もひるまない迫力を持った絵である。しかし、その月や松や篝火《かがり》やそれを受ける山の配置などこの構図の原型は祭壇を擬しており、月や松や桜といった極めて通俗的に「日本」を象徴する事物を計算して布置した、意図の露わな作品であり、偉大さのなかの小ささへの思いなど全くない絵である。

画面を圧倒的な迫力で満たすこと、大観はこれを「天心」の

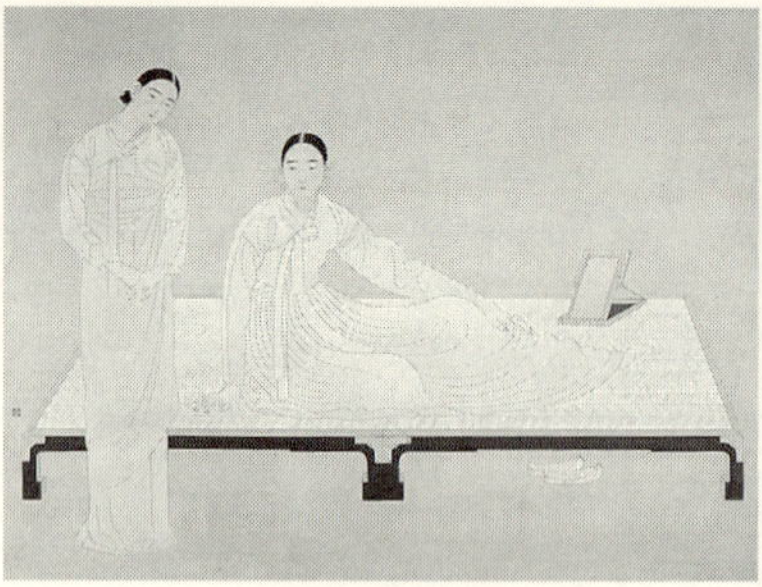

土田麦僊「平牀」
（京都市美術館蔵）

菱田春草「水鏡」
（東京藝術大学大学美術館蔵）

教えと信じて実践しつづけた。これは、岡倉が提示した東洋絵画の二性質の一方でしかない。

京都の画家のこと

東京美術学校に京都から画学生が来なかったが、明治二〇年代、東京美術学校と京都市美術工芸学校のあいだに教師の交流があったり、日本美術院の画家と京都の画家たちにも触れ合いはあった。

岡倉個人は、京都の画家たちと深い交際はしていないし、応挙をあれだけ評価し、美術学校にも円山派の代表として川端玉章を招んだが、若い画家たちに京都の画家から学べなどとはいわなかったようだ。アメリカでの講演でも「京都の自然主義画家たち」と一言で片付けようとしている。

新思想の絵画を求めるのに、京都の画家たちの方法は不服だったのだろう。しかし、京都を軽視したことは、日本美術院の画家たちの絵にある貧しさを与えてしまっている。とくに人物の描きかたを比較すると、そのちがいがはっきりと出てくる。

円山派や四条派の画家たちは、納得いくまで写生し、人物を描

小林古径「羅浮仙」（セゾン現代美術館蔵）

くときは、まず裸の姿を描きその上に衣服を着せた。だから、仕上った絵には、しっかりと肉体が備わっている。

東京美術学校・日本美術院の画家たちは、写生を軽んじたわけではない、菱田春草も晩年に写生の重要さを古画の編年式の勉強と併行して怠ってはならないと強調している。しかし、その春草の「水鏡」の女性は、外から見える裾の長く垂れ下る裳の姿ばかりを描いていて、その裳の奥にある下半身が感じとれない。

この伝統はずっと引き継がれていったから、土田麦僊の「平牀」（昭和八年（一九三三）制作）と小林古径の「羅浮仙《らふせん》」（大正時代（一九二〇年代）制作）の女性像を比べてみても、麦僊の朝鮮の女たちは姿勢を歪めた無理なポーズをとっていても、白い衣服のなかに確かな肉体がある。一方、「羅浮仙」の女性は平板な布だけで中身が感じられない。古径の画風はそういう人物や自然の描きかたに本領があるので、だから古径の絵はだめだということにはならないが、観山の場合はどう考えればいいだろう。

下村観山「天心先生画稿」（東京藝術大学大学美術館蔵）

下村観山の「天心」の肖像は、岡倉の本だというと表紙や口絵に使われるが、この絵の「天心」の左腕はふつうではない。機械人形のような、あるいは別人の手のような位置にある。これは下絵なのだが、京都の画家なら下絵でもこのまま放置はしないだろう。必らず上から紙を貼って間違いを直して本絵にとりかかる。そういうきめ細かい心づかいと手順を下村観山は気にしなかったことは否定できない。そこにはやはり、絵を描くことへの心がけが露出している。[この本絵は、大正一一年（一九二二）院展に出品されたが、関東大震災で焼失した。観山はそれを惜しんで下図に加筆して、ラングトン・ウォーナーに贈ったという。昭和七年（一九三二）、ウォーナーはそれを東京美術学校に寄贈した。]

こういう心構えと心配りも、岡倉が日本美術院の若い画家たちに伝え忘れたことである。「想」を重視するばかりに「技」を軽視していたことが禍いしているといえよう。

岡倉の遺産

岡倉は菱田春草の画業を指して「不熟」といい、狩野芳崖も「不熟」だといった。この言葉を返せば、岡倉の生涯を賭けた仕事もまた「不熟」だった。

かつてあれだけ侮られた「朦朧体」は、いまや「日本画」の画家たちや愛好家のあいだでは、それが「朦朧体」といわれたことも忘れるくらい普及している。しかし、それが、岡倉が薄明の彼方に望むように求めていた「新日本画」[「新思想の絵画」]の姿ではない。

いっぽう、岡倉が、これもまた生涯をとおして、孜々《しし》として積み重ねてきた〈美術史〉を書くこと、その〈美術史〉構想を引き継ぐ者は誰もなく、「泰東巧芸史」は岡倉一代で未完のまま放置された。最愛の弟子だった者も、日本の美術史を考え繙くときは、岡倉の考えを排除して完成させた『稿本日本帝国美術略史』が敷いた方法と概念に頼るようになった。

岡倉覚三の遺産はいつも裏返っている。東京美術学校で実現させようとしたことも、日本美術院をつくって成就させたかったことも、その二つの時代を通して探りつづけてきたことも、正統な継承者はついに現われてくれなかった。

ボストン美術館は、彼の思いが実現できた場所だった。彼はボストン美術館で、それまでの敗北感を癒すことができた。しかし、そこは、異国であり、役職を拒絶することによって解放される場だった。その意味で、彼はやはり孤独だった。

政府の高級官僚として、時代を領導できる自負に燃えながら活動した若き指揮官の時代、大きな後立てをなくしてなお野心を駆り立て、求めていたものをまさぐりながら彷徨った時代、そして異邦人としての孤独な旅に空を仰ぎ海を眺めた時代、――岡倉覚三は、そんなそれぞれの時代をとおして、直面する課題に彼なりの答を出して行こうとした。彼が心の底に夢みていたのは、許由や陶淵明のような暮らしをすること、そこで「物に観じて吾を無にする」境地に生きることだった。その夢は、一六歳のときの詩から最後の「白狐」、プリアンバダへの手紙にまでつづいている。ボストンで描いた山水の絵（口絵）にもその夢が描かれている。しかし、じっさいの人生は、そんな夢から遠いところで、さまざまな現実と直面させられてきた。そのたびに、彼は、新しい自分へと脱皮していたことは確かだ。その脱皮の仕方こそ、彼がわれわれにのこしてくれた最大の遺産といっていいかもしれない。

3　岡倉覚三をめぐる〈女〉たち

女性の影

岡倉の生涯には、その時代時代に、なんにんかの女性の影がいつも漂っている。名前が知られている以上の女性と、岡倉は心を通わしていたはずである。

そのなかから、岡倉という人物の生涯を考えるうえで、記録しておく必要があると思う女たちを挙げてみよう。奥さんの基子以外の女性たちである。

まず、クララ・ルイーズ・ケロッグ

ヘレナ・ド・カイ・ギルダー

星崎［九鬼］波津

早崎［八杉］貞

イザベラ・S・ガードナー

プリアンバダ・デーヴィ・バネルジー

ニヴェディタ［マーガレット・ノーブル］や、アイナ、エンマ・サースビー姉妹、ジョゼフィン・

マクロードといった女性《ひと》を数えていないが、心を通わせた証しがみつからないからである。ニヴェディタは彼の最初の著書に熱烈な序文を寄せたが、岡倉と手紙の交換をしていない［のこっていないだけかもしれない］。マクロードを岡倉の怪しい女だといっている新聞記事があるが、二人の心の通いを記したものはみつからない。オリー・ブル未亡人も岡倉の近くにいたし、ボストンでは世話を焼いているが、手紙がない。また、手紙は合わせて一五通も全集（平凡社版）に入っているが、岡倉家と家族ぐるみのつきあいで、彼の内面へと入っていかなかったようなのがサースビー姉妹である。

クララ・ルイーズ・ケロッグ

彼女も、最近まで手紙は発掘されなくて、平凡社版全集でも「不明」の人物になっていたが、その後彼女の回想録［Clara Louise Kellogg : Memoirs of an American Prima Donna, Putnam, New York, 1913］とそこに収めた岡倉の手紙が紹介された（村形明子「若き岡倉天心を彩るもう一人の『恋人』――オペラ歌手クララ・ケロッグ宛の書簡5通」『月刊ASAHI』第二巻第四号、一九九〇年四月、のち『アーネスト・F・フェノロサ文書集成』（上）に所収）。

クララ・ルイーズ・ケロッグ（一八四二～一九一六）は、オペラ歌手で、『センチュリー』誌の編集長リチャード・ワトソン・ギルダー（一八四四～一九〇九）が開いたサロンで、岡倉をジョン・ラファージから紹介された。岡倉は、二四歳の誕生日を迎える直前だった。クララは四三歳。そろそろ引退を考えている頃であった。

西洋音楽にひと一倍夢中だった岡倉は、この年上のオペラ歌手と音楽の話をいっぱいし、教えを乞い、甘えたようである。

彼女に宛てた手紙の第一信は、アメリカからヨーロッパへ向う船のなかからであり、自分の写真を同封してその裏に詩を書き込んでいる。「あなたの音楽は私の魂のなかに生きています」と書いているから、やはり彼女の歌に魅せられたのだろう。

ウィーンからの第二信では、「ヨーロッパは謎です」と書き、「老博士たちとの哲学や学問について議論するのもたしかに楽しいのですが、なぜだか、ニューヨークの社交界であなたといっしょだったときの喜びは感じられません。なぜでしょう?」などと書いている。

三信は、ロンドンから、クララがヨーロッパに来ていると知り、会えるように旅程を組むという手紙、四信には「あなたの友情《フレンドシップ》は私を誇らかに故国へ運ぶ船です」とある。五信も四信同様、ベルリンからで、手紙をもらった礼状、ヨーロッパ哲学への疑念「こんなことをサロンでは喋り合ってたのかと想像させる内容」など書いて、日本宛の手紙は文部省付でくれと書き送っている。日記では書いていなかったロンドンとドイツの印象がここに記されている。「イギリス文明は私の上に重く圧し、逃げ出したい」、「ドレスデンは私の前を茫とすべって行きました」。しかしどうもミス・ケロッグ向けの感想かもしれない。

この五通しか回想録には入っていないが、二人の交流はその後も途切れてはいない。岡倉覚三のことを考えるとき、このクララ・L・ケロッグが意味を持つのは、一人の女性へ心を向けるときに彼が味わっている解放感である。岡倉はさきに並べた〈女性〉のすべてにその解放感を得ているが、その一人として、クララ・ルイーズ・ケロッグもいた。

クララと書いてきたが、岡倉は、手紙では、My dear Miss Kellogと呼びかけている。彼女は、岡倉の五番目の手紙をもらった四カ月後、結婚し引退した。

ヘレナ・ド・カイ・ギルダー

ギルダー氏の夫人で、アメリカに来た若い岡倉を家族ぐるみで歓迎し、岡倉を酔わせた。その交流は岡倉がボストン美術館で働くようになってからも続いた。若いころの岡倉は、クララ・L・ケロッグ同様、西洋人と東洋論を語り、みずからのヨーロッパ体験を語り、それについて彼女の意見を聞きたいと甘える。

ギルダー夫人には、最初のアメリカ・ヨーロッパ旅行のときの手紙三通、一九〇四年以降の手紙一一通が全集（平凡社版）に収められている。

星崎［九鬼］波津

波津（一八六〇〜一九三一、旧姓杉山）との恋は、生前から取り沙汰され、息子の伝記にも書かれ、岡倉を語る人なら必らず触れる、二人の関係だけで論文を書く人もいる。最初のアメリカ・ヨーロッパ旅行の帰りの船で、身重の波津を九鬼隆一からあずかって帰ったときから、二人のあいだの心の通いは始まっているのだろう。

すでに引用した岡倉がみずから気に入っていた自作の漢詩「仰天自有初観物竟無吾……」の原型とみなしていい詩がある。

觀物無窮不可観《（ものにかんずればきわまりなくかんずるべからず》
大風掠耳酒空殘《たいふうみみをかすめさけむなしくのこる》
仰天有始欲何語《てんをあおげばはじめありなにをかたらんとす》
雪打山燈星月寒《ゆきはさんとうをうちせいげつさむし）》

「明治廿八《（にじゅうはち）》年除夜　庚申山中に宿し感あり」との題をつけられ、「遂初居士《（ついしょこじ）》」の署名がある。栃木県の庚申山に登ったときに興を感じて筆を走らせた詩で、後れて来る剣持忠四郎に宛てた手紙に同封されていた。「遂初」というのは「初志を遂《（と）》げること」という意味だが「初子と遂げる」という意味も含まれているかもしれない。東京美術学校で始めた意匠研究会を、岡倉は、明治二九年（一八九六）三月「遂初会」と改めている。

波津は、明治二八年、根岸御行の松の近くに、九鬼と別れて移ってきた。波津が東京巣鴨病院に入院させられたのは、岡倉がインドから帰国して神戸の港に降り立つ三日前の明治三五年（一九〇二）年一〇月三〇日だった。その後、二人は会うことはなかっただろう、波津がこの世を去るのは、昭和六年（一九三一）一〇月。その間、ずっと病院に入れられていた。

波津と岡倉のあいだの手紙はのこっていない。九鬼周造の想い出に、岡倉が波津のところへ訪ねてくる話が記されている。酒を汲みながら話をする岡倉を、母の膝にもたれて聞いた。岡倉のことを「伯父さま」と呼んでいた。波津と岡倉のことを考えるのは、この話だけでほかはなにもいらない気がする。

周造が波津を病院から出すことができたのは、波津が亡くなる一カ月前だった。

早崎貞　旧姓八杉貞（一八六九～一九一五）。岡倉の異母姉よしの長女だった。二人の間に男子が生まれたのは、明治二八年（一八九五）七月一日だから、それより一年前には二人は出会っていたわけである。

岡倉の貞宛の手紙が一通だけのこっている。夫の早崎稉吉が中国から送った荷物についての問合わせの手紙で、そっけない。「留守中如何ニ候や御大切ニ可被成候《なされるべく》」と書き出して用件に入り「早崎御内方様　覚三」で終る。

貞には弟がいた。直［すなおといったらしい、英文のサインにS. Yasugiとしている］といった。貞より八歳年下だった。直が岡倉に出した手紙が一通、全集（平凡社版）に入っている。直は明治四四年（一九一一）からサンフランシスコの銀行に勤めていた。大正二年（一九一三）三月と考えられる「十二日」の日付をもつ長い手紙である。これは全文を引用せずにはいられない、切実さのこもった手紙なのである。貞が東京にいて岡倉と結ばれていたころ、直は七歳か八歳。貞といっしょに暮していたはずで、文面から、のちのち成長するまで岡倉と親しく交流があったことが判る。その手紙は、まるで貞が岡倉に書いたような内容で、こんなふうに慕われていた甥が岡倉にはいたのだ。

八杉直を含めることによって、岡倉をめぐる女たちというこの章の〈女〉という意味は〈女性的なる者〉という意味に変えざるをえない。それは岡倉覚三を〈男〉と措定したときの対をなす〈性〉として彼と関係を結ぶものであって、公的な生活のなかでは〈私的〉な位相をとり、言語表現の場面ではつねに〈詩〉となる。ともかくは直の手紙を全文引用する。

謹啓　誠に御無音に打過居り申訳なく候　昨暮欧州より御安着の御報を拝してより遙に東天を望むて無量の思を馳せなから俗事に追はれ失礼のみ申上候

実ハあまりに申上度事積り居り候爲めに筆紙ももとかしく存せられ候　一昨日の御芳翰を拝し愈《いよいよ》御帰朝の日も近つき候事今更の如く驚き候

此度ハ若しも此地より御出帆の事もやと望外の望も絶え何とやら心淋しくハ存せられ候へとも此地の事情を思合せ候へバ小生の爲めに此処より御帰国とハ願ひ得ぬ事とあきらめ居候へバやがてBoston に御尊容を拝し得る日を待ち居り候　御承知の如く当地ハ排日の本場ニ有之候爲め御光栄を辱ふし候時ハ御迷惑なる事情扨々《さてさて》有之且又かの布哇《ハワイ》の熱風を回顧仕り候時ハ Seattle 線をその爲のみにても御採り被遊度《あそばされたし》と申し上る外ハ御座なく候

同し大陸に東西の隔てハあれと共に住み日の残り少なに相成候ハ心細く存せられ昨日今日ハ暮る日恨めしく相眺め居り候　廿五日御出帆の夕ハ同し Coast の南の方より御安全なる御航海を祈り独り御別かれの杯を挙ぐへく候　御帰朝中も御尊体羨《ママ》なく及せられ候様海を隔てゝ祈り居り候　再び当国に御上陸の快報を待暮すへく候

過日高等師範の狩野氏御来桑相成候間小石川御伯父上様の爲めに敬意を表し伺候いたし候時

Boston 博物館にて御面談の御模様伺ふ事を得候

本年中に御渡米相成候や御予定にても伺度候

毎々小生の模様如何の御言葉を辱ふし有難仕合と厚く御礼申上候　御言葉に従ひ少々申述度　銀行の方ハ現今不平は申されぬ部に御座候　昨年三月より当支店の計算主任に任せられ日々精励致居候心得に有之主任と申せば善き方に誤解の惧《おそれ》有之候へとも決して偉い訳にハ無之他の二人に助けられ機械の如くペンと紙とに戦ひ居り単調なる仕事ニハ大に悩まされ居候　唯経歴の若きと月給の安き割ニハ早く主任に相成候事を得支配人も徳といたし居り候　当支店の大部分の仕事ハ日本人労働者の預金及日本への送金取扱事務に有之銀行全体の金融上よりハ本店の運転資金を助くる点に於テ可なり重要の地位を占め居り候へとも当支店単独の Bussiness ハ誠に貧弱なるものにすぎず Portland を中心といたし西海岸のメリケン粉の日本へ輸出額は凄き熱に候へとも他ハ南米の硝石の取引皮革類の外ハ日本人共食ひの消費物のみに御座候　左様に候へバ計算に属せずして当支店ニ罷在候時ハ誠にみじめなる仕事に捕はれ候筈の処幸にハ今の仕事ハ一店の金融を如何に処理いたし候やにつき多大の経験を得る事を得他の同期生よりも遙に幸福なる有利の方面に係り居り候　日常ハ六時頃にハ夕飯に来る事を得候へとも決算は只今の主要事務に有之候へばその時期にハ一ヶ月位ハ毎夜守衛と共に十時十一時まで牛馬の如く労働いたし候　去る一月の決算には先輩より One mail だけ早く報告を完了いたし支配人の賞讃を得候へとも日曜を Office に立籠り候ものハつく〴〵苦しきものと存せられ候

一昨年当地に来り候時副支配人ハ三島頭取の遠縁なる高等商業の出身者に有之候者と支配人との事に多少の角執《ママ》有之且その間にハ夫人連の複雑なる心理作用の波動を受け忌はしき睨合の幕も演せられ小生ハ三島子との関係と同窓なる悪縁の爲めに支配人に対して不利益なる地位に立つの止むなきに立至り候へとも小生ハ永き将来の爲め期する処あり天下の大道をハ□に活歩いたし度日常ノ一身ハ Noble mind と Kind hearted を持して失はすハ必す人の襟胸にふれて相通するものあるを信しそのものを握り度と希居り候処昨暮その副支配人ハ本店ノ覚目出からす召還され候爲め只今ハ小生も当店ハ住心地よく快き日を暮し居り支配人も小生の誠意を諒し只今ハ学閥的偏見もなく厚き好意を示され候間此の儀ハ御心にとめさる様願上候　カリホルニヤ州の一部労働者が南部に農業的地盤を固め候爲めその方面の要求と一ハ三井銀行　住友銀行の注目いたし初め候爲めに当支店よりロスアンゼルスに分店を設けさるを得さるに到り二月一日より開業いたし昨暮御手紙をいたゝき頃ハ小生もロスアンゼルスの田舎に転せしめられ候やの疑を生じ内心ハ少々穏ならぬ不安を感じ怏々をいたし候へともその厄を免れ候ハ支配人の厚意と存し候　くだ〳〵しき事かきつらね失礼の段御免被下度候

Oakland の Miss J. Hide 欧州よりの帰途博物館に面会に参られ候処相憎御帰宅のよし壱月上旬に Tea に招かれ候折 Miss Hide より聞及候　嘗て日本に居られし時の貴家御一同様の御親切を今更に繰返へしその厚意に酬ひむ爲めとて小生にも厚き好意を示され候　今小生ハ昔の御高徳の賜に浴する次第に御座候　人の思に感せる人を見るハ此の上なき快きものに御座候事深く心に銘し候

一男様《ママ》も今ハ東京にて第一流の新聞紙に才筆を振ひ居られ候事申伝へ候処満面の喜をたゝへ一男様の御出の折babyなりし妹の子が今ハ此の様に大きく成長いたせし事御目にかけたくと昔を偲ひて物語られ申候　排日の思潮の漲る此の辺に日本をかの如く賞讃する人に面《ママ》ふハ此上なき愉快に御座候

此度御帰朝までにハ拝顔の栄を得て承り度話も疑問も有之候をその機を得ず荒涼たる室住生活の単調を感じ候折万里をかけて聞き度は虹の如き万丈の御気焔に御座候　快焔を吐くものもなく理想の世界を説くものなき俗骨の集合の中に居り候てハ屢々求めて得さる恨を感し候　此の饑を自から救はむとてBook of Teaを屢々翻読いたし候　Cup of Humanityに渇を医する事多大に御座候御尊容に接して琥珀の杯に黄金の酒を盛り東西洋千年の美術ハ何ぞとの御言葉を聞く事を得ばArtハ解し得ずとも嬉しさに胸を轟すべく候　昨夜枕につき廿日より一週間の休暇を得てSeattleのホテルに伺候いたし一夜の宴《ママ》を伴る事を得ばと空想を走らせ悵然といたし候　胸中御憐察被下度候

銀行内にハ快く語る友なき内に唯一人渡辺礼と申す法学士あり　此の人のみハ快心の友に御座候英文学を多く玩味いたし居り時々熱い息を吹きかけられ候へども一向迷惑にハ不存過きし折読むに餲したる由申候折かのBook of Teaを一読いたさせ候処日曜の朝より夜十一時まで才筆に魅らし如く加之朝面を合せし折唯一重に感服いたしたるか後にハ一種のjealousyを感じたる由申出候次にIdeal《sic》 of Eastを見せ候処“Asia is One”の一句で机をたゝき喜候由申出候　当地に御出の事もやと小生と共に待居候処一昨日の御手紙にて小生と共に望の綱を失申候

荒涼たるホームなき生活の中に小生が唯一の慰安ハ Music に御座候　此の点についてハ御伯父上様に如何ばかりの御礼を申上るとも言葉にあまるへく御情深き御手によりて小生の趣味の一門ハ開かれ生涯を通じて此の喜を enjoy いたす事を得候　只今小生帰朝いたし候ハアメリカの楽しかりし話ハオペラと Musical Comedy とオーケストラとソプラノソロとテノルソロとに以て大部分を占め候事疑なく一ヶ月に二三度ハ半狂的に音に憧れ申居り生活の余裕ハ多少の書籍を除きて全部音楽の爲めに捨て丶一片の未練も無之是れさへあればと申すより言葉なく屢無我の域に昏酔いたし銀行も為替相場も俗骨も千里の外に逐い唯我れのみ住む世界に楽を擅にいたす事を得候

昨秋 Grand Opera の興行ありし時ハ月給の前とてオーケストラの席より上の方へ堕落いたし次ハ Balcony 次ハ三階の天辺と最下等の席まで経験いたし申候　今週より Chicago Grand Opera が当市に来り居り只今苦心惨憺たるもの有之　衣食の慾にハ一向気をひかれず候へとも音楽を自由に聞かれ《ママ》だけの収入を得候（只今当地の手当金ハ月百五弗を受け日本の月給五十二円ハ日本にて母に払居り候）昨年の暮音楽の費用のみに払ふべき事を天地神冥《ママ》誓って弐弗の lottery を買込候処全損に帰し申候　天道是か非かの恨あり今以て独り思し出候時ハ失笑を禁し難く御笑ひ被下度候

友達のウァイオリンを目下預り居り日曜の朝に家人の御馬乗りの留守を見斗ひ私かに幽玄と申さむよりものの怪を誘ふ様なる怪しき音を出し居り候　シューマンの Treumelei と申候曲をクラブの蓄音機を師宗といたし目下研究中に有之他日蓄音機と戦ひ度心得に御座候

申上度事ハ山々なから夜も更候間申残し Seattle 宛因幡丸気付にて御名残の手紙に御別かれをつ

け度　Seattle 御着の上ハ郵船会社に聞附被下度候

十二日　　　　　　　　　　直

御叔父上様

瀛車中の御安全を祈り居り候

小生ハ病気ハいたさぬものと信し候程頑健に御座候

訥々とした文体がいっそう切実さをつのらせる。この手紙は、ガードナー夫人やプリアンバダの好意と修辞を凝らした手紙よりはるかに真摯で重たい。こんな手紙を貰う岡倉覚三とはどんな人間なのか、この手紙の一行一行から〈岡倉覚三〉を焙り出し直してみなければならない。文部省や宮内省の上司たちにも、同僚たちにも、日本美術院の仲間たちにも、つまり公やけの場面では見せなかった岡倉の〈私的〉な姿は、この一行一行に照り返されたところに現われるだろう。クララからはじまり、ヘレナ・ギルダー、アイナとエンマ・サースビー姉妹、イザベラ・ガードナー、プリアンバダ・デーヴィ・バネルジー、そして九鬼［星崎］波津らに見せていた顔がそこにあるだろう。もちろん、八杉貞にも見せていた顔である。

The White Fox

イザベラ・ステュアート・ガードナー（一八四〇〜一九二四）は、岡倉がボストンへ行って以来、一〇年にわたって、サロンやコンサート、岡倉がとりしきるお茶会など、またガードナー美術館のコレクションを介して、知的で深い交友をつづけた。岡倉は、亡くなる年、ボストンを発つ前に、オペラ台本「白狐 The White Fox」を完成し、「ガードナー夫人に献呈したが、こういう作品を岡倉に執筆完成させることを可能にする存在だった。いいかえれば、岡倉の霊感《インスピレーション》を育てる存在だったといっていいだろう。

「白狐《ザ・ホワイト・フォックス》」は、岡倉の生涯を通しての仕事のどの系列にも属さない作品である。詩劇なので、漢詩や英語の詩、俗謡などの詩のジャンルに分類するしかないともいえるが、漢詩とはまったく異なる源泉をもつ詩意識から誕生したもので、ガードナー夫人がいなければその源泉が活動することがなかったかもしれない。

岡倉は、若いころから魅了されていたオペラを自分で書いてみようと気軽に着想し書き出したのだろう。日本の昔の民話、文楽にもなっている雌狐が妻を奪われた男の前に妻として現われ、子供までもうけるが本当の妻が帰ってきたので身を退《ひ》くという話を、三幕の、岡倉の言葉によれば「音楽のための妖精劇 A fairy drama in three acts written for Music」にしようとした。見事に完成し、タイプ稿も作られ、ガードナー夫人、ギルマン夫妻、そして彼らにはたぶん秘密でインドのプリアンバダ・デーヴィ・バネルジーに送られた。

その献呈のされかたといい、岡倉の最後の原稿であることからも、岡倉の遺言のような位置にあるが、これは、岡倉がこれまで積み重ね、あるいは壊し壊されて続け求めてきたものとはちがう、新しい世界を開いたものだった。この「白狐」の作品によって、岡倉のこれまでの仕事は、改めて生かされ生き返ったわけではない。かといって、これまでの仕事の成果を無に帰さしめてしまったものでもない。

敢えていうなら、若いころから折あれば紡いでいた漢詩の世界を支えていた〈詩〉意識が、新しい装いをもって花をつけた仕事だった。その意味で、「白狐」は、岡倉をめぐる〈女〉〈女性的なるもの〉への岡倉の関わりかたがつくらせたものである。「白狐」は、岡倉の〈私的〉な世界、その〈内面〉に息づく表出意識の産物である。

こういう〈私的〉で〈内面〉的な世界を、作品化しえたところに、岡倉の特異さがある。アメリカにいれば当然、日本にあってさえ無意識裡に感じている異邦人の意識が生んだ作品である。

「白狐」は、日本人によって英語で書かれた厳密にはオペラ台本ともいい難い、詩劇と分類するには音楽化されることをじゅうぶん予期した作品、つまり近代の文学ジャンルのどこに入れてもはみ出してしまう、そういう孤独な作品でもある。

プリアンバダ・デーヴィ・バネルジー　プリアンバダ（一八七一～一九三五）は、ラビンドナラナート・タゴールの外戚にあたる［叔父がラビンドラナート・タゴールの姪と結婚している］、東ベンガル［現バングラデシュ］の女性で詩人であった。五冊の詩集を出版している。弁護士の夫を亡くし一人息子も亡くした。

大正元年（一九一二）、最後のボストン滞在になる旅行を、八月横浜からインド経由で始めたとき、二人は会い、文通が始まった。当時のベンガルでは未亡人は厳しい戒律の下に置かれていたから、再婚どころか恋愛も許されなかった。そんな厳しさと岡倉の秘やかな心づかいと告白的な語りに溢れた詩のような手紙が、彼女の心と筆に火をつけ、二人は一年のあいだに二〇通近い「プリアンバダ一九通、岡倉一二通が全集（平凡社）に入っている」手紙を交換した。

昼が美しいと夜もまたすばらしいのです。月が優しい光を空いっぱいにまき散らしました——そして数え切れない数の星が、無限の空へ永遠の旅立ちに出る船の灯りのように鼓動を打ち輝やいています。星たちはどんなメッセージを届けるというのでしょう。どんな美味溢れる積荷を乗せているのでしょう。わたしたちの思い、わたしたちの生まれたばかりの憧れも、また、春の息吹きのようにそこに向って船出しないのでしょうか。私は、開け放った窓のそばに、ひとり、穏やかな静かさのなかに坐っています。まわりはみな寝静まっています。私だけが、眠ることを許さない愚かな心とともに起きているのです。夢は遠くへ去ってしまいました。でも、私は幸せです。

——一九一三年七月九日　プリアンバタの手紙より。

ときには文学論を投げかけてたりするプリアンバダに、岡倉は「蓮の宝玉の人よ」とか、「宝玉の声の人」とか「水の中の月の人」とか呼びかけ、ほかの誰にも語れない心の奥を開いてみせる。

これはなんという運命の神のお裁きでしょう、これまであんなに頑強だった私が、人生の喜びを味わい始めたとたん病に倒れるなんて。たぶん、若い時分に野蛮で向こう見ずな人生を過してきたことへの懲しめなのでしょう。でも、私はいまこの宇宙と申し分なく仲よくしております。そして感謝しています。あゝ、そうです、最近の私に与えられたことに感謝し、完璧な満足、陽気に騒ぎたいほどに幸わせです。私は、枕元に這い渦捲く雲に大笑いしています。

ここは私の田舎の住いの一つで、妙高山という死火山の中腹、海抜三、五〇〇フィート近いところに建っています。部屋の一つに、炭酸鉱泉が昼も夜も湧き出ているのです。窓から眺めると、妙高（妙なる香りの山）が頂上を、わが西方へ聳え立たせ、向こうに黒姫（黒い王女）が、ぼうっと、その黒い松の山頂を波打たせており、隣に飯綱山（イシャーナの転訛です）が偉大な神を献じて立っています。東には班尾高原が立ち上り、遙か南の緑と紫の大海原へ流れ込んでいます。霊感にみちた光景です。あなたがここにいらっしゃれば――いや、病人の私を見てもらいたくはありませぬ。

これが岡倉が筆を執った最後の文章だろう。最後の文章は英語だった。英語で、夢のなかで、許由や陶淵明の境地に手をのばしている。

根岸党のこと　公的な場で彼が織り出す言語と、公的な場では出せない思いを紡いでくれる言語と、彼はつねに二つの言語を使い分けていた。和漢混交文の散文と漢詩はその使い分けのそれぞれを代表していたし、ときには、英語が公的な場では表わせない気持を表出させる言語の役割を果すこともあった。

ボストン時代は、英語ででも公的な言語でいなければならなくなり、その英語を使い分けしなければばならなかった。

こうして、分裂する自己をそれぞれに表出し分けながら、彼の思想は成長変容した。が、そういう分裂を可能にさせたことこそ、彼の特異性というべきであり、それは、最初の表出が漢詩集であったことと深く関わっている。〈詩〉はつねに彼の内部でさらに内面へと向う言語であったから、外には見せない〈自分〉を対象化する術を早くに獲得していたのである。

彼が生涯になんども押し寄せる危機を乗り切ってきたのは、その〈詩〉的言語を活動させることによってといっていい。〈詩〉は見え隠れしながら、彼の人生に随伴している。

明治二七年前後、根岸に住む文人たち、饗庭篁村、幸堂得知、高橋太華、宮崎三昧、幸田露伴、森田思軒、大橋乙羽、高橋健三、岡倉覚三らが、なにか口実をみつけては集まり酒を呑み、夜を明す日々を過した。綱領も会則もない集まりだが、仲間同士で「根岸党」とか「根岸倶楽部」とか呼んで、「禁酒堅め」といっては集まり酒を呑んだ。どこかに共通点があるとすれば酒が好きなことと、文明開化の洋風主義の風潮に口を曲げるくらいだったといってもよい。

そんな会だから、二、三年もすれば自然に消滅していったのだが、明文化できる綱領もない、しかし、どこかで通じ合って快気焔を吐くだけの集まりを支えているのは、やはり〈詩〉である。

岡倉覚三にとっての根岸党は、詩を書き詩を謳う意識のもう一つ現われであり、それは〈女たち〉へのまなざしと異質なものではなかった。

岡倉覚三における詩と性

「白狐《ザ・ホワイト・フォックス》」の主人公は、コルハという雌狐である。彼女は、この物語《フェアリ・ドラマ》の主人公であると同時に岡倉覚三の自分の思いを托した登場人物、いわば、作者の分身である。

コルハとヤスナとの出会い、子供と夫との愛と不安に満ちた暮し、そして、二人の無残な別れという成り行きは、岡倉自身の、官僚としての美術教育・古美術保存調査という仕事の指揮官の時代［美術史との出会い］、私立美術院の指導者としての野心と挫折の日々［新しい美術史構想への模索］、異邦人としての、ボストンの孤独だが実り多い生活と日本での理想破れた日々という引き裂かれた暮し［孤独な美術史構想の試み］が、象徴的に対応している。

自分の人生の道行きを詩の表現に凝縮させることによって、岡倉は、自分の人生の最後のページを予感し、そうすることによってみずからを救い出そうとしていたのかもしれない。〈詩〉の意識に自己意識を委ねることは、若い日から、岡倉が私的に鍛えまた親しんできた方法、慣《なら》い性となった方法である。追い詰められたときも、〈詩〉に自意識をあずけることによって、公的にも私的にも、息を吹き返し、起ち上がっていくことができた。

谷中うぐひす初音の血に染む紅梅花
　堂々男子は死んでもよい
奇骨俠骨開落栄枯は何のその
　堂々男子は死んでもよい

錦小路に錦はないよ錦の綴れもきれ〳〵に
たとひきれても錦は錦よられ〳〵てあやそ《（ぞ）》織る
……

こんな俗謡を、岡倉はいくつもつくり、右の一篇は、谷中の日本美術院の若い画家たちと酒の勢いを借りて放吟した。詩の言葉の位相からのみ解釈すれば、ここでは、岡倉は、日本美術院の破産を覚悟している。現実意識は、もちろん破産を覚悟しているわけではなく、そういう心意気で生きていこうという思いのたけを謡っているだけだと誰もが承知をしているのだが、こういう破局という〈事態〉「現実」を〈詩〉にあずけることによって、それを自分の内部に取り込んでしまうことができた。それは、虚構であるが故に現実力を持つ、そんな想像力の働きを自分のものにしていたということである。岡倉は、現実の自分が備えていない存在の位相へ、こうして〈詩〉を媒介することによって、自分の生きざまを重ねた。いわば、それ「想像力」で彼は生き延びたといってもいい。新しい自分への脱皮はそうして実現できた。それは演技者＝役者になることでもある。あるいは役者の振り「演技」をすることである。岡倉は、異相の存在に自己を重ね、現実とは異《ちが》う役を演じることによって、逆に現実の自分を取り戻していた。そういう役割の交換を促してくれたのが〈詩〉だった。それは、自己を異邦人とすることによってみずからを解放する技術である。

　こうした自意識の演技は、しかし、いつも現実への還帰を積極的に支えてくれるとは限らない。むしろとりかえしの利かない自己放棄へ走ってしまう危険をいつも隠している。「白狐」を書きながら、岡倉は、そんな危険に身を浸している。岡倉の最後の自意識は、そういう危険に浸る快楽に身を任せ楽しんでいる。あるいは、その快楽で病の苦痛をまぎらせていたのか。最後の自意識のページを〈詩〉に委ね切って、彼は、これまで積み重ねあるいは崩し築いてきた自らの生活の蓄積を、いっさい放棄している、その放心への解放感が、プリアンバダへの手紙に溢れているのである。

プリアンバダへ手紙を書いた時期と「白狐」を書いた時期はちょうど重なり合い、しかし、岡倉は、「白狐」の主人公コルハにプリアンバダを擬することはしなかった。「白狐」の主人公の雌狐には自意識の分身を托したのである。

女性に自分を仮托するすることも、岡倉は、すでに十三歳のときに閨情詩を何首も作っていて、その術には長けていた。岡倉は、詩意識のレヴェルではいともたやすく〈女〉になることができた。岡倉をめぐる〈女〉たちを考えるとき、彼がつねに、明治の封建的残滓に塗《まみ》れた〈男〉として〈女〉たちに対していたと考えるのは早計にすぎる。もちろん、現実には、封建的〈男〉の意識を駆使して行動していたが、その内部で、もっと〈女性的なるもの〉に自己意識をあずけた位置から、〈女〉たちに手紙を書き、詩を送っていたのである。その場面では、彼の公的生活の匂いも形もほとんど放擲されている。明治一九年（一八七六）に、年上の女性ミス・ケロッグやミセス・ギルダーへあんなに甘えた手紙を書けるのも、岡倉の、この天性といってもいい、自意識転換による自己放棄の技によってである。

この自意識転換は、ときどき公的生活のレヴェルに進出し、それが彼の思想や行動の転換と脱皮を支えた。若き指揮官から彷徨える指導者、そして孤独な異邦人という転変する彼の人生を支えつづけてきたのは、この自意識の転換の離れ技だった。

岡倉覚三における〈女性的なるもの〉は、セクシュアルな対象だけではなく、単にスピリチュアルなものでもなく、なによりもポエティークな存在なのだった。

岡倉覚三における英語と日本語

岡倉が、結局、日本語では一冊の書物《ほん》となるほどの量を備えた論考をのこさなかったことは、改めて考えてみる必要がある。

明治二〇年代には『國華』などに発表していたような論稿も、明治三三年（一九〇〇）の「日本美術史論　第一章」（『日本美術』第一七号）を最後に、書いていない。

翌々年、〔明治三五年〕インドへ行き、そしてアメリカとの往還生活のなかで、彼は三冊の英文著作をはじめ、一篇の詩劇、一〇篇を超える小論稿、そのうえにいくつかの小物語や翻訳、詩篇など、多数の英文を書いた。

もちろん、一九〇〇年以前にも英文著述はあり、大学生時代のノートにも英文がちりばめられている、というより、論理的な考えを記述するときは、岡倉は日本語より英文を選んだといってもいいほど、生涯を通じて英語は重要な役割を果している。

幼い頃から身につけていた英語力が、岡倉に、英語による思考を自在にさせていたことは確かである。と同時に、岡倉にとって英語があくまでも異国語であったことは、岡倉自身がいちばん自覚していたところで、セントルイス万博での講演でもそれを強調して訴えているし、英文を書くとネイティヴな英語人にすすんでチェックしてもらおうとした。ギルダー夫人にそのことを頼んでいる手紙があるし、インドで書いた英文未刊草稿のニヴェデイタの書き入れぶりを見れば、岡倉の自分の英語力に関しての謙虚さは瞭然である。他の著作や著述も、原稿はのこっていないが、こんなふうに手を入れてもらっていたのかもしれない［その意味では、日本語の文章に関しても彼は謙虚で、「日本美術史論　第一章」の高橋太華の推敲例もあり、岡倉は自分の書いた文章を他者に見てもらってよりよく成ることをつねに願っていた、べつにいうと自分の文体にそれほど強い固執も自負も持っていなかったということはいえる。しかし、日本語をその英語のように異国語として考えることはなかった］。

彼が論考として書く日本語は、つねに和漢混交文体であり、そのことはいいかえれば、彼が日本語で思考すればそれは旧時代の漢文くずしの文体という形をとらざるをえなかったということである。

本書では、岡倉の生涯を、支度の時期を外《はず》せば、若き指揮官の時代、彷徨える指導者の時代、孤独な異邦人の時代と三期に分けて素描してきたが、彼の生活意識の通奏低音に耳を傾ければ、日本語の表現に主力を注いでいた時代と英語による表出に主眼を置いた時代――つまり、日本語の時代と英語の時代――に二分することができる。境い目は一九〇一年、一九世紀の岡倉は日本語中心の時代、二〇世紀は岡倉にとって英語中心の時代だったのである。

なぜ、このような転換が起ったのか。

漢文調和漢混交文体でしか思考できないということは、制約されているのは語彙だけではない、文体が思考を変形させる。それに対して英語で思考し語り書くことは、はるかに自由であり、論理的であっただろう。しかし、だからといって、彼は不自由で不完全な日本語より自由で論理力に優れる英語を選んだとは単純に言い切ることはできない。岡倉における日本語と英語の転換意識は、彼における詩と性の意識と重なっている。自分にとっての異国語であるが故に、英語は、自己意識を異相に放つ自由さと解放をもたらしたのである。異国語であることによって、より〈詩〉的な表出の手応えもあった。岡倉の意識の舞台裏では、英語は、〈詩〉と〈論理〉が相携えて自己表出させてくれる言語だったのである。

だから、岡倉自身は、自分の英語の表出を日本語に翻訳する必然性をまったく持っていなかった。英語による表現は英語の表出としてそれ切りのものなのである。そこに、後の時代のわれわれが、岡倉の英文を日本語に直そうとして、多くの蹉《つまず》きを経験せざるをえない理由がある。岡倉の英文を、岡倉の日本文の文体に近づけ、彼の使った語彙を選んで翻訳したからといって、それが、最も岡倉の日本語らしい訳になるというわけでもない。英文と日本文は別の意識の位相での働きだから、日本語訳はその翻訳する時代の言語と文体と語彙によってなされるべきだといって、二八八ページに引用したような訳例が横行していていいのか。あるいは、Asia is one. は、「アジアは一也」がいいか、「アジアは一つ」か「アジアは一つである」がいいか、どれが最も岡倉の日本語に近いか、と議論しても、なにも始まらないし、なにも終らない。大切なことは、岡倉は Asia is one. を英語でしか書かなかったということである。

4　臨終とその後

赤倉に死す

早くから腎臓炎の徴候はあった。どうにも体調がすぐれないので、ボストン美術館は休暇をとり、大正二年（一九一三）三月、シアトルから船に乗った。八杉直の手紙はそのときのものである。

いったん五浦に静養したが回復せず、東京で入院した。五浦と東京を往き来し、古社寺保存会には出席したが、暑い夏は赤倉の山荘で静養することにした。八月一六日だった。

しかし、病いはもう引き返す猶予を与えてくれなかった。腎臓病に心臓病を併発、尿毒症が加わり、大正二年（一九一三）九月二日午前七時三分、息を引きとった。

九月三日、遺棺は弟子たちに守られて上野駅に着き、五日、谷中斎場で葬儀が営まれた。遺骨は染井墓地に埋葬されたが、九月末、五浦にも分骨された。

ボストンのガードナー夫人の音楽堂で追悼会が開かれたのは一

染井の墓碑

〇月二〇日。一一月一六日には、東京美術学校で追悼法要が挙行された。

その後

翌大正三年（一九一四）三月、赤倉に「天心岡倉先生終焉の地」の碑が建てられた。岡倉覚三が亡くなって、「岡倉天心」は誕生した。その年の九月二日、一周忌を記念して、下村観山、横山大観らの発起により、日本美術院が再興された。天心霊社が美術院の敷地内に建てられた。

没後一〇周年を記念して、大正一一年（一九二二）、再興日本美術院は『天心全集』（和綴三巻）を刊行した。『天心先生欧文著書抄訳』（日本美術院）、『日本美術院之二十五年』（大塚巧芸社）も同時に刊行された。

五浦の墓

没後一〇年は追悼への念に支えられた出版事業の年だった。

没後二〇年、昭和七年（一九三二）、東京美術学校校庭に岡倉天心の銅像が設置され、背後に“Asia is One.”の文字が刻まれた。このとき準備された『岡倉天心全集』（全三巻、聖文閣）が、昭和一〇年（一九三五）末から翌一一年へかけて出版された。清見陸郎の「岡倉天心と『東洋の理想』—天心研究第一篇」（『美之國』第一〇巻第一号～三号）が発表されたのは、昭和九年、清見は天心の伝記を完成させた最初の一人となった（『岡倉天心』平凡社、昭和九年）。

没後二〇年を契機に、天心への関心は、追悼から伝記作成へ、そして、研究へと展開していった。『茶の本』（村岡博訳、岩波文庫）は、昭和四年（一九二九）に刊行された。『東洋の目覚め』が第三次『岡倉天心全集』（全五巻、六芸社）に収められたのは、昭和一四年（一九三九）。

昭和一七年（一九四二）には、五浦の「天心旧邸」に、「亜細亜ハ一な里」の碑が横山大観の揮毫によって建てられ、第四次の『天心全集』が、創元社によって企画され、第六巻が、「日本美術史」と「泰東巧芸史」を収録して、昭和一九年に刊行された。この全集は、翌昭和二〇年第二巻（一九四五）英文篇を出して続かなかった。その年の八月、日本は無条件降伏を連合軍に申し入れ、岡倉天心も戦犯視されることになった。

天心を忌避する雰囲気はそんなに長くは続かず、再び天心を語る文章が現われるのは、昭和二一年（一九四六）三月、塩田力蔵の「天心先生を中心として」（『古美術』第一六巻第三号）あたりからである。

東京藝術大学内にある岡倉天心像の背後に刻されたAsia is One. の文字

平凡社から第五次の『岡倉天心全集』全八巻別巻一が刊行されはじめるのは、昭和五四年（一九七九）一〇月だが、それまでに、天心論や天心研究は盛んに書かれ語られ刊行されるようになった。

その間、院展は、権威ある団体展として日本画界に君臨し、その院展系の声に浮び上げられる「天心」讃美と、日本の近代化過程批判の視点から捉え直そうとする「天心」論と、二つの「天心」を語る系列がつくられてきた。後者はまたその批判の上で「天心」を讃える意見とそれを批判否定しようとする立場の意見とに分れている。しかし、岡倉覚三と「岡倉覚三」没後誕生した「岡倉天心」を峻別して考え直さなければならないという視点を貫いた論はまだ登場していない。

参考文献について

「岡倉天心」について書かれた本は、図書館や書店の棚にも数多く並んでいるし、インターネットを開けば、ちょっとやそっとで処理しきれない量の文献を眼のあたりにすることができる。しかし、〈岡倉覚三〉が彼の時代をどのように生きぬき、なにをどのように考え、われわれになにを語りかけてくれるかを知るためには、「岡倉覚三」の書き遺したもの語り遺したものを読むだけでじゅうぶんである。いやむしろ、これまでの「岡倉天心」論や「岡倉天心」研究は、ほとんどが一九三〇年代に創られた「天心」像の枠のなかで語られている以上、「岡倉覚三」が書き語り遺したものに立ち戻って読む必要がある。

そうした読書から、自分なりの〈岡倉覚三〉観を作り上げ、これまで流布している「岡倉天心」論を批判していくことが大切である。

「岡倉覚三」の書き語り遺したものを最も網羅的に集大成しているのは、『岡倉天心全集』全八巻別巻一、平凡社、一九七九年〜八一年刊で、やはり「岡倉覚三」や「岡倉天心」に興味を持つ人は、この全集を端からじっくり読んで行くしかない。

しかし、本書でも指摘したように、この全集は新訂版が編集されるべき時期に来ている。厳密な意味で「全集」というには程遠い内容で、岡倉自身の文章である英文は収録されていないし、その日本語訳も多くの問題を残している。手稿の起しの問題もある。新しい全集が用意されるときは、岡倉が英文で書いたものはその英文を収録し、手稿の写真も起し稿と対照して収録してもらいたい。全集を読んでいって、いちおうの岡倉像は獲得できるが必ずそこからもう一歩踏み込んだ疑問が湧いてきて、読者は原文《もと》はどうなっているだろうと思う。研究者は、そこでその原資料の所蔵者を訪ねて閲覧させてもらわねばならない。一般読者がそこまで行動するわけにはいかないから、そういったことも提供できる「全集」でありたい［くりかえすことになるが、これは平凡社版全集の校訂に携わった者として、深い反省と自己批判からそう言っている］。

岡倉の英文に関しては、平凡社が全集刊行後、英文全集を出版した。

OKAKURA KAKUZO collected english writings, Heibonsha 全三巻　一九八四年

日本語訳を読んでいて、ここは原文ではどう書かれているのだろうという疑問はぜひ持ってほしい。そのとき、英文全集は存在意義を発揮する。

平凡社版全集の日本語訳にも誤訳や問題点があると書いたが、それでもまだ最新の訳である、他の訳に比べれば問題や傷は少ない。

平凡社版全集に収録されている日本語訳が文庫化されている。

『英文収録茶の本』桶谷秀昭訳　講談社学術文庫　一九九四年

『宝石の声なる人に　プリヤンバダ・デーヴィーと岡倉覚三・愛の手紙』大岡信・大岡玲訳　平凡社ライブラリー　一九九七年

講談社学術文庫（桶谷秀昭訳）には英文が収録されているので、さきほど勧めた原文との対照がかんたんに出来る。さらに好奇心の強い読者には、ひと時代前の訳であるが日本で最初に訳された、

『茶の本』村岡博訳　岩波文庫　一九二九年（一九六一年改版）

の訳文を、英文を間に桶谷訳と比べて、自分としてはどんな日本語に置き換えればいいか考えてみることを勧める。これが〈岡倉覚三〉の思索に近づく最良の方法である。

平凡社全集からは、

『日本美術史』平凡社ライブラリー　二〇〇一年

も文庫化されている。岡倉の日本語は、それ自体すでにじゅうぶん旧い日本語なので、新字体現代かなづかいに改めたこうした文庫版がもっと刊行されると、〈岡倉覚三〉を身近かに読むことができるようになるだろう。

岡倉覚三と彼が生きた美術環境、周辺の画家たちの活動を知るのに、

『日本美術院百年史』全一五巻索引一、一九冊、日本美術院百年史編纂室　一九八九年〜二〇〇四年

は、たっぷり材料を提供してくれる。とくに、第一巻から第三巻までは、東京美術学校開設前後から岡倉が亡くなるまでの時代に当てられている［年表など、「文久二年」岡倉誕生のときから始められている］。それぞれ、上・下二巻からなり、上巻には該当する時代の「日本画」家たちの作品がカラー図版で豊富に収まっていて、岡倉覚三の時代の絵画情況の雰囲気を伝えてくれる。各下巻は資料篇で同時代の美術活動の情報、記録が集められている。

「岡倉天心」についての文献を洩れなく集め一覧にしているのは、

『岡倉天心　人と思想』橋川文三編　平凡社　一九八二年

だが［文献表は鍵岡正謹編］、一九八二年以降の参考文献一覧表はまだ編まれていない。

以上、これから〈岡倉覚三〉を読もうとしている読者に読書案内になるような書きかたをしてきたが、筆者自身がこの評伝を書くために心がけてきた参考文献の扱いかたである。そのうえで、本書にときどき出てくる諸家の研究を参照していった。そして戻っていくのは、岡倉自身の書いたもの語り遺したものである。しかし、その段階にくると、全集所収の文章ではなく、初出の文を探すことになる。ここに引用した岡倉の文はできるかぎり、最初に発表された状態［原稿が遺っている場合はその原稿］を参照しようとした。

あとがき

この出来上ったばかりの本を、なによりもまず、青木茂さん［町田市立国際版画美術館館長］のところへ届けたいと思う。

青木さんは、ぼくが最初の岡倉天心論［紀伊國屋新書『岡倉天心――事業の背理』一九七三］を書いていた頃から、近代日本美術史の分野の先輩として、いろんな助言や知識を授けて下さった。あの本を書こうとしたとき、ぼくはまだ大学院に籍を置いた、駆け出しの学生だった。岡倉天心のことを書くんだという意気だけで燃えていた。そんなとき、アルバイトをしていた都市科学研究所の石田之郎さんが、岡倉天心をやるなら俺の小学校からの友達が東京芸大にいて明治美術の研究をしている、と紹介して下さった。以来、青木さんから教わりつづけている。淋しいことは、石田さんが早くに急逝されたことだ。

築地警醒会の文書の写真を青木さんから見せてもらったのはそのときだった。当時はこの写真はどこにも公表されていなかった。

同じ頃、新納忠之介の息子さんの奥さんが、奈良の東大寺転害門近くの新納家旧宅にお一人で住んでおられるのを訪ねた。奥さん［新納房子さん］は、こんなのがあると、当時は知られていなかった岡倉の新納宛書簡を出してきて下さった。翌日改めてうかがい、写真に撮り、紀伊國屋新書の口絵に飾った。奥さんは貧乏学生のぼくをのちのちまで気づかって下さり、ある年の暮れ、どっさりと缶詰を送っていただいたことも思い出す。

悔しい話もある。大正十一年版全集に載っている『三匝堂詩草』の詩句がどうも怪しい、全集にはその原本の写真も載っているので、しっかり読み直したいから原本を閲覧させてほしいと日本美術院を訪ねた。あわよくばほかにももっと資料をお持ちだろうと。大学の同窓の宇治郷毅君が国会図書館に勤めていて、資料の収集管理のことなら国会図書館も一役買えるだろうと同行してくれた。奥の部屋へ通され面会して下さった理事長の菱田春夫さんが、席につくや、君たちのような若い、どこの馬の骨とも判らない者に天心先生のことを書かせることはできない、それに日本美術院所蔵の資料はすべてK先生に預けてある、先生はいま天心伝を執筆中だと帰された。日本美術院にいたのは三分間ほどだった［K先生の伝記は完成せず、物故された］。

ぼくは、しかたがないので、大正十一年版の誤記誤植の多いテキストから原《もと》の詩の姿を蘇せようと頑張った。そのとき漢詩の読みかたについては、岳父市原亨吉［当時京都大学人文科学研究所の所員だった］に鍛えられた。その岳父も先年鬼籍の人となった。

宇治郷君はその後国会図書館副館長の職を全うし、今は引退して東アジア図書館史の権威となって研究生活を送っている。

ともかく紀伊國屋新書を出すことができ、喜んで下さったのは青木さんだったし、紀伊國屋新書の編集顧問をされていた村上一郎氏だった。

その村上さんももうこの世の人ではない。村上さんはぼくの天心論を読んで天心全集を作ろうと考えられたことがあり、ぼくに企画書を書くように勧められた。いっしょうけんめい書いたが、日本美術院を門前払いされた若僧の企画書は実を結ばなかった。

全集の計画といえば、河出書房におられた村田哲朗さん［前郡山市立美術館館長］も構想され、意見を交わしたことがある。やはり実現しなかったのだが、その次に、冬樹社に勤めておられた高橋徹さんが、泰流社という出版社の責任者となって岡倉全集を企画された。ぼくがボストンを訪ねることができたのは、その企画のおかげだ。一九七四年九月から十二月までボストンに逗留し、ボストン美術館、ガードナー美術館をじっくりとなんども訪ね、ハーヴァード大学のホートン・ライブラリにフェノロサの資料がどっさりあることを教わって、滞在後半は毎日通いノートをとった。

ボストン美術館に勤務していた井口安弘さんは、ぼくの紀伊國屋新書を評価してぼくを迎えて下さった。おかげで、当時は美術館の屋根裏に蔵《しま》われたままだったモース・コレクションも見せてもらうことができた［ぼくの陶磁史への関心はここから始まったといってもいい］。すでに引退されていた富田幸次郎氏も紹介して下さり、富田御夫妻から岡倉の思い出話を聞くことができた。お宅になんどか招待してもらったことを思い出す。その富田幸次郎さんも、それに井口さんも、もう亡くなられて久しい。

高橋徹さんの計画もやっぱりうまく行かず、全集実現の難しさを嚙みしめていたところへ、平凡社の計画の話が入った。鍵岡正謹氏と中村愿さんが担当され、ぼくは原文校訂の仕事を託された。ときどき平凡社を訪ねたある日、岡倉家の蔵から出てきたという資料の山を整理していて、プリアンバダの手紙を見つけた。朱い蜜臘で封印した優しい書体の小ぶりの封筒で、眼にした瞬間、プリアンバダの手紙だと判った。感激の一瞬だった。

全集の校訂と解題に携われたのは貴重な経験だったが、ほんとうにあの頃は未熟だったと自戒している。そのことは本文に書いた。

それにしても、日本美術院が所蔵していた資料は積み上げると二メートル近い分量になるのには驚いた。岡倉家と日本美術院の全面的な協力の下、平凡社版全集は完成し、岡倉の生活の隠されてきた事実も明らかにされた。それらを生かして、ぼくは旧著を書き改め、『詩の迷路―岡倉天心の方法』という書名で學藝書林から改版を刊行することができた（一九八九）。五柳書院から『揺れる言葉―喪われた明治をもとめて』（一九八八）も出し、岡倉についてもうこれ以上書くことはないだろうと思っていた。

そして自分の関心を大正から昭和へと拡げ、『思想史としてのゴッホ』（學藝書林一九九二）、『中井正一』（リブロ・ポート一九九五、平凡社ライブラリー増補版二〇〇二）を書いた。『中井正一』と取組んでいるとき、戦時下の知の営みについて、われわれは批判しきれていないということに気づかされた。

これが再び「岡倉天心」に戻っていくきっかけとなった。その頃、『日本美術院百年史』の七巻に

「昭和前期の岡倉天心」というテーマで書くようにという依頼があり、短歌結社の『あまだむ』「そこにぼくは毎号エッセイを寄せていたのだが」から、岡倉天心について話をしてみませんかと誘いがあり、韓国の研究機関星岡文化財団からは『美術史論壇』に岡倉論を寄稿してほしいといってきた。さらに、茨城県天心記念五浦美術館の開館記念シンポジウムにパネラーとして招かれたり、第四九回美学会全国大会の特別企画「日本の美学」で発表してほしいという依頼が、主催の京都大学の岩城見一さんから来たりと、にわかにぼくは岡倉のことを考える機会に恵まれた。

そんな折、横浜国立大学に勤務するようになって、大学院の学生のみならず、他の大学で勉強した学生［卒業生］が岡倉天心の勉強をしたいと集まってきてくれた。ぼくは、大学院の講義演習の外に自主的な研究会を作ることにし、"The Ideals of the East"を読み直しながら、傍ら平凡社版全集製作のさい提供された岡倉の手稿や原資料を整理してみんなの共有財産に出来る会をスタートした。

こうして学生たちと語り議論しながら、ようやくぼくのなかで、これまでの［つい最近まで、京大で語り韓国の研究機関誌に書いたことも含めて］ぼくの岡倉観は、昭和十年代に創られた天心像から抜け切れていないことを痛切に感じとらされていった。折も折、ミネルヴァ書房から日本評伝選の一つとして岡倉天心伝を書かないかというお話があり、二〇〇四年の夏休みのふた月、執筆に取組んだ。

本書を執筆していくこと、その過程が、ぼく自身のこれまでの仕事を点検・批判していく作業だった。本書の副題には、「仰天自有初」の第二句「観物竟無吾」を選んだが、これを、従来は、誰もが「物を観《み》れば」と読んできた。「物を観れば」と読むかぎり、「観る」という近代の思想が培った鑑賞という姿勢、対象《もの》への近づきかたを超えていない。それでは、江戸以前の教養を豊富に備えた岡倉の詩想を汲みとることができていない。「観る」だけで「吾を無にする」ことができると考えるのは近代人の不遜ではないか。これは、岡倉がアジア主義者に仕立てられるに足る言辞をのこしているから「アジア主義者」とみなすのと共通する思想態度である。原稿を書きながら、この漢詩をなんども読み返して、ぼくは、「物に／を観《かん》ずれば」と読むべきだということに気づいた。「観ずれば」と読むことによって、岡倉覚三の裡に内面化された仏教観や老荘思想を包みこんだ解釈が可能になった。それまでぼく自身「物を観れば」と読んで判ったつもりになっていた。こういう読みができたことも、これまでのぼくの岡倉観をぼく自身の手で壊すことができた一つの証と受けとめたい。

そして、ここに、ぼく自身の仕事も批判して、岡倉天心／岡倉覚三研究のゼロ地点を提示することができたように思う。もちろん評伝だから、それぞれの問題へ立入った研究は改めて深めて行かねばならない。ぼく自身も含めて、若い人たちにその再出発点を用意できたという意味である。

The Ideals of the East研究会は、学習院の大学院を終えた久世夏奈子、成城大博士課程にいる篠原聰、横浜国大大学院を出た宮田徹也の三人でスタートした。この研究会があったので、こんかいの執筆にさいして資料はほとんど手元にあった。口絵に掲げた天心全集各種も英文著作初版三冊も自前のコレクションである［昭和十年版三冊だけ、大谷芳久氏から拝借した］。それでも、書いていくと探さねばならぬ資料が出て来て、宮田、篠原にはいろいろ手伝ってもらった。赤坂佳子さん、森田明子さんにもお世話になった。

神話化された岡倉天心像を解きほぐすことが本書の課題の一つだから、口絵のありかたにも気を配った。従来の天心伝なら代表的な［と著者が恣意する］肖像写真を一点か二点掲載するものだが、そうすると読者は、初めて岡倉に接する読者であればあるだけ、その印象を頭に焼きつけてしまうだろう。これは神話化を手伝っていることにほかならない。そこで、本書では、岡倉が生前撮された写真すべてからその顔を揃えて一覧にしてみればと考えた。得られるイメージ全部を見て、読者は自分なりの岡倉の像を相対化できるのではないか。

こんな手間のかかる作業を提案され、ミネルヴァ書房も迷惑されたことだろう。そのほかいろいろと著者の要望をねばりつよく受け止め対処して下さった編集部の堀川健太郎氏に、いまここで篤く御礼申し上げたい。

ともかく、いまここに、新しい岡倉覚三の評伝が出来上り、ぼくの本を待ってくれている人たち、学生諸君、そして未知のたくさんの読者のところへ届けることができる。つぎは、返ってくる意見批評に耳を傾け、新たな仕事へ向っていこう。

二〇〇五年二月一日

木下長宏

岡倉覚三年譜

和暦	西暦	満年齢	岡倉覚三関係 出来事 執筆 談話〔ゴシック数字は月・日〕	関連事項
文久 二	一八六二	0	旧暦一二月二六日〔西暦一八六三年二月一四日〕生る 生誕地は、横浜本町五丁目〔現一丁目〕のほか、江戸馬喰町、東京常盤橋内と記した履歴書が現存する	
明治 一	一八六八	5	2・22弟由三郎生る	
三	一八七〇	7	4・3妹蝶生る	
六	一八七三	10	東京日本橋蠣殻町へ引越 東京外国語学校入学	5・1〜11・2ウィーン万博
八	一八七五	12	3・26兄港一郎没享年一五歳 9・1東京開成学校高等普通科入学	
一〇	一八七七	14	4東京大学文学部第一年普通科編入	8・21〜11・30第一回内国勧業博覧会
一一	一八七八	15		5・1〜11・20パリ万博 8フェノロサ来日
一二	一八七九	16	『三匝堂詩草』、もとと結婚	

一三	一八八〇	17	7・10東京大学卒業10文部省音楽取調掛勤務	7京都府画学校開校
一四	一八八一	18	3・18一雄誕生　7漢詩「南都懐古」　11専門学務局へ転勤、音楽取調掛兼務	3・1〜6・30第二回内国勧業博
一五	一八八二	19	4内記課勤務　5〜7「書ハ美術ナラスノ論ヲ読ム」　9〜11新潟石川京阪地方出張	4農商務省設置 5・14フェノロサ『美術真説』 10・1〜11〜20第一回内国絵画共進会
一七	一八八四	21	2長崎佐賀地方出張　3・17高麗子誕生　6京阪神地方古社寺調査「美術品保存ニ付意見」「美術品目録」	3・9第一回鑑画会 4・11〜5・30第二回内国絵画共進会
一八	一八八五	22	1「美術ノ奨励ヲ論ス」5「絵画配色ノ原理講究セサルヘカラス」10「日本美術ノ滅亡坐シテ俟ツヘケンヤ」12図画取調掛	5第二回パリ日本美術縦覧会 9・12〜14第一回鑑画会大会 12・22内閣制度発足
一九	一八八六	23	4「東洋絵画共進会批評」「文部省ニ美術局ヲ設ケラレ度意見」4〜6、7，8〜9大阪奈良方面出張（ノート）10・2欧米出張のため横浜出港	4・15〜18第二回鑑画会大会
二〇	一八八七	24	10・11帰国10・14東京美術学校幹事11・6第一五回鑑画会で講演　「仏英独博物館覚書」	
二一	一八八八	25	2・26鑑画会例会最終会演説「東洋社会に於ける美	9臨時宝物取調局発足

			術の地位」5〜8京都奈良古社寺調査（ノート）6・5奈良浄教寺にて講演8「博物館に就て」12・24東京美術学校第一回入試	11・5芳崖死去
二二	一八八九	26	4・18「美術展覧会批評」5・16帝国博物館開設、理事美術部長8日光出張10『國華』創刊、創刊の辞「円山応挙」11「狩野芳崖」「帝国議会に蟠まる一種の勢力」「美術部主管物品公布之件」	2・11憲法発布祝典 4・1〜5・11日本美術協会展 6・1〜15日本美術協会青年絵画共進会 8日本演劇協会 9・9根岸鶯花園で観月園遊会
二三	一八九〇	27	1奈良京都出張3奈良京都帝国博物館建築工事主任 6・27東京美術学校長心得8「説明東京美術学校」、「運慶金剛力士像」9東洋美術史、泰西美術史講義 10日本彫工会第五回競技会審査長11「支那古代ノ美術」「痩吟詩草」12「美術世界ノ発行ニ就テ」	4・1第三回内国勧業博 7・6フェノロサ離日 10・11帝室技芸員制度設置 10・30教育勅語発布
二四	一八九一	28	「雪泥痕」2「第三回内国勧業博覧会第二部報告」「日本美術史編纂綱要」『日本美術史綱』の計画 4「福富孝季追悼」漢詩他 11・7日本青年絵画協会会頭11「二種類の集会」 12・15臨時博覧会評議員	9日本青年絵画協会発足

二五	一八九二	29	1日本青年絵画協会発会式で演説3日本彫工会副会頭、「シカゴ博覧会出品画に望む」、京都奈良出張5シカゴ万博事務局鑑査官11東京美術学校規則改定	10・15～11・10日本青年絵画協会第一回展
二六	一八九三	30	5 The HŌ-Ō-DEN　バワリア国から受勲6・2美術学校新営費予算超過により譴責7・10美術学校第一回卒業式7・11清国出張12・6神戸着（日記）	4・1～30日本青年絵画協会第二回展 5・1～10・31シカゴ・コロンブス世界博
二七	一八九四	31	2・5第二回卒業式2「支那ノ美術」3「支那南北の区別」、「支那美術品蒐集ニ係ル意見」、「支那行雑綴」4「『錦巷雑綴』発刊ノ主旨」5分期教室制「二十八年度本校経費之儀ニ付上申」6「美術教育施設ニ付意見」7・11第三回卒業式　10岩手出張　川端玉章『帝国毛筆新画帖』賛成員、大橋郁太郎『本朝習画帖』校閲	9美術育英会発会
二八	一八九五	32	1・8東京美術学校校友会大会3「橋本雅邦」4関西出張5校友会臨時大会及第二回授業成績展6美校内意匠研究会7・1八杉貞との間に三郎誕生7・11第四回卒業式8京都兵庫出張10「桟雲一片」10・4校友会秋季運動会10岩手出張11「美術会議設置ニ付意見」12在京卒業生を集め講演　庚申山で越年	4・1～7・31第四回内国勧業博（京都） 4帝国奈良博物館開館 4・10～5・20日本青年絵画協会展 10・10～11・15全国青年絵画共

				進会（京都） この年、帝国博物館にて古画模写事業
二九	一八九六	33	1「宗教行政ニ関スル私見」3「卒業生に告ぐ」3・20日本絵画協会副会頭4漢詩7美術学校に西洋画科、図案科設置11パリ万博臨時博覧会事務局評議員11・26古社寺保存会第一回会議　波津、根岸御行松付近に住む　貞、早崎稉吉と結婚	7・7フェノロサ再来日（11・6帰米） 9・20〜10・30日本絵画協会第一回絵画共進会
三〇	一八九七	34	4奈良京都出張6岩手出張7白浜徴編『日本臨画帖』校閲8「美術教育の施設に就きて」「美術教育施設ニ付意見」、9「岡倉評議員の弁疑」9・28パリ万博に出品する『日本美術史』編纂主任10「文学局外観」11「社会と作家」11・23第一回文学者美術家雑話会発起人11・27青年彫塑会会頭、静岡出張12・20古社寺保存会会議、ブリンクリー“Japan”に連載	3・15〜4・30日本絵画協会第二回絵画共進会 4・12フェノロサ三度目の来日 5帝国京都博物館開館 6・10古社寺保存法発布 10・25〜12・7日本絵画協会第三回絵画共進会
三一	一八九八	35	1「明治三十年の美術界」1・20米原雲海新海竹太郎山崎朝雲他美校彫刻科教官卒業生を自宅に招集3・17帝国博物館理事美術部長辞職願3・21築地警醒会怪文書3・26東京美術学校長辞表3・29非職	3・16九鬼隆一帝国博物館総長更迭 3・18〜5・1日本絵画協会第四回絵画共進会

			3房総地方5埼玉中津川渓谷へ旅行7・1日本美術院創立10・15落成式11・9「岡倉覚三氏の談片」	10・15〜11・20第五回日本絵画協会第一回日本美術院連合絵画共進会 10・21『日本美術』創刊
三二	一八九九	36	1讀賣新聞主催「懸賞東洋歴史画題」審査員1・26東京彫工会副会頭辞任2福岡県会議事堂講演「九州博物館の必要」、博多商業会議所招待会談話10「第七回絵画共進会談話」この頃、日本美術院で日本美術史講義、「文芸史談解題」、The Confucian Age and the Taoist Age. The Laoist Age.	10・15〜11・20第七回日本絵画協会第二回日本美術院連合絵画共進会
三三	一九〇〇	37	3「日本美術史論第一章」、「雅邦翁の絵画」9「日本美術院新潟展にて」	4・1〜30第八回日本絵画協会第三回日本美術院連合絵画共進会 8・17フェノロサ帰米 10・25〜12・8第九回日本絵画協会第四回日本美術院連合絵画共進会
三四	一九〇一	38	3「第十回絵画共進会日本美術院展覧会出品概評」7「雅邦先生招待会席上にて」7・16〜8・13小杉温邨中川忠順らと京都奈良国宝調査8光村利藻写真	3・2〜31第一〇回日本絵画協会第五回日本美術院連合絵画共進会

			集『仁山智水帖』序10「日本美術院和歌山展にて」11日本美術院第二部始動11・21新橋を発ちインドへ	5・11フェノロサ最後の訪日（〜9・21）9観山、広業、紫水、東京美術学校教授に復職 10・12〜12・9第一一回日本絵画協会第六回日本美術院連合絵画共進会
三五	一九〇二	39	3帝国教育美術部常議員、Notes on Contemporary Japanese Art. インド滞在中 The Ideals of the East 脱稿（翌春刊）、未刊英文草稿など執筆10・6帰国、神戸京都に逗留11・21新橋着 10・22神奈川丸船上演説会「印度漫遊雑感」11・3「印度旅行談」11・5帰国談話12「史学会席上の印度研究談」	3・2〜29第一二回日本絵画協会第七回日本美術院連合絵画共進会 10・1〜11・30第一三回日本絵画協会第八回日本美術院連合絵画共進会
三六	一九〇三	40	1・2「印度美術談」1・18「印度漫遊談」3・22古社寺調査のため紫水忠順らと島根鳥取山口へ（〜4・23）このころ五浦に土地を購入8千葉茨城へ古社寺調査11・20「美術家の覚悟」12・20「三時代古画の評釈」12「芸術界の過去現在」	1・10大観、春草印度へ発つ 2・21観山イギリス留学 4・11〜5・7第一四回日本絵画協会第九回日本美術院連合絵画共進会 7・10大観、春草帰国 10・10〜11・15第一五回日本絵

				画協会第一〇回日本美術院連合絵画共進会 11・20日本美術院絵画研究会と互評会が統合、二十日発足
三七	一九〇四	41	2・10菱田春草横山大観六角紫水を連れアメリカへ 4・9ニューヨークで大観春草紫水展、The Bijutsuin or the New Old Japanese Art. 3・25ボストン美術館勤務5紫水をボストン美術館に推薦 8The Legend of Yoshitsune, Ko-Atsumori, Ataka 9詩 Night Thought, Hymn to the Dusk 9・24Modern Problems in Painting 11・17大観春草観山紫水展をオリー・ブル邸で11 The Awakening of Japan 12岡部覚弥をボストン美術館に推薦	2・10日本、ロシアへ宣戦布告 4・30〜11・9セントルイス万博 5塩田力蔵「嗚呼日本醜術院」
三八	一九〇五	42	1ニューヨークの大観春草観山展で講演「日本美術」、Japanese and Chinese Paintings in the Museum 2・26ボストンを離れ3・26帰国4 The Cup of Humanity 5ボストン美術館美術品収集のため京都奈良へ6・20五浦に帰り六角堂を建てる 6・24一雄名義の『國華』村山龍平上野精一に売却	4・22大観春草帰国 8『日本美術』発行権を塩田力蔵に譲渡 10日本美術院、日本画会派と純美術院派に分裂 12大観春草「絵画に就て」

			8雅邦に代り日本美術院主幹、漢詩「五浦即事」10・6渡米、浮世絵史着想11・2Memorandom of the work to be done in the Japanese Department. 12・18 Talk given to ladies who assisted in the work of the Chinese and Japanese Department.	
三九	一九〇六	43	2 Recent Acquisitions of the Chinese and Japanese Department. 3・12ボストンを離れ4・6帰国4奈良京都へボストン美術館のために収集活動、その頃赤倉に土地購入 4 Sculpture in the New Japanese Cabinet 5 The Book of Tea 7ウォーナーと会う、この頃腎炎のため入院 8日本美術院規則改定（二部制）10・8ボストン美術館美術収集のため清国へ（日記）11・3 In Defence of Lafcadio Hearn	5・20二十日会最後の集り 7紫水帰国 11・9大観春草観山武山五浦へ移る
四〇	一九〇七	44	1漢詩「渭南道中有感」2清国より帰国3京阪を回り五浦へ、「支那美術について」3・21上京3・24古社寺保存会4『国宝帖』準備9・1国画玉成会会長「美術と社会」9・22五浦で観月園遊会11日本彫刻会会長11・10「美術上の所感」11・16横浜出港12・7ボストン着12・1「公設美術展覧会に対する希	8・12正派同志会結成 8・13文展審査委員任命 8・19玉成会結成 この年日本美術学院発足

四一	一九〇八	45	望」、「病中の雅邦翁」 2 Prefaratory Note for Japanese Sword Guards by Okabe-Kakuya 2・19「美術上の急務」 4 Chinese and Japnaese Mirrors [with F. Kershow] 4・29ヨーロッパ経由で帰国紫水覚弥同行（日記） 5 Prefaratory Note for the Catalogue of Special Exhibition of Japanese and Chinese Lacquer, Alphabetical List of Lacquer Artists, To the Comunitee of the Museum. 7・10門司着 7・20美術学院夏期講習会「奈良美術研究の必要」 8「欧米に於ける日本美術」 9「日本趣味と外国人」 11・1「日本美術の恩人故フェノロサ君」 10・18文展審査員辞退、この年富田幸次郎をボストン美術館助手に雇う	6春草病気のため東京に戻る 9・11五浦大観宅焼失大観東京に戻る 9・21フェノロサ、ロンドンで死去 9・28国画玉成会文展不出品決議 10・15国画玉成会第一回展 第二回文展 10・16国画玉成会総会で岡倉と尾竹竹坡が対立、竹坡等退会
四二	一九〇九	46	1・15国画玉成会で講演2・8新納忠之介をボストンに派遣2「日本画の将来」 6文部次官岡田良平専門学務局福原鐐二郎と会談文展問題和解7古社寺保存会で日英博覧会に国宝出品を反対　この頃『国宝帖』英文解説執筆11三井寺法明院フェノロサ追悼会発起人	6国画玉成会文展参加決議

四三	一九一〇	47	3古社寺保存会国宝選定特別委員（絵画）5ボストン美術館中国日本部長任命4・19～6・21泰東巧芸史講義4奈良旅行7・28文展審査委員を春草に譲る9・14ボストンへ10・14着	5・14ロンドンで日英博覧会
四四	一九一一	48	1Chinese Jade 1・17ボストン美術館用務でヨーロッパ出張2・23帰館（日記）4The Nature and Value of Eastern Connoiseurship. Religions in East Asiatic Art. 詩Taoist. 4・21早崎稉吉新納忠之介中川忠順に中国日本部アドヴァイザー依頼5Nature in East Asiatic Painting. 6ハーヴァード大学より文学修士号8・12帰国の途8・28帰国「帰国談話」9・16「噫菱田春草君」11原三渓に安田靫彦今村紫紅前田青邨らの後援依頼12・17東京美術学校卒業生「東台画会」特別委員、「六物記」（8・29～明四五・1・2）	9・16春草死去 12・17東京美術学校卒業生総会
明治四五 大正一	一九一二	49	1・23古社寺保存会総会1・30靫彦の病気見舞2・26古径持参「阿新丸」下絵に助言3・16紅児会一七回展会場で青邨作「須磨」に助言4On the Method of Practising Consentration and Contemplation. 4・2奈良新納訪問、共に熊本福岡へ（日記）5・5ボストン美術館美術品収集のため中国へ	4春草追悼遺作展

二	一九一三	50	6・7帰国8・14インド、ヨーロッパ経由ボストンへ11・8ボストン着12・11 Some Suggestions about Docent Service. 12 Exhibition of Recent Acquisitions in Chinese and Japanese Art. 2・4ボストンでタゴールと再会2・18 The White Fox. 2・20英詩 On Seeing a Picture 2・25休職願3 Preface［漆工図録］、History of Lacquer. 3・19予定を早め帰国4・11横浜着4・16五浦4・27上京手術5・12 The work of the Department in my absence 5・18「米国と東洋美術」8・16赤倉へ8・29重体9・2絶命9・3亡骸を本郷橋本家へ移送9・5谷中斎場にて葬儀、染井墓地に埋葬、五浦に分骨10・20ボストンで追悼会 11・16東京美術学校で追悼法要	
三	一九一四		3赤倉に「天心岡倉先生終焉之地」碑 9・2再興日本美術院開院式	10・15再興日本美術院展
一一	一九二二		9・2日本美術院二十五周年記念展、『天心全集』（和綴全三巻）、『天心先生欧文著書抄訳』	
昭和四	一九二九		村岡博訳『茶の本』岩波文庫	
七	一九三二		東京美術学校に岡倉天心銅像（平櫛田中作）	

九	一九三四	清見睦郎『岡倉天心』平凡社	
一〇	一九三五	『岡倉天心全集』全三巻聖文閣	
一三	一九三八	浅野晃訳『東洋の理想』創元社 岡倉古志郎相原徳重加藤長雄共訳『理想の再建』河出書房	
一四	一九三九	『岡倉天心全集』全五巻六芸社 岡倉一雄『父天心』聖文閣	
一五	一九四〇	浅野晃註解説 The Awakening of the East 聖文閣	
一七	一九四二	五浦旧邸に「亜細亜ハ一な里」碑（横山大観筆）	10・5天心先生偉績顕彰講演会（共立講堂）
一八	一九四三	岡倉一雄『父天心を繞る人々』文川堂書房	
一九	一九四四	『岡倉天心全集』第六、二巻　創元社	
三三	一九五八	『福沢諭吉・岡倉天心・内村鑑三集』現代日本文学全集51　筑摩書房	5「横浜開港百年記念―天心・大観・観山遺品展」横浜松坂屋
昭和三四	一九五九		5・16「岡倉天心生誕記念碑建設記念」
昭和三七	一九六二		10・2〜14「生誕百年記念・岡倉天心展」上野松坂屋
昭和四二	一九六七		3・10『天心記念館開館記念』茨城大学五浦美術研究所

四三	一九六八		『岡倉天心集』明治文学全集38　筑摩書房	11・18〜12・3「岡倉天心記念展」博物館明治村
四五	一九七〇		『岡倉天心集』日本の名著37　中央公論社	
四七	一九七二		『福沢諭吉・中江兆民・徳富蘇峰・岡倉天心・内村鑑三集』現代日本文学大系2　筑摩書房	
五一	一九七六		『岡倉天心集』近代日本思想体系7　筑摩書房	
五四	一九七九		『岡倉天心全集』全八巻別巻一　平凡社（一九八一年完結）	
五七	一九八二		『岡倉天心　人と思想』平凡社	
五九	一九八四		“OKAKURA KAKUZO collected english writings” vols 3, Heibonsha	
平成一	一九八九		『日本美術院百年史』全一五巻「索引」を含め一九冊　日本美術院（二〇〇四年完結）	
平成九	一九九七			10茨城県天心記念五浦美術館開館
平成一一	一九九九			10・23〜二〇〇〇・2・26「岡倉天心とボストン美術館」展名古屋ボストン美術館

喜田貞吉　中村生雄
上田　敏　及川　茂
柳田国男　鶴見太郎
厨川白村　張　競
九鬼周造　粕谷一希
辰野　隆　金沢公子
矢内原忠雄　等松春夫
薩摩治郎八　小林　茂
シュタイン　瀧井一博
福澤諭吉　平山　洋
福地桜痴　山田俊治
中江兆民　田島正樹
田口卯吉　鈴木栄樹
陸　羯南　松田宏一郎
竹越與三郎　西田　毅
宮武外骨　山口昌男
吉野作造　田澤晴子
野間清治　佐藤卓己
杉　亨二　速水　融

北里柴三郎　福田眞人
田辺朔郎　秋元せき
南方熊楠　飯倉照平
寺田寅彦　金森　修
石原　純　金子　務
J・コンドル　鈴木博之
小川治兵衛　尼崎博正

現代

昭和天皇　御厨　貴
高松宮宣仁親王　後藤致人
吉田　茂　中西　寛
マッカーサー　柴山　太
重光　葵　武田知己
池田勇人　中村隆英
和田博雄　庄司俊作

朴正熙　木村　幹
竹下　登　真渕　勝
*松永安左エ門　橘川武郎
鮎川義介　井口治夫
松下幸之助　米倉誠一郎
本田宗一郎　伊丹敬之
井深　大　武田　徹
幸田家の人々　金井景子
*正宗白鳥　大嶋　仁
*川端康成　大久保喬樹
松本清張　杉原志啓
安部公房　成田龍一
R・H・ブライス　菅原克也
金素雲　林　容澤
柳　宗悦　熊倉功夫

バーナード・リーチ　鈴木禎宏
イサム・ノグチ　酒井忠康
川端龍子　岡部昌幸
藤田嗣治　林　洋子
*井上有一　海上雅臣
手塚治虫　竹内オサム
山田耕筰　後藤暢子
武満　徹　船山　隆
力道山　岡村正史
美空ひばり　朝倉喬司
植村直巳　湯川　豊
西田天香　宮田昌明
安倍能成　中根隆行
G・サンソム　牧野陽子
和辻哲郎　小坂国継
青木正児　井波律子

矢代幸雄　稲賀繁美
石田幹之助　岡本さえ
平泉　澄　若井敏明
前嶋信次　杉田英明
竹山道雄　平川祐弘
保田與重郎　谷崎昭男
佐々木惣一　松尾尊兊
*瀧川幸辰　伊藤孝夫
福本和夫　伊藤　晃
フランク=ロイド・ライト　大久保美春
大宅壮一　有馬　学
清水幾太郎　竹内　洋

*は既刊
二〇〇五年七月現在

近代

明治天皇　伊藤之雄
大正天皇　フレッド・ディキンソン
大久保利通　三谷太一郎
山県有朋　鳥海　靖
木戸孝允　落合弘樹
井上　馨　高橋秀直
*松方正義　室山義正
北垣国道　小林丈広
大隈重信　五百旗頭薫
伊藤博文　坂本一登
井上　毅　大石　眞
桂　太郎　小林道彦
林　董　君塚直隆
高宗・閔妃　木村　幹
山本権兵衛　室山義正
高橋是清　鈴木俊夫
小村寿太郎　簑原俊洋
犬養　毅　小林惟司

加藤高明　櫻井良樹
田中義一　黒沢文貴
平沼騏一郎　堀田慎一郎
宮崎滔天　榎本泰子
浜口雄幸　川田　稔
幣原喜重郎　西田敏宏
関　一　玉井金五
広田弘毅　井上寿一
安重根　上垣外憲一
グルー　廣部　泉
東條英機　牛村　圭
蔣介石　劉　岸偉
木戸幸一　波多野澄雄
乃木希典　佐々木英昭
加藤友三郎・寛治　麻田貞雄
宇垣一成　北岡伸一
石原莞爾　山室信一
五代友厚　田付茉莉子
安田善次郎　由井常彦
渋沢栄一　武田晴人

山辺丈夫　宮本又郎
武藤山治　阿部武司・桑原哲也
小林一三　橋爪紳也
大倉恒吉　石川健次郎
大原孫三郎　猪木武徳
河竹黙阿弥　今尾哲也
イザベラ・バード　加納孝代
林　忠正　木々康子
森　鷗外　小堀桂一郎
二葉亭四迷　ヨコタ村上孝之
巌谷小波　千葉信胤
樋口一葉　佐伯順子
島崎藤村　十川信介
泉　鏡花　東郷克美
有島武郎　亀井俊介
永井荷風　川本三郎
北原白秋　平石典子
菊池　寛　山本芳明
宮澤賢治　千葉一幹

正岡子規　夏石番矢
P・クローデル　内藤　高
高浜虚子　坪内稔典
与謝野晶子　佐伯順子
種田山頭火　村上　護
斎藤茂吉　品田悦一
*高村光太郎　湯原かの子
萩原朔太郎　エリス俊子
原阿佐緒　秋山佐和子
高橋由一・狩野芳崖　古田　亮
竹内栖鳳　北澤憲昭
黒田清輝　高階秀爾
中村不折　石川九楊
横山大観　高階秀爾
橋本関雪　西原大輔
小出楢重　芳賀　徹
土田麦僊　天野一夫
岸田劉生　北澤憲昭

松旭斎天勝　川添　裕
中山みき　鎌田東二
ニコライ　中村健之介
出口なお・王仁三郎　川村邦光
島地黙雷　阪本是丸
*新島　襄　太田雄三
澤柳政太郎　新田義之
河口慧海　高山龍三
大谷光瑞　白須淨眞
李方子　小田部雄次
古賀謹一郎　小野寺龍太
久米邦武　髙田誠二
フェノロサ　伊藤　豊
内村鑑三　新保祐司
*岡倉天心　木下長宏
徳富蘇峰　杉原志啓
内藤湖南・桑原隲蔵　礪波　護
岩村　透　今橋映子
西田幾多郎　大橋良介

慈円 大隅和雄
明恵 西山厚
親鸞 末木文美士
恵信尼・覚信尼 西口順子
道元 船岡誠
叡尊 細川涼一
*忍性 松尾剛次
*日蓮 佐藤弘夫
一遍 蒲池勢至
夢窓疎石 田中博美
宗峰妙超 竹貫元勝

南北朝・室町

後醍醐天皇 上横手雅敬
護良親王 新井孝重
北畠親房 岡野友彦
楠正成 兵藤裕己
新田義貞 山本隆志
足利尊氏 市沢哲
佐々木道誉 下坂守
円観・文観 田中貴子
足利義満 川嶋將生
足利義教 横井清
大内義弘 平瀬直樹
日野富子 脇田晴子
世阿弥 西野春雄
雪舟等楊 河合正朝
雪村周継 赤澤英二
宗祇 鶴崎裕雄
*満済 森茂暁
一休宗純 原田正俊

戦国・織豊

北条早雲 家永遵嗣
毛利元就 岸田裕之
*今川義元 小和田哲男
武田信玄 笹本正治
三好長慶 仁木宏
上杉謙信 矢田俊文
吉田兼倶 西山克
山科言継 松薗斉
織田信長 三鬼清一郎
豊臣秀吉 藤井譲治
前田利家 東四柳史明
蒲生氏郷 藤田達生
伊達政宗 伊藤喜良
支倉常長 田中英道
北政所おね 田端泰子
淀殿 福田千鶴
ルイス・フロイス エンゲルベルト・ヨリッセン
*長谷川等伯 宮島新一
顕如 神田千里

江戸

徳川家康 笠谷和比古
徳川吉宗 横田冬彦
後水尾天皇 久保貴子
光格天皇 藤田覚
崇伝 杣田善雄
春日局 福田千鶴
池田光政 倉地克直
シャクシャイン 岩崎奈緒子
田沼意次 藤田覚
末次平蔵 岡美穂子
林羅山 鈴木健一
中江藤樹 辻本雅史
山崎闇斎 澤井啓一
*北村季吟 島内景二
ケンペル ボダルト・ベイリー
荻生徂徠 柴田純
雨森芳洲 上田正昭
前野良沢 松田清
平賀源内 石上敏
杉田玄白 吉田忠
上田秋成 佐藤深雪
木村蒹葭堂 有坂道子
大田南畝 沓掛良彦
菅江真澄 赤坂憲雄
*鶴屋南北 諏訪春雄
良寛 阿部龍一
滝沢馬琴 高田衛
山東京伝 佐藤至子
平田篤胤 川喜田八潮
シーボルト 宮坂正英
本阿弥光悦 岡佳子
小堀遠州 中村利則
尾形光琳・乾山 河野元昭
*二代目市川團十郎 田口章子
与謝蕪村 佐々木丞平
伊藤若冲 狩野博幸
鈴木春信 小林忠
円山応挙 佐々木正子
*佐竹曙山 成瀬不二雄
葛飾北斎 岸文和
酒井抱一 玉蟲敏子
オールコック 佐野真由子
月性 海原徹
西郷隆盛 草森紳一
*吉田松陰 海原徹
徳川慶喜 大庭邦彦
和宮 辻ミチ子

ミネルヴァ日本評伝選

企画推薦
梅原　猛
ドナルド・キーン
佐伯彰一
角田文衞

監修委員
上横手雅敬
芳賀　徹

編集委員
石川九楊
伊藤之雄
猪木武徳
今谷　明
今橋映子
熊倉功夫
佐伯順子
坂本多加雄
武田佐知子
竹西寛子
西口順子
兵藤裕己
御厨　貴

上代

俾弥呼　古田武彦
日本武尊　西宮秀紀
雄略天皇　吉村武彦
蘇我氏四代　遠山美都男
推古天皇　義江明子
聖徳太子　仁藤敦史
斉明天皇　武田佐知子
天武天皇　新川登亀男
持統天皇　丸山裕美子
阿倍比羅夫　熊田亮介
柿本人麻呂　古橋信孝
元明・元正天皇　渡部育子
聖武天皇　本郷真紹
光明皇后　寺崎保広
孝謙天皇　勝浦令子
藤原不比等　荒木敏夫
吉備真備　今津勝紀
道　鏡　吉川真司
大伴家持　和田　萃
行　基　吉田靖雄

平安

桓武天皇　井上満郎
嵯峨天皇　西別府元日
宇多天皇　古藤真平
醍醐天皇　石上英一
村上天皇　京樂真帆子
花山天皇　上島　享
三条天皇　倉本一宏
後白河天皇　美川　圭
小野小町　錦　仁
藤原良房・基経　滝浪貞子
菅原道真　竹居明男
紀貫之　神田龍身
慶滋保胤　平林盛得
*安倍晴明　斎藤英喜
藤原道長　朧谷　寿
清少納言　後藤祥子
紫式部　竹西寛子
和泉式部　ツベタナ・クリステワ
大江匡房　小峯和明
式子内親王　奥野陽子
建礼門院　生形貴重
阿弖流為　樋口知志
坂上田村麻呂　熊谷公男
*源満仲・頼光　元木泰雄
平将門　西山良平
平清盛　田中文英
藤原秀衡　入間田宣夫
空　海　頼富本宏
最　澄　吉田一彦
奝　然　上川通夫
源　信　小原　仁
守覚法親王　阿部泰郎

鎌倉

源頼朝　川合　康
源義経　近藤好和
後鳥羽天皇　五味文彦
九条兼実　村井康彦
北条時政　野口　実
*北条政子　関　幸彦
北条義時　岡田清一
曾我十郎・五郎　杉橋隆夫
北条時宗　近藤成一
安達泰盛　山陰加春夫
平頼綱　細川重男
竹崎季長　堀本一繁
西　行　光田和伸
藤原定家　赤瀬信吾
*京極為兼　今谷　明
*兼　好　島内裕子
重　源　横内裕人
運　慶　根立研介
法　然　今堀太逸

刊行のことば

歴史を動かすものは人間であり、興趣に富んだ人間の動きを通じて、世の移り変わりを考えるのは、歴史に接する醍醐味である。

しかし過去の歴史学を顧みるとき、人間不在という批判さえ見られたように、歴史における人間のすがたが、必ずしも十分に描かれてきたとはいえない。二十一世紀を迎えた今、歴史の中の人物像を蘇生させようとの要請はいよいよ強く、またそのための条件もしだいに熟してきている。

この「ミネルヴァ日本評伝選」は、正確な史実に基づいて書かれるのはいうまでもないが、単に経歴の羅列にとどまらず、歴史を動かしてきたすぐれた個性をいきいきとよみがえらせたいと考える。そのためには、対象とした人物とじっくりと対話し、ときにはきびしく対決していくことも必要になるだろう。

今日の歴史学が直面している困難の一つに、研究の過度の細分化、瑣末化が挙げられる。それは緻密さを求めるが故に陥った弊害といえるが、その結果として、歴史の大きな見通しが失われ、歴史学を通しての社会への働きかけの途が閉ざされ、人々の歴史への関心を弱める危険性がある。今こそ歴史が何のためにあるのかという、基本的な課題に応える必要があろう。評伝という興味ある方法を通じて、解決の手がかりを見出せないだろうかというのも、この企画の一つのねらいである。

狭義の歴史学の研究者だけでなく、多くの分野ですぐれた業績をあげている著者たちを迎えて、従来見られなかった規模の大きな人物史の叢書として、「ミネルヴァ日本評伝選」の刊行を開始したい。

平成十五年（二〇〇三）九月

ミネルヴァ書房

《著者紹介》

木下長宏（きのした・ながひろ）

1939年　生まれ。

同志社大学大学院文学研究科哲学及び哲学史専攻修了。

現　在　横浜国立大学教育人間科学部教授。専攻は近代（現代）芸術思想史。

主　著　『思想史としてのゴッホ——複製受容と想像力』學藝書林，1992年（第43回芸術選奨新人賞）。

『舌の上のプルースト』NTT 出版，1996年。

『ゴッホ——自画像の告白』二玄社，1999年。

『ゴッホ——闘う画家』六耀社，2002年。

『増補　中井正一』平凡社，2002年。

ほか多数。

ミネルヴァ日本評伝選

岡倉天心《おかくらてんしん》

——物ニ観ズレバ竟ニ吾無シ——

2005年3月10日　初版第1刷発行　〈検印省略〉

2005年7月20日　初版第2刷発行

定価はカバーに表示しています

著　者　木　下　長　宏

発行者　杉　田　啓　三

印刷者　江　戸　宏　介

発行所　株式会社　ミネルヴァ書房

607-8494　京都市山科区日ノ岡堤谷町1

電話（075）581-5191（代表）

振替口座　01020-0-8076番

共同印刷工業・新生製本

ISBN4-623-04326-6

Printed in Japan

人名索引

あ 行

か 行

さ　行

た　行

な　行

は　行

ま　行

や　行

ら　行

わ　行

事項索引

あ行

か行

さ 行

た 行

な 行

は　行

ま 行

や 行

ら・わ 行

欧文